가족상담 및 가족치료

곽미정 박선태 소재진 오현숙 이시진
이영희 전대성 정명희 정형민 공저

양성원

PREFACE

도시화 및 산업화 그리고 정보화로 인하여 현대사회의 문제들은 더욱 복잡한 양상을 가지며 급변하고 있다. 특히, 개인주의 개념을 통한 핵가족화 경향은 가족 기능에 대하여 소외와 무관심과 같은 현상을 초래하기도 한다. 이에 현대사회에서 건강 가족의 의미는 더욱 강조되며 건강하며, 행복하고, 서로 신뢰하는 가족을 만들어 나가는 노력으로 가족 기능의 회복과 치료가 요구되고 있다.

전통적인 가족의 일반적인 개념은 성인의 합법적인 결혼제도를 통한 어버이와 자식, 부부 등의 합법적 및 혈연관계로 맺어진 공동주거생활의 사회 기본 단위를 의미한다. 이러한 관점에서 가족의 기본 단위는 핵가족 차원에서 부모와 자녀, 확대가족 차원에서 조부모, 부모와 자녀 및 형제자매 등의 가족관계를 전제로 하고 있다고 할 수 있다. 가정이란 결국 한 개인이 성장과정을 보내는 곳이며 일생을 통하여 가족이라는 관계를 맺게 되는 생활의 장이며 성장과정을 통하여 심리 및 정서적 영향을 받는 곳이라고 할 수 있다.

한국 사회는 전통적으로 가부장 중심의 위계적인 구조를 가지며 전통적인 역할이 엄격한 경향이 있어 왔다. 그러나 현대사회에서의 가족은 삶의 여정을 함께하는 삶의 공유의 개념을 중심으로 지속적이며 안정적으로 구성원의 행복을 추구하는 방향으로 변모해 나가고 있다. 이를 위해 건강한 외부 환경과의 소통과 구성원 간의 원활한 의사소통이 더욱 중요해지고 있다.

특히 청소년들에게 있어서 가정은 최초의 성장 장소이자 구성원과의 건강한 관계, 애정, 신뢰와 정서를 배우고 느끼고 교류 및 학습하는 곳이다. 이것은 개인과 가족 구성원 간의 관계 및 의사소통을 전제로 하여 체계론적인 관점에서 설명할 수 있을 것이다. 체계론적 관점에서는 가족 간의 상호작용을 중요하게 생각하고 있으며 이것은 구조적인 역할과 기능에 국한하여 가족을 설명하던 고전적인 가족의 개념을 확장하여 상호작용의 관계를 통하여 가족의 순기능을 설명하고 가족을 재해석하는 것이다. 가족이라는 전체성은 단순 개인의 합보다 크다. 가족은 구성원 간의 역동성을 전제로 가정 외에도 경제, 환경, 원가족과의 관계 및 심리요인 등 다양한 역동적 체계들이 함께하는 곳으로 성장하고 재생산하는 공간이다.

그 밖에도 가족의 특징은 다른 인간관계와 같이 책임을 전제로 하여 권리와 의무가 공존하며 환경의 공유와 같은 특수성을 지닌다. 그러므로 가족 구성원 간의 갈등이나 사회적 관계, 경제관계, 심리적 상황은 다른 구성원에게도 매우 밀접한 영향을 미치게 되며 역기능 발생에 대한 대처와 회복탄력 및 기능회복은 중요한 상담의 영역이 되기도 한다. 한편 가족이 역기능적일수록 가족 구성원은 그에 따른 정서 및 심리적 영향을 다른 구성원에게 많이 주게 되며 이러한 역기능적인 영향은 마치 하나의 모빌이나 부메랑처럼 다른 구성원에게 다시 영향을 미치게 된다. 이와 같이 가족을 역동적인 관점에서 본다면 모든 인간의 성장과정에서 가족이 주는 영향은 매우 크다고 할 수 있다. 따라서 가족상담을 통한 가족에 대한 올바른 가치관과 가족 구성원 간의 건강한 관계를 정립해 나가고 가족의 신뢰감과 책임이 무엇인가 하는 것에 관한 다양한 논의가 필요할 것이다.

2023년 2월

저자 일동

CONTENTS

CHAPTER 03 가족의 이해

CHAPTER 04 가족상담 및 치료의 특성

CHAPTER 05 보웬의 다세대 가족치료

CHAPTER 06 구조적 가족치료

CHAPTER 07 가족체계이론, 인지이론 및 행동이론

CHAPTER 10 해결중심 단기치료

CHAPTER 11 이야기 가족치료

CHAPTER 12 교류분석

CHAPTER 14 가족치료 사례관리

CHAPTER

01

가족상담 및 가족치료의 이해

(Family Counseling and Understanding Family Therapy)

1절 가족상담 및 가족치료의 이해

1 가족상담 및 가족치료의 개념

현대사회에서 가족의 역할은 구성원의 행복과 사회적 기능을 수행함에 있어서 개개인 구성원의 인격 성장 및 발달을 원조하고, 변화하는 사회에 대해 대응하는 적응능력을 통해 가족의 순기능을 확립하는 것이다. 그러나 이러한 기능을 가족이 담당하지 못할 때 가족 치료 및 상담의 역할이 중요하다. 따라서 가족상담 및 치료의 기능은 가족이 건강하게 기능할 수 있도록 원조하는 역할을 담당하는 것이라고 할 수 있다. 즉, 가족상담이란 가족이 직면한 다양한 문제 상황 속에서 가족을 올바른 상호작용으로 통합시키고 사회에 적응할 수 있도록 하는 체계적 활동이라고 할 수 있다. 가족의 건강성 회복에 있어 가족치료 및 상담은 중요한 개입방법으로 가족치료의 역할은 가족 관계에 있어서 위기에 처한 가족의 다양한 문제에 대응하는 것이라 할 수 있다.

이와 같이 가족상담 및 가족치료는 가족 전체는 물론 각 구성원의 건강성을 도모하고 구성원으로서의 기능수행을 효과적으로 촉진하여 구성원 모두의 행복을 도모할 수 있도록 하는 목표를 가지고 있다. 가족치료는 가족의 잠재력을 개발하여 각종 가족문제를 예방 및 해결하고 가족원 간의 관계 및 공동생활의 질적 향상을 도모하고 전문적 기술과 지식을 통하여 가족 구성원 및 가족 전체의 안녕에 관심을 두는 학문이며 가족치료와 상담은 그에 관련한 개입방법이라고 할 수 있다.

2 가족상담 및 가족치료의 목표 및 대상

가족치료 및 상담은 가족의 안녕을 도모하며 가족원 간의 올바른 상호작용을 통한 건강한 가족을 지향한다. 가족치료 및 상담의 대상은 가족구조상의 특성에 따라 맞벌이 가족, 이혼 및 재혼 가족, 미혼모 가족, 노인 및 독거 가족, 소년소녀가족 등으로 다양하며, 그 범위 역시 전통적인 대가족 및 핵가족에 이르기까지 다양하다. 기능상의 문제에 따른 가족상담의 대상으로는 약물중독 가족, 알코올 가족, 비행청소년 가족, 저소득 가족 등 다양하다. 그 밖에도 가족의 기능상 문제를 가진 가족으로 병리적인 의사소통의 체계를 가지거나 성장과정의 결핍으로 인한 심리적인 문제를 가지고 있는 가족 등 다양하며 그 밖에도 가족의 주기에 따라 발생하는 가족의 다양한 욕구에 대하여 가족상담 및 치료의 역할은 중요하다. 가족의 주기에 따라 발생하게 되는 다양한 욕구에 의한 대상은 신혼부부기, 자녀 출산기, 자녀 양육기, 미취학 및 아동기, 청소년기, 자녀 독립기, 중년기, 노년기 등으로 분류될 수 있다.

3 가족상담 및 가족치료의 개입과정

1) 가족상담 및 치료의 중요성

산업화 이후 전통적인 가부장제도의 변화와 이에 따른 여성의 노동시장 참여로 인한 사회진출, 평균수명의 연장에 따른 사회구조의 변화는 다양한 가족형태를 양산하고 있다. 이러한 현상은 부부관계 및 부모 자녀관계의 변화, 그리고 가족 내의 역할 변화 등을 가져왔다. 이러한 현상은 산업사회의 자본주의 사회를 배경으로 개인화, 물질화 등의 가치관에 영향을 주었다. 다양한 가족형태의 변화를 배경으로 가족상담 및 가족치료 개입의 중요성이 강조되고 있다.

2) 가족상담 및 치료의 목적

가족상담 및 치료의 목적은 가족문제의 예방 및 건강한 가족의 회복에 있다. 즉, 가족과 가족 구성원들이 선순환적으로 의사소통하고 사회적으로 건강한 힘을 발휘하도록 상담하는 것을 목적으로 하고 있다. 정책적인 차원에서 복지선진국인 스웨덴의 경우에는 아동수당제나 보육 서비스 그리고 가족 친화 가족복지와 같은 서비스를 통하여 가족상담 외의 다각적인 지원을 하고 있다.

가족상담은 가족문제의 예방을 위해 부모교육이나 부부교육 또는 자기주장 훈련 및 바람직한 의사소통 훈련을 통하여 가족문제의 사전 예방 차원에서도 접근되고 있다. 가족 구성원의 성장과 발달을 돕기 위한 올바른 상호작용의 훈련은 궁극적으로 건강하고 경쟁력 있는 사회를 구현하는 기초가 된다. 한편 가족 관련 정책으로는 사회적 위험에 대비하여 공공부조와 한부모 가족, 저소득층 가족 및 알코올 중독 가족에 대한 서비스 제공을 통하여 다양하고 다각적 방법으로 취약가족에 대한 안전을 지원하고 있다.

3) 다양한 가족개입

(1) 가족법의 의의와 목적

우리나라의 법 중에서 가족과 관련한 법은 「민법」으로 혼인관계, 친자관계, 상속관계 등을 규율하는 구체적 사항을 명시하고 있다. 「민법」의 제4편(친족편), 제5편(상속편) 및 「

가족관계의 등록에 관한 법률」은 가족의 관계 등을 규정하는 법이라 할 수 있다. 한국의 가족법은 1969년부터 시행된 이래 세부적인 내용은 친족의 정의와 범위를 법으로 명시하고 약혼과 사실혼, 친생권 및 호주승계, 상속 및 유언 등으로 가족제도의 기본을 제시하고 있다. 이후 민원에 따라 2000년 10월에는 동성동본 불혼규정이 폐지되었고, 부계중심의 가족구성 원리의 근거가 되는 호주제도(동법 제778조)는 2005년 3월 2일 국회 본회의 통과 이후 2008년 폐지되었다.

(2) 주요 내용

그에 따른 주요 내용을 살펴보면 다음과 같다.

① 가족의 범위

우리나라의 「민법」(가족법)에 개정된 가족의 범위로는 배우자, 직계혈족 및 형제자매, 직계혈족의 배우자, 배우자의 직계혈족 및 배우자의 형제자매(동법 제779조)로 가족의 범위를 제시하고 있다. 그러나 기타 가족의 개념은 주관적 범위를 포함하면서 보다 탄력적으로 확대되고 있다.

② 혼인의 규정

혼인과 관련한 조항으로는 부부간의 의무(동법 제826조), 성년의제(동법 제826조의 2)를 제시하고 있고, 혼인효력에 대한 구체적 내용으로는 부부간의 가사 대리권(동법 제827조)과, 부부재산의 약정과 그 변경(동법 제829조)과 생활비용(동법 제833조) 등이 제시되어 있다.

③ 이혼에 관한 규정

「민법」(가족법)에서의 이혼은 협의상 이혼과 재판상 이혼으로 각각 분류하고 있다. 협의상 이혼의 경우에는 가정법원의 확인을 받아서 「가족관계의 등록 등에 관한 법률」에서 정한 바에 의하여 신고함으로써 효력이 성립되며 숙려기간 등을 거친다(동법 제836조). 재판상 이혼의 경우에는 소송 등의 방법으로 배우자에 부정한 행위나 악의로 다른 일방을 유기한 경우, 혹은 배우자나 그 직계존속으로부터 심히 부당한 대우를 받았을 경우, 또는 자기의 직계존속이 배우자로부터 심히 부당한 대우를 받았을 경우 및 배우자의 생사가 3년 이상 분명하지 아니한 경우(동법 제840조)에는 가정법원에 이혼을 청구할 수 있다.

④ 부모-자녀관계에 관한 규정

우리나라의 「민법」에서 부모-자녀의 관계에 관한 내용으로 대체적으로 관계의 법적 효력이 규정되어 보호자로서 부모의 기능이 법적으로 부재하거나 부적절한 경우 후견인이나 친족이 이를 대신하여 법적 책임자나 조력자의 기능을 수행할 수 있다고 규정하고 있다.

4 가족상담 및 가족치료의 기본이론

가족상담 및 가족치료 이론은 가족을 하나의 체계로 보는 관점에서 접근하고 있다. 체계란 상호작용하는 요소들의 복합체로 상호작용에 대한 의사소통의 흐름을 반영하고 있다. 단순 집합과 체계와의 차이는, 집합은 구성원의 합으로 정적인 개념으로 설명될 수 있는 반면 체계는 부분의 합이 전체를 능가하는 역동적이며 변화하는 총체적 에너지의 교류의 장으로 설명될 수 있다는 것이다.

일반체계 이론은 세계를 설명하는 방법론적 접근으로 활용되고 있으며 가족의 체계를 설명하는 데 유용한 개념이다. 체계이론이 적용되기 이전에는 기계론적이며 환원주의적인 시각[1)]이 일반적이었으나, 19세기 후반부터 자연과학뿐 아니라 사회과학의 분야에서 광범위하게 활용되고 있다. 즉, 현대사회에서 A가 B를 일으킬 수도 있으나 B가 A를 일으킬 가능성도 있다는 순환적 인과론이 설득력 있는 관점으로 인정을 받게 됨에 따라 현재 상호작용 속에서 나타나는 가족 구성원의 행동의 패턴을 순환적인 연계의 망으로 개념화하는 것이 가능하게 되었다. 이러한 개념은 순환적 관계 속에서 가족 구성원의 행동이 그 외의 다른 구성원에게 영향을 준다는 개념을 가능하게 하였다. 이러한 차원에서 구성원이 서로서로 영향을 주는 현상이 체계이론에서는 여러 환류 고리가 작동하는 것으로 설명되고 있다. 이러한 환류는 다시 역으로 체계에 주입되어 정보가 산출되고 다시 투입으로 되돌아오면서 순환적 체계에 영향을 주게 된다.

따라서 가족치료의 목적은 체계의 다양한 연결을 분석하고 각 연결을 통해 가족의 체계를 구성하는 개인이나 단위들이 보다 창조적이고 생산적인 활동을 하도록 적응적 기능을 강화하는 것이다. 가족의 체계는 각 속성이 전체를 형성하는 부분의 관계들로부터 파생되어 나타난다고 보는 것이다.

이러한 관점에서 보면 개인은 기능적 차원에서 유기적으로 체계와 관계를 맺으며 현재의 행동은 체계 속에서 상호작용하는 것으로 설명된다. 이러한 관점은 과거 어린 시절의 경험에서 역동성이 발생한다는 정신분석이론이나 학습의 경험이나 강화를 통해 행동의 발생이 좌우된다는 행동주의와 달리 전체적인 시각에서 '맥락적 차원에서의 에너지 흐름'에 관하여 설명할 수 있게 한다. 이것은 개인이 속해 있는 체계에서 복합적 에너지 순환을 보다 총체적으로 나타내어 대인관계나 에너지 흐름에 대하여 '상호성'을 설명하는 것에 유용하다. 즉, 가족치료의 이론에서 순환적 인과론은 여러 힘들이 한 방향으

1) 기계론적이며 환원적인 시각에서 볼 때에는 직선적 인과관계의 설명이 일반적이어서, A가 B를 일으키는 원인 및 영향을 주며, 그것이 C에 작용하여 D를 발생시키는 데 영향을 준다고 설명하고 있다.

로만 작용하는 것이 아니며, 각각의 힘은 과거의 사건에 의해서라기보다 오히려 인과관계의 연속적 부분으로 작용하며 각 사건들은 다른 사건에 의하여 상호 영향을 받을 수 있다는 것을 강조하고 있다.

이것은 가족치료의 개념에 유용하게 작용하여 가족 구성원이 능동적이고 역동적으로 반응하여 인간과 환경과의 바람직한 상호작용을 가능하게 하며 가족체계 내에서의 적응적 적합성을 향상시키도록 하였다. 따라서 가족상담사는 가족의 기능과 문제를 이해하고자 할 때, 개인에 대한 사정과 함께 환경에 대한 체계적 에너지 흐름에 대하여 사정하고, 체계 간의 상호작용을 관찰하여 개인을 체계 안에서 바라볼 수 있어야 한다.

가족의 체계에 대한 연구를 통하여 일반적으로 다음과 같은 전제가 제시되었다. 첫째, 가족의 전체는 부분의 합 이상이며, 가족은 마치 모빌과 같아서 체계의 한 부분을 변화시키면 다른 부분의 변화가 일어난다. 둘째, 가족은 항상 변화하며 에너지를 주고받는다. 셋째, 개인적인 역기능은 가족 내에서 두드러지거나 숨겨진 정서체계를 반영하는 경우가 많다. 따라서 가족 구성원 한 사람의 증상은 체계 내의 긴장을 반영하는 경우가 많으며, 이것은 가족 간의 관계의 문제를 드러내는 것이라 할 수 있다. 이것은 개인의 문제가 개별성향에서 비롯되었다기보다는 가족의 특성에 따라 시간이 경과하면서 전형적인 패턴들을 형성하며 시간의 흐름에 따라 유형화되기 때문에 가족은 체계이론을 설명할 수 있는 좋은 예라고 할 수 있다.

이러한 시점에서 현대사회의 가족복지서비스 실천유형은 가족의 위기 및 특수상황에 부합하는 생활적응 프로그램을 제공하고 있다. 최근에는 가족의 생애주기(life cycle)를 고려하는 사회화 서비스를 제공하고 있으며 가족의 성장욕구와 삶의 질 도모를 위한 가족 서비스와 각종 위험예방 프로그램 등을 다각적으로 제공하고 있다.

가족체계는 다음의 네 가지 주요 하위체계들로 구성된다.

첫째, 부부 하위체계,

둘째, 부모-자녀 하위체계,

셋째, 형제 및 자매 하위체계,

넷째, 개인체계로 구분될 수 있다.

2절 가족상담 및 가족치료의 이론

1 가족상담 및 가족치료의 환경적 모델

가족상담 및 치료에서 '환경'은 개인, 가족, 이웃사회를 아우르는 미시 환경로부터, 문화, 경제, 정치 등의 거시체계의 환경으로 설명될 수 있다. 사회 환경은 개인, 가족, 집단, 지역사회, 계층, 문화와 같이 다양한 층으로 구성되는데 이에 대한 개념은 다음과 같다. 먼저 물리적 환경이란 자연적인 환경의 구성이며 상황은 환경 속에서 개인에게 정보를 제공하며 환류하는 접점으로 이해할 수 있다. 이에 대한 총체적 개념을 '환경'이라고 하며 환경은 미시수준, 중간수준, 거시수준으로 분류할 수 있다.

- 미시수준: 미시수준이란 한 개인의 일상생활에서 직접 상호작용하고 접촉하게 되는 개인 및 가족이 이에 포함될 수 있다. 그런데 미시수준이 갖는 중요성은 개인적 발달에 있어서 매우 중요한 역할을 하게 되며 개인이 직면하게 되는 상황의 특성을 결정할 수 있는 특성이 있다.

- 중간수준: 중간수준이란 미시환경의 특징과 기능에 여러 방식으로 영향을 주며 주로 집단, 조직이나 제도 간의 관계를 포함하는 개념이다. 이러한 관계는 학자들 간의 시각에 따라 다소 차이가 있으나 보편적으로는 학교, 직장, 종교를 포함하여 지역사회의 자원과 같이 개인의 미시체계를 아우르며 개인의 일상생활에 영향을 주는 체계라고 할 수 있다.

- 거시수준: 거시수준이란 수준별 집단의 성원에게 공통되는 환경을 의미하며 보다

거시적인 법이나 관습 및 규제 등을 포함하고 개인이나 집단보다 상위나 외부에서 작용하는 사회 및 문화, 경제, 정치적 구조까지 포함하는 개념이다. 거시수준도 개인에게 직접 및 간접적으로 영향을 주게 된다.

미시, 중간, 거시체계는 각 부분에 반영되고 영향을 주며 다양한 방향으로 상호작용한다. 그러므로 모든 수준의 환경은 개인에게 영향을 미치며 개인은 환경을 어떻게 수용하고 상호작용하는가에 따라서 적응과 부적응이 결정될 수 있다. 이에 따른 대처유형을 인간의 역할로 구분하면 역할일치, 역할모호, 역할갈등으로 구분할 수 있다. 여기에서 역할의 일치란 개인 및 타인에게 기대되는 역할과 행동이 일치하는 것을 의미한다. 그리고 역할모호란 역할기대에 대하여 사람들이 자신에게 기대하는 것에 비해 모호한 역할을 의미한다. 마지막으로 역할갈등이란 상호 기대하는 역할 사이에 상충하는 것에서 비롯되는 갈등을 의미한다. 예를 들어, 가정의 가장이나 학생 및 어머니의 역할을 모두 감당하는 등의 경우에는 각 역할 간의 갈등이 일어날 수 있다.

각 수준 간의 체계가 개방적이라는 것은 체계가 환경과의 상호작용을 통하여 교환과 에너지의 교환에 관여한다는 뜻일 뿐 아니라 상호작용한다는 것이며, 이것은 체계의 생존, 재생산의 능력이나 지속성, 그리고 긍정적인 변화의 의미를 내포한다. 반면에 폐쇄체계는 에너지의 흐름이 원활하지 않아 조직이 기능을 제대로 수행하지 못하는 의미를 내포하고 있다. 또한 각 체계 간에는 각 체계 간의 경계가 존재하며 그 경계는 가족과 가족이 외부 환경과의 보이지 않는 경계, 혹은 가족의 하위체계 간, 혹은 개별 가족 구성원 간에 존재하는 개념이다. 각각의 하위체계는 다른 하위체계와 영향을 주고받게 되며 다른 하위체계 간의 역동적 관계에 놓이게 된다. 따라서 건강한 경계에서 각각의 하위체계는 자신만의 역동적 경계를 가지며 전체적 개념으로 가족과 개인이 각각에게 주어진 과업을 건강하고 효과적으로 기능하는 것에 대한 역할에 있다고 할 수 있다. 따라서 경계는 한 하위체계의 구성원들과 다른 하위체계의 구성원들 간의 접촉에서 충분히 개방적일 필요가 있다. 가족의 경계가 지나치게 밀착된 경우에는 가족 구성원끼리 자아분화가 이루어지지 않아 서로가 지나친 관여를 하고 얽혀 있어서 자율적인 역할을 존중받을 수 없다. 반대로 분리된 가족의 경우는 가족 구성원이 별개의 단위로 작용하여 감정의 교환이나 상호작용이 거의 없어 상호관심이나 지원이 결여될 수 있다.

반면 건강한 가족이란 가족 구성원의 변화를 인내하고 지지해 주면서 연속성을 유지하는 기능을 가진다. 어떤 체계이든 항구성과 현 상태의 유지를 추구하고자 하는 힘과 이와는 반대로 변화를 추구하는 에너지 사이에서의 긴장은 존재하기 마련이다.[2)]

2 역할이론과 생활모델

1) 역할이론

역할이론[3)]은 사회적 행위의 분석과 개인적 행위가 사회 환경과의 영향을 직 · 간접적으로 주고받는 방식을 설명하는 것으로 인간과 환경 간의 교류에 대하여 이론 및 경험적으로 지지하는 체계이다. 따라서 역할은 개인적 표현수단인 동시에 사회적인 행위에 대한 의미를 지닌다고 할 수 있다.

2) 미누친(Minuchin)에 의하면 가족의 역기능은 가족이 스트레스의 상황에 직면하였을 때 가족이 보여 주는 상호교류 유형이나 경계가 경직되어 있기 때문에 대안적 해결책들을 탐색하는 것에 있어서도 그만큼 저항하는 현상을 보인다고 하였다. 반면 효과적으로 기능할 수 있는 가족은 생활에서 접하는 많은 스트레스에 대하여 이를 재구조화하면서 가족의 유대를 강화해 나간다고 하였다.

3) 역할이론(role theory)의 의미는 인간이 집단 속에서 수행하는 역할을 통해 설명하려는 이론으로 인간의 행동에 대한 내재적인 소질, 재능 등의 표현으로서보다는 사회적으로 기대되는 수행행동에 관련한 것이라고 할 수 있다. 따라서 역할이론은 인간행동을 사회구조와 연관하여 설명할 수 있는 것이기도 하다. 이러한 역할이론은 비들(B.J. Biddle)과 토머스(E.J. Thomas)에 의해 재정립되었다.

생태학적 이론에서는 역할이론의 개념을 도입하여 문화적 영향과 환경적 영향에 따라서 개인 및 대인 관계적 역할이 어떻게 달라지는가를 설명하고 있다. 역할이론은 인간의 사회적 발달을 사회 및 조직의 시각에서 이해할 수 있게 해 준다.

이에 따라 공동체 구성원의 감정, 정서, 지각 혹은 신념은 역할의 수행과 연관이 있다. 역할이론의 영역을 규정하는 것이 어려움에도 불구하고 전통적인 구조적 시각이나 유기체적 시각에서 볼 때에, 가정 및 사회에서 각 지위마다 기대되는 역할이 분명히 있다. 따라서 가족치료의 분야에 있어서도 내면의 의식이 중요하기는 하나, 각 구성원의 역할에 대한 건강한 기능을 회복하는 것에 중점을 두어 체계에 개입하는 방식이 활용되고 있다.

(1) 역할이론의 학문적 분야의 접근방식

역할(role)은 특정 사회에서 특정한 지위를 갖고 있는 개인이 타인에게 어떻게 행동해야 하는 것에 대한 기대뿐만 아니라 타인의 기대까지도 포함하고 있다. 따라서 역할은 기대되는 행동유형뿐만 아니라 상호적 요구와 의미를 지니고 있다.

첫째, 심리학 개념에서의 역할은 개인의 각종 행위에 영향을 주는 사회적으로 부여된 역할의 성격에 관심을 둔다. 즉, 개인의 기대되는 행동은 조직 및 집단이나 사회적으로 부여된 지위에 따라 달라질 수 있음에 주목한 것이다. 심리학에서 개인의 자아감각은 그가 담당하는 다양한 역할에 대한 내면화로 형성된다. 둘째, 사회심리학자 개념에서의 역할은 각 개인의 역할행위로 사회화되는 과정을 통해서 다양한 역할을 수행하도록 사회 및 조직에서 개인에게 주어지는 규범적 역할이다. 셋째, 사회체제의 영향 및 상호 보완적 위치의 사람들은 역할기대로 구조화된 특정한 행동양식과 특정한 상호작용의 방식을 갖는다. 즉, 사회와 개인의 상호작용 속에 발견되는 특정양식은 역할에 따라 다르다.

최근에는 개인에게 기대되는 역할과 일치하지 않는 외부 시각 간의 불균형으로 인한 갈등의 발생과 중재와 같은 것에 대해 사회심리학적 관심이 높아지고 있다. 사회학자의 개념에서 볼 때 역할은 사회 구조나 문화에 의하여 형성되는 보다 거시적인 쟁점을 중심으로 형성된다. 사회심리학이나 조직학에서는 적응과 일탈 및 통제와 같은 개념을 통하여 조직이나 집단, 개인이 사회로부터 주어진 역할을 잘 감당할 수 있도록 동기부여하는 과정과 결과에 관심을 둔다. 이는 심리학뿐 아니라 조직을 연구하는 행정학이나 경영학 쪽에서도 활발히 연구되었다.

그렇다면 이와 같은 역할이론이 가족치료 및 상담학에서는 어떻게 적용될 수 있을까 하는 문제를 생각해 보자. 가족 역시 미시적 조직의 하나로 가정 내에서 인지되는 범주에서 구성원 간의 심리와 규범 및 경제적 역할이 기대된다. 가정 내에서도 보이지 않는 지위나 개인에 따른 성격과 역할이 있다. 이에 대한 것은 병리적인 역할부터 건강하고 창조적인 역할까지 가족체계 안에서 다양하게 존재한다. 가족 내의 역할은 사회의 통념 속에 심어지기도 하는데, 예를 들어 여성 · 남성과 같은 성별 지위, 연령별 지위 등이 있으며, 가족신화로 인해 가족 내에서 형성된 가족의 규범적 지위도 있다.

이처럼 가족은 사회의 기본 단위로 사회화의 기초를 형성하며 기능하고 있다. 따라서 건강한 가족은 가족 구성원에 대한 성취적 지위를 서로 지지하고 현실과 이상을 적절히 조화시켜 나가는 가족이라 할 수 있다. 또한 일시적으로 가족의 한 구성원이 특정 역할을 다하지 못하더라도 응집력 있게 어려움을 이겨 나가는 특성이 있다.

(2) 역할과 관련한 용어

역할과 관련한 개념에는 무엇이 있을까? 첫째, 역할의 상보성이 있다. 역할의 상보성이란 대인관계 체계에서 역할 행위와 타인의 역할 기대가 조화를 이룰 때 나타나며 상호의 행위가 서로 잘 맞고 상대의 욕구를 상호 완성시키는 상태라고 할 수 있다. 따라서 역할의 상보성은 상호 만족스러운 역할관계가 되기도 하지만 상보성이 부족할 때에는 불만족스러운 관계로 사람 간의 스트레스를 유발할 수 있다. 이를 역할갈등이라고 하며, 이 개념은 역할을 수행하는 개인이 경험하는 것으로 양립할 수 없는 요구를 경험하는 경우 발생하며 내적으로만 경험될 수도 있고 대인관계에서 영향을 주면서 표출될 수도 있다.

그 밖에 역할 모호의 개념은 주어진 지위에 따라 적절한 역할 수행이 불분명하거나 불완전할 때 발생한다. 반대로 복잡한 역할을 동시에 수행해야 하는 현대사회에서는 역할과중이 빈번히 발생한다. 한편 생애주기에 따라 퇴직 이후에 자녀의 양육을 마치는 경우 빈둥지 증후군과 함께 부모의 역할이 단절되는 경우도 있다. 따라서 개인의 인생주기에 따른 다양한 단계에 따라 개인의 역할은 달라질 수 있음을 알 수 있다. 즉, 역할은 사회로부터 주어진 정체성으로 부여받기도 하는 것이라는 것을 알 수 있다.

(3) 역할이론의 가족치료 및 상담의 적용

역할이론의 접근방식은 사회적 요인을 보다 강조하여 갈등요인에 초점을 맞추고 있으므로 사회적 관계에 대한 의식적 측면을 강조한다는 것에서 정신분석학 이론과 다르다. 역할이론에서는 인간의 무의식을 탐구하는 방식으로 접근하기보다는 가족 역할에 대하여 바람직한 행위에 대한 모델링, 강화와 같은 학습을 통하여 바람직한 역할과 행동을 내면화하도록 훈련하게 된다. 이 경우 학습에 대한 내면화와 그에 대한 동기 등을 다루게 되므로 행동주의적인 시각에서 반두라(Bandura)의 동기부여와 같은 방식이 활용될 수 있다. 즉, 가족치료에서는 '행위의 목적 및 동기'가 인식, 감정과 조화를 이루며 내면화하는 것과, 가족구성원 간 상호작용의 선순환적 측면을 돕고 가족 내에서 적절한 지위에 따른 역할을 감당하는 것을 돕게 된다.

(4) 각종 상담 및 사정에 있어서 역할이론의 적용

가족치료에서는 다음과 같은 것이 고려될 수 있다. 첫째, 사회구조의 변화에 따라 결혼 해체로 위기를 경험하고 역할 변화로 인하여 고통을 받는 사람들이 증가하였으며 이로 인해 한부모 가족이 증가하게 되었다. 둘째, 비전통적인 가족이 증가하였으며 그 다양성으로 인하여 각 가족의 유형에 따른 새로운 역할 행동의 학습이 필요하게 되었다. 이때 역할기대에 대한 충분한 지식과 역할행위의 수행이 어려운 경우에 가족치료 및 상담에서는 다양한 이론 및 기법을 적용하여 이들에게 개입하게 된다. 그 방법은 매우 다양하며 클라이언트가 미처 인지하지 못하는 다양한 영역을 탐색하고 올바른 역할을 수행하도록 도우며 한 사람의 문제를 개별적으로 접근하기보다 가족이라는 전체성에 대하여 개입하게 된다.

또한 새로운 역할행위를 학습하기 위해서는 원조집단의 기법이 활용되는데, 이는 역할 바꾸기를 통하여 타인의 관점에서 상황을 보고 공감을 높일 수 있도록 하거나 역할연기를 통하여 내면의 감정을 분출하고 카타르시스를 경험하는 등의 빈 의자 기법과 즉흥극, 일인극 등을 통하여 자신을 보는 다양한 방식을 적용할 수 있다. 그 밖에도 가족조각[4]을 이용하거나 거울기법, 기적질문 등을 통하여 가족 간의 관계를 인식하고 회복할 수 있다.

(5) 가족치료사의 역할

가족치료사는 인간의 역기능적 역할에 대하여 선순환적 전환을 돕는 교환적 본질에 초

4) 가족조각기법이란 공간적 은유의 방식으로 일정한 시점에서의 인간관계 및 타인에 대한 느낌이나 감정, 동작을 이용하여 표현하는 비언어적인 기법이다. 가족 구성원의 한 명이 신체적 표현을 통하여 가족관계를 동작표현으로 나타내며 자세나 표정을 사용하여 특정한 대인관계에 관하여 인식하는 감정을 나타낸다. 이때 웃거나 말을 하지 않도록 함으로써 감정을 왜곡하지 않는 것을 규칙으로 한다.

점을 두고 개입한다. 또한 정해진 역할 외에도 가족 구성원들에게 은근히 혹은 명백하게 '비합리적 역할'이 요구되지 않았는지 살펴볼 필요가 있다. 이것은 비합리적이며 역기능적인 가족에서 흔히 발생하는데, 가족 구성원 중 한 명이 '희생양'이라는 증상으로 나타나게 된다. 이는 가족 내의 갈등을 무의식적으로 해소하려는 시도이기도 하다. 따라서 가족치료사들은 전문적인 방법 및 전략을 통해 가족 구성원의 희생으로 안정이 유지되는 역기능적 가족관계에서 불합리한 관계의 결탁이나 삼각관계를 분화시키는 작업을 하게 된다.

역할이론은 클라이언트로 하여금 그들의 행위가 대인관계뿐 아니라 자신의 내면화에 대한 정체성에 대한 시사점을 제공하고 있다. 또한 자기주장 훈련을 통하여 공격적 행동을 수정할 수 있는데, 공격적 행동은 타인에게 불안을 느끼는 경우에 발생하는 경우가 많으므로 자기의 견해를 솔직하고 부드럽게 강조할 수 있는 바람직한 능력을 함양하는 것이 필요하다. 즉, 불안해하지 않고 정서를 표현하며 사회적으로 수용되는 방식으로 자신의 권리와 정서를 표현하는 훈련을 가족치료사가 모델링을 통하여 전수할 수 있다.

2) 생활모델

생활모델[5]은 기터맨과 저매인(Gitterman & Germain, 1996)에 의하여 언급되었다. 가족상담학의 실천가들이 노숙자, 약물중독, 만성 인격장애, 아동학대 및 가정폭력 등에 직면하였을 무렵, 생활모델은 다음의 네 가지 주요 영역에 대한 정교화를 통하여 심각한 사회문제에 대응하고자 하였다(Germain & Gitterman, 1996).

첫째, 억압에 적절하게 대처하기 위해 실천가는 직접적 실천뿐 아니라 지역사회, 조직 및 입법 과정에 영향을 미치며 변화를 가져올 수 있는 능력을 개발해야 한다. 둘째,

5) '생활모델'이라는 용어는 실천은 생활 자체를 토대로 하여 그 모델이 이루어져야 한다고 제시한 밴들러(Bandler)로부터 영감을 얻은 것이다(Bandler, 1936).

실천가는 사람들의 다양한 욕구에 효과적으로 대응하기 위해 특정 상황의 시작과 진행의 각 단계에 개입해야 한다. 셋째, 사람들은 억압과 희생양이 되는 것에 관해 다양한 방법으로 대처하는 것이 필요하다. 이때 사람들의 대처방식, 강점 및 저항력을 이해하면서 지지해야 한다. 넷째, 실천가는 사람들의 다양한 배경에 민감하여야 한다.

이를 위하여 사회 및 정서적 발달과정이 순차적이며 공통적인 단계로서의 전통적 생활주기의 모델 대신에 '생활과정'의 모델을 제시하고 있다. 이와 같은 모델의 특징은 생태체계적 관점에서 개발한 실천모델로 다양한 수준에서의 연구와 개입을 활용하므로 각 수준에서 전문화된 사정과 개입방법들이 생활모델의 범주에 통합하고 있다. 생활모델의 목적은 인간에게 주어진 적응능력을 향상시키고 환경 내에서 기능하고 있는 모든 인간을 위해서 환경을 개선할 뿐 아니라 인간과 환경 간의 상호성을 증진시키는 것을 지향하고 있다.

즉, 사람과 환경을 통합적으로 보는 가운데 인간이 가지고 있는 성장 가능성과 창조적 적응능력을 개발하고 이에 대한 환경적 장애요인을 제거하여 개인과 환경 두 가지 모두 변화시키는 것을 지향한다. 이때 실천가는 클라이언트를 상호 교류하는 동등한 위치의 관계로 보고 클라이언트의 의사결정과 자율성을 존중하며 다양한 기술을 활용하게 된다.

(1) 인간 생태학의 개념 적용

생태학의 핵심개념은 유기체가 환경과 적응적 균형을 이루는 과정을 강조하면서 순환적이며 적응적인 관점을 지향하는 것이다. 이러한 생태학이론은 생활모델 실천의 이론적 기초가 된다. 따라서 개인과 환경(person-in-evironment) 간의 적합성을 중요시하는데, 생활과정을 통하여 개인이 처한 환경과의 적합성을 향상시켜 개인이 처한 환경과 상호간의 조화와 적응력을 향상시키고 긍정적 에너지의 교환을 통해 개인이 갖고 있는 잠재력을 발휘하도록 한다. 그러나 반대로 억압적인 사회 환경에서는 개인의 기능손상과 해체 등의 현상이 일어날 수 있으므로 이에 대한 개입이 필요하다. 그러므로 유해한 환경에 대처하기 위해서 때로는 환경에 대항하는 내적 힘을 기르고 개인과 환경 간의 건강한 상호적 교류가 이루어질 수 있는 방안을 모색하여야 한다.

(2) 생태학 속의 개인, 가족, 집단

생태학 속에서 개인, 가족 및 집단은 생활과정을 거치면서 고유한 발달과정을 경험한다. 그 안에는 적응적 상황과 스트레스적 상황이 있는데 스트레스 상황은 생활과정 속에서 발생하게 된다. 생활 스트레스는 인간의 삶을 통해서 발생할 수 있는데 각종 정서적 인식을 비롯하여 실직, 이혼이나 별거, 죽음, 질병, 대인 및 노사 갈등 등으로 발생하게 되며 집단뿐 아니라 개인에 대한 욕구 충돌을 야기하게 된다. 이때 개인은 스트레스 요인을 이겨 나가는 자원이 있는 경우에는 위협으로 느끼지 않으나 스트레스 요인에 대처하여 문제해결 기술, 신념체계, 자존감이나 사회적 지지 등이 취약한 경우에는 생리 및 정서적 긴장감이 극대화될 수 있다. 따라서 생활모델에 기반한 전문적 실천에는 다음과 같은 과정과 단계가 있다.

① 가족사정

실천가는 접근방식에서, 개인 및 환경 영역에서 개입을 시작하게 되는데 목적과 과업의 실천, 방법 및 시간의 선택, 생활 스트레스 요인 등에 관하여 결정을 내려야 한다. 이를 위한 조직화에는 생활 스트레스 요인의 파악과 이를 조직화하여 대응할 수 있는 능력을 배양하도록 돕는 것이 중요하다. 이를 위한 첫 단계로는 문제정의의 단계가 있는데 이 단계를 통해 개인과 환경 간의 교환 관계를 살펴본다.

문제정의는 문제의 대응에 대한 전적인 단서를 제공하게 되며 제공되는 서비스는 클라이언트의 욕구를 고려해야 한다. 가족이나 집단의 내부의 관계, 의사소통 유형의 문제에서 스트레스를 심화시키는 요인을 찾을 수 있는데 역기능적 가족의 동맹관계, 희생양, 적대감이나 철회 등의 행동 패턴을 잘 관찰하여 개인 및 집단이 환경에 잘 적응할 수 있도록 재조직하는 것이 중요하다. 생활모델의 다음과 같은 특성이 활용될 수 있다.

첫째, 사정과정에서 클라이언트의 참여를 이끌어 내어 상호 이해를 촉진시킨다.

둘째, 개인과 환경 간의 교환의 특성과 개인의 욕구가 환경적 자원 사이에서 적합성 수준을 유지하는지에 대하여 살펴보는 것이 사정의 핵심이다.

셋째, 클라이언트에 대한 다양한 정보를 조직화하고 사정에 생활 스트레스 요인인 쉐마(Schema)[6]를 이해한다.

넷째, 매 순간 이루어지는 사정의 중요성을 강조한다.

② 직접적 실천수준

직접적 실천에 있어서 생활모델에서의 정의는 사람들이 지각하는 욕구, 능력 및 환경적 지지와 자원 간의 적합 수준을 향상시키는 것이다. 이를 위하여 가족치료사는 효과적인 개인의 상황 평가와 행동기술의 습득을 통해 가족 내 스트레스의 요인을 다룰 수 있도록 하여 개인적이거나 집단적인 능력을 향상시킨다. 이를 통하여 개인과 환경 간 교환의 질을 향상시키며 개인의 지각, 인지, 감정, 행동이 변화할 수 있도록 자원에의 접근과 자신의 삶에 대한 통제력을 향상시키는 것을 돕는다.

③ 지역사회, 조직 및 정치적 수준

생활모델에서 전문적 기능의 실천은 지역사회, 조직 및 정치적 수준과 연관되어야 한

6) 생의 일대기에서 충격적 사건이나 외상으로 자리할 수 있는 일련의 사건들이다.

다. 따라서 생활모델의 실천에서 전문적 기능에는 지역사회 자원 동원하기와 적절한 정책과 서비스 개발에 있어서 조직 영향력 행사하기 및 지방과 정부의 법과 규정에 관련한 자원 활용하기 등의 활동이 포함된다.

④ 가족상담 및 치료의 위기개입

삶에 있어서 스트레스가 극심한 사건들(stressful life events)은 위기의 촉발을 일으키며 이러한 위기사건은 외상적(traumatic)인 경험으로 이어지거나 역기능적 행동, 사회적 기능의 손상 및 정서장애의 주요 요인이 될 수 있다. 위기의 상황에 대한 성공적 대처는 자존감의 향상과 대처능력의 경험이 될 수 있으나 그렇지 않은 경우에는 부정적인 후유증을 남기게 된다. 따라서 가족상담 및 치료의 목적은 가족 구성원이 위기를 극복하는 과정을 원조할 뿐 아니라 위기 상황에 대하여 부정적 결과를 예방하기 위한 자원 및 정보를 제공한다. 위기의 촉발요인은 다음과 같으며 이러한 양상이 위기를 촉발시키게 된다.

첫째, 상황적 위기는 심각한 질병이나, 외상, 사랑하는 사람과의 이별, 자연재해나 인재, 범죄 등 갑자기 발생하는 외부사건으로부터 발생할 수 있다.

둘째, 발달적 위기로 발달단계에서, 청소년의 성숙과정이나 결혼, 자녀의 출생이나 노화와 같이 생활 사건의 발달단계에서 발달과업에 의하여 새로운 대처자원이 요구되는 경우에 발생할 수 있다.

셋째, 실존적 위기는 목적, 자유, 독립성, 책임 등 인간에게 중요한 이슈를 동반하는 내적 갈등이나 불안이 있는 경우 발생하게 된다.

가족 스트레스나 가족에 대한 개입은 제1차 세계대전 이후 발생한 가족 해체나 외상(트라우마) 등에 대하여 가족상담과 치료의 필요성이 크게 대두되어 전쟁 이후의 이별이나 재결합을 경험하는 가족에게 치료 및 심리적 개입이 제공되면서 본격화되었다. 위기는 개인의 스트레스 지각 및 인내와 대처능력을 요구하며, 균형감각을 잃을 때 자아의 손상을 가져올 수 있으므로 심리 · 사회 · 물리적 영역에서 효과적 대처가 필요하다. 특히 외상 후 스트레스 장애[7]는 최근 정신건강영역에 있어서 중요하게 대두되었다. 외상형 스트레스는 단기간인 경우도 있으나 지속적으로 반복되는 경우도 있으며, 이러한 경우는 지각의 장애, 제한되고 분리된 정서, 약물남용과 같은 자기방어기제를 사용하기도 한다. 위기반응은 위기를 해결하고자 하는 보편적 단계이나 위기는 반드시 부적응과 같은 부정적 결과를 가져오는 것은 아니고 성장과 발전의 기회가 되기도 한다.

외상 후 스트레스 장애는 17가지 증상의 특징을 가지고 있으며(DSM-IV, 1994), 세 가지 영역으로 악몽이나 플래시 백과 같은 외상적 사건을 재경험하거나 회피와 마비, 분리, 불면이나 과민신경증상으로 나타날 수 있다. 가족치료와 상담에서는 이러한 장애에 대하여 최면이나 역할극 등의 다양한 방법을 활용하여 개입하게 되며 다른 가족 구성원의 지지도 절대적으로 필요하다.

가족상담사는 위기의 개입에 있어서 개인의 고통이나 무기력감을 감소시키고 지지자원을 활성화하기 위하여 심리 · 교육 · 환경적 개입 및 상담이나 약물요법을 활용하기도 한다. 문제해결모델과 위기개입모델과의 차이점으로 문제해결모델은 일상적인 상황을 통하여 클라이언트의 문제해결능력이나 기능을 회복시키고자 하는 것이며, 위기개입모델은 일상적이기보다 급격한 위기적 상황에서 일어난 사건에 대하여 클라이언트의 균형

7) 외상 후 스트레스 장애(PTSD: Post-Traumatic Stress Disorder)는 DSM-IV의 정의에 따르면 죽음, 심각한 상해나 신체적 위협, 특정 사건의 목격, 가족이나 가까운 사람의 외상 경험을 포함한 개인적 경험으로 극도의 외상적 스트레스에 노출됨에 따라 생기는 것으로, 특징적인 증상이 발생하는 시기는 개인에 따라 다르나 충격 후 나타날 수 있다. 증상이 1개월 이상 지속되는 경우에 외상 후 스트레스 장애라고 하며, 지속빈도(1개월)와 지속기간(2~3개월)에 따라 급성 외상 후 스트레스로 나타나기도 하며, 환경에 대한 지각의 감소, 현실감 상실, 해리적 기억상실, 사건에 대한 지속적 재경험, 극심한 불안, 이인화 증상 등이 3가지 이상 나타난다면 이는 급성 외상 후 스트레스로 분류된다.

상태를 적시에 비교적 단기간 개입하고자 하는 것으로 다음과 같은 단계를 거친다.

첫째, 사정단계: 위기사건에 대한 인식과 대처에 도움이 되는 자원의 탐색, 유사사례에 대한 대처방식이 있다.

둘째, 계획단계: 손상 정도와 일상생활의 회복 가능성에 대한 개입 계획, 문제해결을 위한 탐색과 대처전략을 세우기 위하여 클라이언트와 관계를 형성하고 위기의 실체 여부와 위기상황을 파악한 이후 이에 대한 대처계획을 세운다.

셋째, 개입단계: 위기사건에 대한 객관적인 이해를 돕고 상처에 대한 감정표현을 돕고 대처방식의 유용성 및 활동의 성과 점검과 지지의 단계이다. 문제해결을 위해 계획된 과업을 확인하고 실행하고 수정하며 새로운 대처방안을 학습하게 된다.

마지막 종결단계: 새로운 자원과의 결속 강화 및 개발된 대처유형의 성취 확인을 통한 평가 및 추수상담(사후관리)을 한다.

CHAPTER

02

가족과 환경

(Family and Environment)

1절 가족치료와 생태체계이론

1 인간의 성장과 생태체계이론의 적용

모든 사회 및 인간의 문제는 생태학적인 측면에서 이해될 수 있다. 가족학도 인간이 가진 문제에 대하여 그들을 둘러싸고 있는 환경적인 측면을 통한 통합적 접근이 중요하다. 즉, 생태학적 환경으로써 미시 및 중간 체계의 이해가 중요하며, 문제에만 국한하여 접근할 것이 아니며 '생태학적 체계에서의 총체적 접근방법'이 선행되어 고려되어야 함을 의미한다. 사회복지실천의 목적은 "개인과 환경 간의 상호작용의 증진을 통해서 사회 구성원 모두의 삶의 질을 향상시키는 것"이라고 하였다(엄명용, 2009).[1] 이것은 개개인의 입장뿐 아니라 환경의 구조적인 문제를 함께 고려하고자 하는 움직임에서 비롯된 것이다. 그리고 이것은 기존의 개인적 수준의 문제를 다원화 차원에서 인식하고자 하는 움직임으로 개인의 문제를 '사회와 인간이라는 양자 간의 상호 관계성'에 주목하여 접근하는 것이다.

상호주의 접근은 인간의 상호작용과 개인의 역동성에 있어 환경을 고려하여 주목하는 것이다. 즉, "문제의 원인을 사정하고 문제해결을 시도하려고 할 때 문제해결방안을 개인적인 변화에서만 찾을 것이 아니라 그 개인의 문제에 영향을 미치는 주변 사회 환경의 변화 또는 개선에서도 찾아야 한다는 것"을 강조하는 개념이다(엄명용, 2009). 이것은 가족의 개념도 포함되는 것이다. 따라서 인간이 가지는 문제의 다양성과 개입방법을 통한 변화 양식의 역동성에 있어서 가족을 포함한 생태학적 차원에서 바라보아야 하며 이를 통하여 환경과 조화되는 모습을 지향해 나갈 수 있다.

1) 엄명용 · 김성천 · 오혜경 · 윤혜미(2009). 사회복지실천의 이해. 학지사. 155-189.

생태학과 체계학의 합성어인 생태체계학은 체계적 관점과 생태적 관점의 합성어로 사용되는 용어이다. 생태학은 유기체와 환경 상호 간의 관계를 연구하며, 환경과 유기체가 상호 균형을 이루며 성장하는 과정 자체를 중요하게 간주한다. 이에 대하여 엄명용(2009)은 인간과 인간의 주변 환경 간의 상호작용과 역동적 교류와 적응에 초점을 두어, 개인과 환경은 특정 상황 속에 양자가 끊임없이 영향을 주고받는 관계적인 측면에서 관찰되고 파악되어야만 충분히 이해될 수 있다고 하였다. 이에 대하여 지머만(Zimmerman, 1990)[2]은 '인간을 환경 안에서의 개념'으로 보고 있으며, '생태학적이며 문화적인 영향' 등이 고려되어야 한다고 하였다. 인간과 가족은 '환경 속의 인간'이라는 개념으로 지역사회에서의 적극적인 참여와 사회 및 정치학적 환경에 대한 이해를 포함하고 있다.

현대사회에서 중요시되는 역량강화의 개념인 임파워먼트의 접근 역시 '인간과 환경의 두 측면 모두에 관심을 갖는 것'이다(Judith, 2001).[3] 이것은 현대사회에서 문제시되는 다양한 문제는 개인적 문제로만이 아닌 생태학적인 고려와 상호작용을 통하여 바라보아야 한다는 개념이다. 이것은 엄명용(2009)의 생태체계적 이론에서 언급된 '환경'에 대한 관점에서 본다면 생태체계를 미시와 중간 및 거시체계로 분류할 수 있으며 인간의 심리와 행동을 이해하는 것에 앞서서, 인간에게 영향을 미치고 있는 '생태체계적인 요소'에 대한 영향력을 고려하는 것이 중요하다는 의식에서 출발하였다.

체계란 결국 근본적으로 서로 연관되어 전체를 구성하는 요소 간의 집합체이다. 그것은 사회적 체계로 상호 연관되고 한 부분의 변화는 모든 체계에 영향을 주는 방식으로 상호 의존적인 구성단위로 경계가 유지되는 단위이다.[4] 이때 개방되고 투과성 높은 경

2) Zimmerman M. A.(1990). Toward Theory of Learned Hopefulness, Journal of Research in Personality, 24, 71-86.
3) Lee, Judith.(2001). The Empowerment Approach to Social Work Practice-Building beloved Community-. Columbia University Press, 2nd edition. 1-48.
4) 가족은 세대, 성, 관심 혹은 역할과 기능에 의해 형성된 하위단위를 가지고 있음을 알 수 있다. 가족 내에서 가장 지속적인 하위체계는 부부(가장 기본적인 하위체계), 부모-자녀, 그리고 형제자매의 하위체계로 구성될 수 있다.

계는 체계로의 에너지 흐름을 좀 더 용이하게 한다. 체계의 활력을 위해 환경과의 상호교환은 중요하며 체계이론에서와 같이 생태학에 있어서도 피드백은 중요한데, 피드백은 각 구성원의 반응이 다른 사람의 행동에 영향을 준다.

이러한 개념을 순환적 인과성 대 단선적 인과성의 개념으로 비교해 보면, 체계 내에서는 각각의 행동들이 상호영향을 미치게 되는 상호순환적인 인과성을 지님을 알 수 있다. 즉, 한 가지 행동이 다른 행동에 영향을 미치는 경우는 단선적 인과성이라고 할 수 있으며 이들의 원인과 결과가 상호 순환되는 경우에 이를 순환적 인과성이라고 할 수 있다. 체계 내에서는 다양한 요인이 영향을 미치게 되는 원인이 되고, 상호 관계를 촉진하는 경우가 많으므로 단선적 인과관계의 논의는 의미가 없다.

여러 환경의 상호작용뿐 아니라 미시체계에서 일어나는 사건들은 다른 미시체계에서 발생하는 행동과 발달에 영향을 미친다. 그 밖의 외적 체계는 직접적인 관련은 없더라도 개인에게 영향을 미치는 사회구조인 환경요인으로 작용한다. 외적 체계는 가족 외적인 직장, 이웃, 학교와 지역사회와의 관계, 각종 위원회, 대중매체나 기관 등이 포함되며 거시체계로 작용하는 문화나 경제 등이 있다.

오늘날 체계이론은 사회의 역동성을 설명하는 것에 유용하게 쓰이고 있다. 한 사람을 이해하고 효율적으로 지원하기 위해서는 그들의 행동에 영향을 미칠 수 있는 환경에 대한 이해가 필수적이다(홍봉선 · 남미애, 2010). 모든 인간은 가정에서 태어나고 영향을 받으며 성장하므로, 성장기 삶의 제1차 사회화 기관인 가정의 영향을 크게 받을 수 있다(홍봉선 · 남미애, 2010). '가정생활건강'의 구성요인으로는 유대감, 시간공유, 의사소통, 위기대처능력이 있으며, 이것은 인간의 성장과 문제에 영향을 미치고 있다.

2 인간의 성장과 가정

인간에게 있어서 가정이란 공동의 주거, 경제적인 협력 및 생식 등의 특성을 갖는 사회조직으로, 초기 사회화의 바탕이 이루어지며 정서적인 안정과 인격의 기초가 형성되는 곳이다(김경아, 2002). 가정은 개인생활의 기초로 많은 시간을 보내는 곳이며 인생과 사회생활의 출발점이기도 하다. 인간의 각종 효능감의 경험은 성장기 가족으로부터 얻어질 수 있으며 가족의 건강은 개인의 심리적 건강과도 관련이 있다. 프랫(Pratt, 1976)에 의하면 건강한 가족은 가족 구성원들이 다양하고 규칙적인 상호작용을 하며 각 가족원에게 개별성과 자율성을 부여함으로써 문제 상황에 적극적으로 대처할 수 있는 가족이다(김경아, 2002 재인용).

또한 건강한 가정은 가족의 화목 및 서로에 대한 충실, 친근감 등을 질문하는 '가족유대감'과 가족단위의 여가생활과 공동의 관심사 및 함께 보내는 시간의 유익성, '시간공유' 및 상대방의 이야기에 경청하는 정도, 수용과 타협의 정도, 솔직한 '의사소통' 및 위기문제에 당면한 상황에서의 태도, 인내심, 해결노력, 자원공유 등을 다루는 '위기대처능력'의 지표가 높다.

3 가정을 통한 인간의 성장과 생태적 관점의 적용

생태학적 관점(Ecological Perspective)은 '인간도 결국 생물 혹은 유기체이다'라고 보는 것이며 가족도 마찬가지로 환경과 어떻게 조화를 갖는지를 중요하게 보는 관점이다. 즉, 환경 속의 인간을 강조하는 관점으로 환경 속에서의 진화론적인 관점을 견지하고 있다. 그동안 사회과학에서 인간과 사회는 뗄 수 없는 관계성을 가진다는 견해를 가지고 있는 것과 같은 맥락에서 인간은 환경 속에 존재하고 발전한다는 것은 새로운 일은 아니다.

다만 현대사회에서 이와 같은 측면은 더욱 그 중요성이 높아지고 있는 것이 사실이다.

이러한 차원에서 볼 때 클라이언트의 문제점은 그가 속한 환경과의 상호 부조화의 역기능에서 발생한다고 보며, 인간의 성장과 적응은 중요한 관점이다. 이것은 생물학적 측면에 국한되지 않으며 다양한 자원과 인간의 심리내적 및 사회 · 문화적인 요인이 포함되어 인간은 생태학적으로 환경 안에서 자신의 성장을 이끌어 가는 존재로 개인과 환경 간의 상호작용은 결국 환경 속의 인간의 총체적 인간관을 지향하게 되었다.

우리가 흔히 이야기하는 생태체계적 관점이란 생태학 이론에 체계이론이 더하여져서 인간과 환경과의 상호성에 체계적 관점이 도입되어 상호교류하는 측면을 강조하고 있다. 즉, 체계이론에서는 체계를 구성하는 하위체계가 존재하며 이는 명백하게 규명할 수는 없으나 에너지의 교환이 일어나고 있음을 인정하며 각 체계들의 조직화와 에너지의 교류 및 상호 연관성 등의 개념을 통하여 전체는 부분의 합 이상이라는 이론으로 설명되고 있다. 이것은 기존의 인간을 진단적이고 고정적인 측면에서 바라보았던 단선적 인과론의 입장(linear causality)에서 벗어나, 다원적이며 사회적 차원으로 안목을 넓혀서 인간과 환경을 총체적으로 바라보는 입장으로 변화하였다. 이것은 인간의 환경뿐 아니라 인간의 생활주기 및 다양한 자원과의 교류를 고려하고자 하는 순환적 인과론(circular causality)의 관점을 견지하는 변화라고 할 수 있다.

이러한 상호교류(transaction)의 개념은 개인과 환경이 상호 영향을 미치고 있으며, 인간과 환경을 하나의 단위로 보아 이에 따른 상호 관계성과 에너지의 교환 체계를 살펴보는 것이라고 할 수 있다. 인간의 적응적 적합성(goodness of fit)이란 개인의 적응적 욕구와 환경의 질이 어느 정도 부합되는가와 관련된 개념으로, 인간과 환경 사이의 상호교류를 통하여 개인의 전 생애를 통해서 성취되어 나간다. 인간과 환경 사이의 상호교류는 서로에게 유익한 효과가 발생할 때 적합성이 증가하는 반면, 일방의 희생을 기본으로 생존과 발달이 이루어질 때 부적합성이 초래될 수 있다.

유능성(competence)이란 개념은 개인이 환경과 효과적인 상호작용을 할 수 있는 능력으로 인간의 성장발달단계와 함께 매우 중요한 개념이다. 환경에 대한 대처(coping)는 중요하며 인간이 환경과의 관계에서 처하게 되는 다양한 대처과정에서 활용하게 되는 각종 동기와 심리적 안녕감,[5] 문제해결능력은 매우 중요한 영향력으로 작용하게 된다.

이와 같이 모든 가족은 생태학적 측면 내지는 생태체계학적 측면에서 이해되어야 한다. 즉, 가족의 개념은 그들을 둘러싸고 있는 환경적인 측면을 통한 접근이 중요하다. 생태학적 환경의 미시 및 중간 체계로 가정생활 건강성은 중요하며 '다양한 체계로부터의 접근방법'이 고려되어야 한다. 즉, "개인과 환경 간의 상호작용의 증진을 통해서 사회 구성원 모두의 삶의 질을 향상시키는 것"이다(엄명용, 2009). 이것은 개개인의 입장뿐 아니라 환경의 구조적인 문제를 함께 고려하고자 하는 움직임에서 비롯된다. 또한 기존의 개인적 수준의 문제를 다원화 차원에서 인식하는 움직임이며 개인의 문제를 '사회와 인간의 양자 간의 상호 관계성'에 주목하는 접근하는 것이라 할 수 있을 것이다.

5) 심리적 안녕감에 대한 학문적 언급은 '긍정적 정신건강(positive mental health)'이란 용어를 처음으로 사용한 야호다(Jahoda, 1959)로부터 시작되었다. 그는 이를 구성하는 6가지 하위요인을 다음과 같이 제시하였다. 그것은 자신에 대한 수용, 성장을 향한 노력과 자기실현, 성격의 통합성, 사회적인 압박으로부터의 자율성, 현실의 정확한 지각, 환경의 통제능력이다. 그는 이와 같은 요소들이 이상적인 정신건강의 상태를 구성한다고 보았다. 그 이후 리프(Ryff)와 연구진은 야호다를 비롯한 여러 학자들(Maslow, Rogers, Jung, Allport & Erikson)의 주장을 통합하여, 심리적 안녕감을 개념적으로 정의하였다(Ryff, 1989; Ryff & Keyes, 1995; Ryff & Singer, 1996). 리프와 키스(Ryff & Keyes, 1995)는 심리적 안녕감에 대하여 다음과 같이 정의내리고 있다. 즉, 심리적 안녕감이란 일상생활의 사건에 사람들이 적응하면서 느끼는 정서이며, 환경에 대한 개인의 반응 혹은 환경의 자극 및 개인반응 간의 상호작용의 결과로써 개인이 지각한 행복감 혹은 총체적 감정을 의미한다. 리프(1989)는 심리적 안녕감이 다음과 같은 요인들로 구성된다고 하였다. 첫째, 자아수용(self-acceptance), 둘째, 긍정적인 대인관계(positive relations with others), 셋째, 자율성(autonomy), 넷째, 환경에 대한 통제(environmental mastery), 다섯째, 삶에 대한 목적(purpose in life), 여섯째, 개인적인 성장(personal growth)이다. 이에 따르면 심리적 안녕감이 높은 사람이란 자기를 있는 그대로 수용하고, 긍정적 대인관계를 유지하며, 자신의 행동에 대한 조절능력과 환경에 대한 통제력 및 삶의 목적을 통하여 스스로 잠재력을 실현시키고자 하는 동기를 지닌 사람을 말한다(김명소 · 김혜원 · 차경호, 2001). 이러한 심리적 안녕감의 개념은 기존의 주관적 안녕감이 심리학 이론의 배경을 충분히 반영하고 있지 못하며 심리적인 기능의 측면을 간과하고 있다는 비판을 반영한 것이다(류정희 · 이명자, 2007).

가족상담사 역시 다양한 변인 간의 상호작용을 이해하고 활용할 수 있는 능력을 가지는 것이 중요함은 물론이다. 따라서 이 이론은 인간과 환경, 개인과 체계 간의 이분적 사고에서 통합적 관점으로 변화하였으며, 개인과 환경을 새로운 관점에서 다각적으로 바라볼 수 있는 이론적인 기반을 구축였다. 또한 궁극적으로 인간과 환경의 복합체에 대한 이중적 초점을 유지할 수 있도록 하였다는 특징이 있다. 이러한 이론은 가족복지 실천과정에도 영향을 주어 클라이언트를 원조하는 것에 있어서 다원화를 실현하고 환경적 개입을 통하여 문제를 클라이언트에게서만 찾는 것이 아니라, 사회의 구조적 측면과 환경적 차원에서 분석하는 개입의 중요성을 새롭게 조명하였다.

2절 환경 속의 인간

1 환경과 가족

체계이론의 상호주의 접근은 인간 상호작용과 개인의 역동성에 있어서, 환경을 총체적으로 고려하여 주목하는 것이다. 즉, "문제의 원인을 사정하고 문제해결을 시도하려고 할 때 문제해결방안을 개인의 변화에서만 찾을 것이 아니라 그 개인의 문제에 영향을 미치는 주변 사회 환경의 변화 또는 개선에서도 찾아야 한다는 것"을 강조하고 있다(엄명용, 2009). 그러므로 가족의 역동성 및 문제 역시 생태학적 차원에서 바라본다면 환경과 조화되는 모습을 지향해 나갈 수 있다. 이에 대하여 주디스(Judith Lee)는 역량강화 역시 전문적인 목적으로 '인간과 환경의 두 측면 모두에 관심을 갖는 것'이라고 하였다(Judith, 2001).

이것은 현대사회에서 문제시되는 각종 문제를 개인의 문제만이 아니라 생태학적인 고려 및 상호작용으로 보아야 한다는 것에 그 의의가 있다. 이는 비단 가족의 문제만이 아니다. 가족 내에서 성장하는 청소년의 문제도 가정과 학교 및 여가라는 차원의 환경에서 살펴보아야 한다는 것이다. 이것은 엄명용(2009)의 생태체계적 이론에서 언급된 환경에 대한 관점으로, 인간의 행동은 생태체계적인 요인에 대한 영향력을 고려하는 것이 중요하다는 의식에서 출발하였다.

1979년에 브로데릭과 스미스(Broderick & Smith)는 이러한 체계이론의 주요 개념을 설명하였고, 2002년 화이트와 클레인(White & Klein)이 체계이론과 관련된 용어들로 발전시켰다. 체계란 근본적으로 상호 새로운 개체를 형성하는 방식으로 서로 관련되어 전체를 구성하는 요인들의 집합체이다. 그것은 사회적 체계로 상호 연관되고 한 부분의 변화는 다른 모든 체계에 영향을 주는 방식으로 설명한다.[6] 이때 개방되고 투과성 있는 경계는 체계로의 에너지 흐름을 좀 더 용이하게 하여 환경의 변화에 적절히 대응할 수 있게 된다.

그러므로 체계의 역동성과 활력을 위해 환경과의 상호교환은 중요하다. 또한 체계이론에서와 같이 생태학에 있어서 피드백은 중요한데, 피드백(feedback)이란 각 구성원의 반응이 다른 사람의 행동에 영향을 주는 것으로 피드백의 고리는 구성원 간의 말과 행동에 영향을 준다. 생태학과 체계학의 합성어인 생태체계학은 유기체와 환경 상호 간의 관계를 연구하며, 환경과 유기체가 상호 균형을 이루며 성장하는 과정 자체를 중요시한다. 이에 대하여 엄명용(2009)은 인간과 인간의 주변 환경 간의 상호작용 또는 역동적 교류와 적응에 초점을 두어, 개인과 환경은 특정 상황 속에 양자가 끊임없이 영향을 주고받는 관계적인 측면에서 관찰되고 파악되어야만 충분히 이해될 수 있다고 하였다. 또한 지머만(1990)은 '인간을 환경 안에서의 개념'으로 보고 있으며, '생태학적이며 문화적인 영향' 등이 고려되어야 한다고 강조하였다. 그러므로 인간과 가족은 '환경 속의 인간'이라는 개념으로 지역사회에서의 적극적인 참여와 거시적인 환경에 대한 이해를 포함하여야 한다. 생태적 체계의 개념은 다음의 [그림 2-1]과 같이 나타낼 수 있다.

6) 가족은 세대, 성, 관심 혹은 역할과 기능에 의해 형성된 하위단위를 가지고 있음을 알 수 있다. 가족 내에서 가장 지속적인 하위체계는 부부(가장 기본적인 하위체계), 부모-자녀, 그리고 형제자매의 하위체계로 구성될 수 있다.

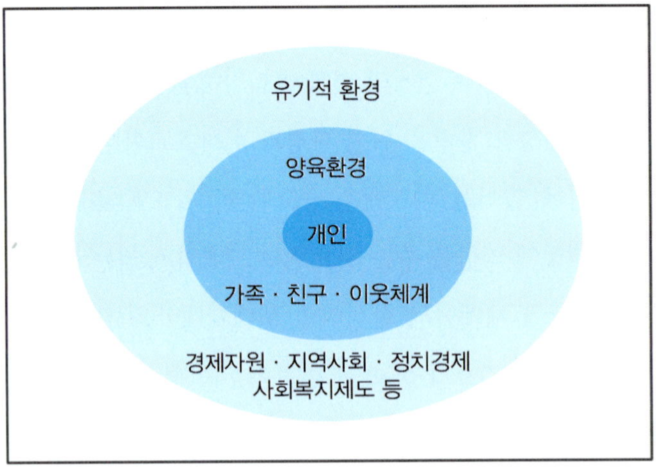

출처: Norton(1978).

[그림 2-1] 생태적 체계의 개념

[그림 2-1]은 엄명용(2009)의 생태체계적 환경에 대한 구분을 참고하여, 미시와 중간 수준의 환경을 구분하여 나타낸 것이다. [그림 2-1]을 통하여 볼 때 순환적 인과성 대 단선적 인과성의 개념은 체계 내에서는 각각의 행동들이 상호 영향을 미치게 되는 상호 순환적인 인과성을 지니는 것이 보다 바람직한 해석임을 알 수 있다. 여기에서 한 가지 행동이 다른 행동에 영향을 미치는 경우에는 단선적인 인과성이라고 할 수 있으며, 이들의 원인과 결과가 상호 순환되는 경우에 이를 순환적 인과성이라고 할 수 있다. 그러나 체계 내에서는 다양한 요인이 영향을 미치는 원인이 되고 상호 관계를 촉진하는 경우가 많으므로, 단선적인 인과관계에 관한 논의는 의미가 없다고 할 수 있다. 따라서 가족체계에서는 명백한 시작과 끝이 있기보다는 지속적인 순환이 있게 되므로 발생한 원인보다는 발생한 일에 대한 책임을 상호가 나누는 것이 중요하다.

미시체계는 가정, 학교, 또래집단 등과 같이 성장발달에 직접적 영향을 미치는 환경

체계로 부모, 친구, 선생님들은 아동과 밀접하게 상호작용하면서 영향력을 행사한다. 따라서 가족치료의 개입자는 이러한 부분의 상호작용에 대한 고려가 필요하다. 또한 중간체계는 미시체계들을 연결시켜 주며 미시체계들이 중복되어 생기는 관계를 의미한다. 이것은 두 개 또는 더 많은 환경 간의 상호 관계를 의미하는데, 아동의 경우 가정과 학교 관계, 가정과 또래집단의 관계가 대표적이다. 하나의 미시체계에서 일어나는 사건들은 다른 미시체계에서 일어나는 행동과 발달에 영향을 미친다.

그 밖의 외체계는 개인이 직접적인 관련은 없으나 개인에게 영향을 미치는 사회구조인 환경요인으로 부모의 직장, 이웃, 학교와 지역사회와의 관계, 각종 위원회, 대중매체나 기관 등이 다양하게 포함된다. 한편 거시체계로 문화나 경제 등이 있다. 체계이론의 옹호자들은 이러한 체계이론이 어려운 목적에 적절하고 유용하게 쓰일 수 있음을 주장한다. 그러나 이에 대한 반론으로는 그 다양성으로 인하여, 자연과 사회 세계 사이의 관계를 구체화하는 것 자체가 어렵다는 것에 있다.

가족은 하나의 조직 차원의 기본 단위로 체계이론의 차원에서 현대 가족역동의 조류는 가족의 민주성, 개인화, 물질화, 사회적 교환이론과 같은 문제들이 다양하게 작용하는 독특한 체계라고 볼 수 있을 것이다. 한편 이것은 체계이론이 하나의 흐름도에 가까우며 이론이 아니라는 지적이 제기됨에도 불구하고 그 중요성을 나타내 주고 있다. 즉, 체계이론이 너무 일반적이고 추상적이어서 중요하게 가치 있는 탁월함을 만들지 못한다는 주장에도 불구하고 사회의 역동을 설명하는 것에 유용하게 쓰이고 있다. 그러므로 한 사람을 이해하고 효율적으로 지원하기 위해서는 성장기의 특성에 대한 이해뿐만 아니라 그들의 행동에 영향을 미칠 수 있는 환경에 대한 이해가 필수적이다(홍봉선 · 남미애, 2010).

2 가정생활 건강성과 심리적 안녕감

인간에게 가장 밀접한 환경이라고 할 수 있는 미시체계를 중심으로 가정생활 건강성에 관한 개입은 매우 중요하다. 모든 인간은 가정에서 태어나고 영향을 받으며 성장하므로, 성장기 삶의 제1차 사회화 기관인 가정의 영향을 크게 받을 수 있다(홍봉선 · 남미애, 2010). '가정생활건강'의 구성요인은 유대감, 시간공유, 의사소통, 위기대처능력이 있으며, 이것은 한편으로는 인간의 심리적 안녕감에 영향을 미친다. 심리적 안녕감은 인간의 긍정적 발달에 주요 지표로 작용하므로 그 자체로도 중요하다고 할 수 있으나, 이것이 다른 긍정적인 결과에 공헌하게 되므로 더욱 중요하다(Park, 2004). 심리적 안녕감이란 일상생활의 사건에 사람들이 적응하면서 느끼는 정서이며, 환경의 자극이나 개인의 반응 사이의 상호작용의 결과로 개인이 지각하는 총체적 감정이다(Ryff & Keyes, 1995).[7)]

인간의 심리적 안녕감은 바로 이러한 가정으로부터 형성되는 개념이라고 보는 것이 적절하다. 가정이란 공동의 주거, 경제적인 협력 및 생식 등의 특성을 갖는 사회조직으로 초기 사회화의 바탕이 이루어지며 정서적인 안정과 인격의 기초가 형성되는 곳이다(김경아, 2002).

가정은 개인생활의 기초로써 많은 시간을 보내는 곳이며 인생과 사회생활의 출발점이기도 하다. 이에 관하여 반두라(1977)[8)]는 자기효능감의 경험이 성장과정으로부터 얻어질 수 있다고 하였으며, 요시카와(Yoshikawa, 1999)[9)]는 제도의 변화 속에서 가정의 중요성을 강조하고 있다. 또한 가족 간의 관계는 심리적 건강과 상관관계가 있다(Kleiman, 1981).[10)] 그

7) Ryff, C. D., & Keyes, C. L. M. (1995). The structure of psychological well-being revisited. Journal of personality and social psychology, 69(4), 719.
8) Bandura, A. (1977). Self-efficacy: toward a unifying theory of behavioral change. Psychological review, 84(2), 191.
9) Yoshikawa, H., Aber, J. L., & Beardslee, W. R. (2012). The effects of poverty on the mental, emotional, and behavioral health of children and youth: implications for prevention. American Psychologist, 67(4), 272.

밖에도 가족의 건강이 개인의 심리적 안녕감에 밀접하게 연관되어 있다는 연구가 있다(Adelmann, 1994).[11] 가족의 화목에는 서로에 대한 충실, 친근감을 뜻하는 '가족유대감'과 가족단위의 여가생활과 공동의 관심사 및 함께 보내는 시간의 유익성 등의 '시간공유', 그리고 상대방의 이야기에 경청하는 정도, 수용 및 타협의 정도, 솔직성의 정도인 '의사소통'과 위기문제에 당면한 상황에서의 태도, 인내심, 해결노력, 자원공유 등을 다루는 '위기대처능력' 등 다양한 요인이 포괄적으로 요구된다. 특히 성장기에 있어서 인간과 가족의 문제는 환경적인 요인과 밀접한 관련이 있다.[12] 따라서 가족치료 및 상담은 한 개인의 당사자에 대한 개입과 지원은 물론, 개인을 둘러싼 환경이 제대로 기능과 역할을 할 수 있도록 환경적 개입이 절대적으로 필요하다(홍봉선 · 남미애, 2010).

10) Kleiman, J. I. (1981). Optimal and normal family functioning. American Journal of Family Therapy, 9(1), 37-44.

11) 가정이 청소년의 심리적 안녕감에 미치는 영향력에 관한 연구를 살펴보면 다음과 같다. 즉, 부모와의 관계가 청소년의 심리적 안녕감 형성에 일차적 영향을 줄 수 있다는 연구결과(송성자, 1996)가 있다. 그 밖에는 청소년의 부모-자녀 의사소통이 심리적 안녕감에 미치는 영향(강해자 · 이길자, 2001 ; 이유리, 2009)과 가족구성원 간의 관계가 심리적 안녕감에 미치는 영향(김기형, 2006)에 관한 연구 등이 연구된 바 있다.

12) 가정의 요인이 청소년의 행복에 영향을 미친다는 연구결과(허승연, 2009)는 가정과 인간의 심리가 얼마나 밀접한 관계에 있는지 나타내 주고 있다.

CHAPTER

03

가족의 이해

(Understanding of Family)

1절 가족과 사회

1 다양한 가족문제 발생의 원인

가족의 건강성은 매우 중요한 개념이다. 그러나 가족이 건강함을 유지하지 못했을 경우에 발생하는 문제는 다양하다. 첫째, 인구사회학적인 구조적 가족문제로 결손가족이나 가족 구성원상의 문제가 발생하는 경우에 구조적으로 가족의 문제가 발생할 수 있다. 둘째, 기능적인 시각에서 볼 때 부부체계, 부모자녀관계, 형제관계 등으로 인하여 가족의 문제가 발생할 수 있다. 셋째, 사회 환경적인 가족의 문제로는 신빈곤 문제로 워킹푸어(working poor) 혹은 신빈곤의 문제가 일어날 수 있으며, 사회적 분위기에 따라 교육적 가치관의 문제로 인한 가족 내 갈등이 발생할 수도 있다. 넷째, 이상성격이나 중독 및 경제적 문제는 가족의 해체와 연결될 수 있으므로 이에 대한 세심한 가족치료학적인 개입이 필요하다. 다섯째, 상호작용주의적 관점에서 볼 때에는 가족의 가치관적 접근이나 의사소통의 역기능적 순환으로 인하여 갈등과 부정적 거부감 등이 고착화될 수 있다.

우리나라는 급격한 산업화로 인하여 가부장적인 문화에서 여권신장의 문화로 이행함에 있어 부부역할 등에 갈등이 발생할 가능성이 높다. 즉, 여성의 경제활동 참여의 증가와 도시화 이후의 개인주의적 관점은 전통적 가족역할과 상충하는 부분이 있어 각종 가족문제에 대한 이해가 필요하다. 특히 현대사회에서 이혼 등으로 인한 결손가정의 증가로 발생한 문제에 따른 가족 구성원의 심리 및 정서적 소외 문제 등이 발생하고 있다.

2 가족의 주요 기능

가족의 건강한 기능의 수행에 있어서 중요한 것은 건강한 가족으로서의 가족 역동성(family dynamics)이다. 가족 역동성은 가족 관계를 이해할 수 있는 가정의 구조 및 심리적 환경과 영향력, 부모가 보이는 특징적 양육행동, 가족 구성원 간의 심리적 거리감, 가족 내에서의 갈등상황의 대처방식, 자녀의 위치와 담당하는 역할 등의 총체적인 영향관계를 포함한다. 또한 가족 응집력(family cohesion)은 매우 중요한 개념이다. 가족 응집력이란 결국 가족 구성원 간의 결속의 정도로 상호성을 바탕으로 하는 지지와 공감 및 공동체 참여 등이 이에 해당한다. 여기에는 심리 및 정서적 유대감이 포함된다. 또한 가족의 외부 환경과 하위체계들 간의 경계의 정도나 연합, 공동으로 보내는 시간 및 의사소통의 결정과 함께 개인의 자율성의 존중 정도 등이 포함되며 가족 및 개인의 활동의 조화가 전제되어야 한다.

가족 응집력이 높은 가족일수록 가족 공동체 인식이 높다고 할 수 있으나 자아분화가 건강한 상태에서의 응집인가 하는 부분에서는 점검이 필요하다. 가족의 정서적 유대감이나 반응 또한 높아서 서로 지지하고 도와주는 가족은 행복한 가정을 가꿀 수 있게 된다. 그런데 건강한 가족의 역동과 가족 응집력은 결국 가족의 원활한 의사소통(family communication)에 기반한다고 볼 수 있다. 의사소통은 개인의 심리 및 태도, 생각을 전달하는 인간관계의 기본 도구로 가족관계에서 의사소통 관계의 관찰은 가족의 특성과 위계 및 문제의 진단에 있어서 많이 활용되고 있을 만큼 중요한 부분이다.

따라서 가족 내에서 상호 지지적인 건강한 가족의식은 핵심적 요인으로 매우 중요하며, 반면 가족 내에서 이중적 의사전달로 이중 메시지 등은 가족 구성원의 심리 및 정신건강에 매우 부정적인 영향을 미칠 수 있다. 예를 들면, 상호 부정적인 피드백을 형성하는 가족 의사소통의 역기능적인 의사소통 체계나 자녀에 대한 비난 순종만을 요구하는 부모의 의사소통 방식 등은 건강하지 못한 체계를 형성하도록 영향을 미치는 관계로 궁극적으로 성장기의 아동 및 청소년의 정서 교육에 많은 심리적 병리현상이 될 수 있다. 많은 경우 가족의 갈등문제나 부모-자녀 문제 혹은 청소년들의 학교부적응 문제는 가족문제에 기인하는 경우가 많으며, 그러므로 가족의 기능회복의 근간은 건강한 의사소통에 있다고 해도 과언이 아닐 만큼 상호 관계를 통한 신뢰관계가 형성될 필요가 있다. 신뢰가 형성된 가족은 일시적으로 어려움에 처하는 상황에서도 가족 유연성(family flexibility)을 통하여 위기를 극복하는 데 커다란 도움이 된다.

가족 유연성은 한편으로는 "적응성"의 개념과 연관이 있다고 볼 수 있는데, 적응성이란 가족체계가 각종 상황에 적합하게 적응하는 것이며 환경에 적절히 대응하여 탄력적이고 건강한 적응기제를 가지고 있는 경우를 의미한다. 가정생활 건강성은 매우 중요한 개념이다. 가정생활 건강성은 다양한 방식으로 점검될 수 있으며, 여기에는 의사소통과 시간의 공유 등 다양한 부분이 포함됨을 알 수 있다.[1)]

건강한 가족이라면 가족 구성원의 갈등이나 분노의 상황에서도 상호 간의 합의와 협의에 도달하는 방법과 시간에 있어 효과적이고 생산적임을 알 수 있다. 그러므로 건강한 가족은 가족이 건강할 때나 그렇지 않을 때나 기본적인 신뢰를 바탕으로 하는 항상성이 어느 정도 유지되는 가족이라고 할 수 있다. 이를 위해서는 올바른 가족신화, 위계, 의사소통 등이 필요하며, 이를 위한 것은 단시일에 형성되는 것은 아닐 것이다.

---

1) 가정생활 건강성이란 프랫(1976)에 의하면 '가족 구성원들이 다양하고 규칙적인 상호작용을 하며 가족원의 개별성과 자율성을 부여하여 문제상황에 적극적으로 대처할 수 있는 가족'이라고 정의하였다. 가정생활 건강성을 위한 척도는 이정우와 김경아(2002)의 연구를 참고한 것으로 이는 스틴네트와 디프레인(Stinnett & DeFrain, 1985)의 척도를 기초한 시에(Xie, 1994)의 연구와 란달(Randall, 1995)의 FAMPRO(Family Profile) 및 어은주(1996)의 척도를 참고로 구성한 것이다. 설문의 하위구성요인은 유대감 10문항, 시간공유 6문항, 의사소통 10문항, 위기대처능력 7문항의 4개 영역으로 구성된다.

3 사회에서의 가족의 역할

1) 사회의 기본 단위

가족은 사회의 기본 단위이며 사회 재생산의 기본 단위이기도 하다. 가족을 통하여 사회 내에서 경제 및 심리적인 기본 기능을 담당하기도 하며 사회에서 발생하는 각종 문제의 근원이 되기도 하는 중요한 기능을 담당하게 된다. 바람직한 자아상은 건강한 가족을 통해서 도출된다. 아동 관련 프로에서 볼 수 있듯이 아동의 문제로 찾은 클라이언트의 문제는 결국 부모의 역할에 기인하는 경우가 대부분이다. 가족을 통한 심리 및 정서 그리고 사회적 관계 형성은 그만큼 중요하다. 이것은 가족을 통한 인간의 경험의 중요성을 의미하는 것이다. 따라서 가정은 가족 구성원들에게 안정감과 성장을 위한 터전이 되어야 하며 신뢰감을 배우고 기초적인 소속감과 애착, 그리고 자율성과 균형을 배우는 곳이 되어야 한다.

건강한 가족은 가족체계 내에서의 관계가 건강하다는 것을 의미하며 이것은 부부체계, 부모자녀체계, 형제자매체계에서 상호 존중받고 독립적인 경우에 건강하고 개방적인 의사소통이 가능하다. 현대사회에서의 각종 가족 해체 현상은 개인의 가족 내에서의 문제뿐 아니라 사회적으로도 중요하게 인식되어야 한다. 사회의 기본 단위인 가족부터 건강하다면 이는 사회에도 긍정적 영향을 미치게 된다.

전통적으로 가족은 재생산 기능, 교육 기능, 사회화 기능, 정서적 안정과 보호의 기능을 가지고 있다. 인간은 가정을 통해 가족 구성원으로부터 정서적 교류 및 공동체로서의 기능을 학습하게 된다. 이때 상호 보완적이며 긍정적인 가족 구성원 간은 상호 지지적이며 유동적인 경계선을 가지고 하나의 공동체로 서로 연결되어 관여(commitment)하는 기능을 수행할 수 있다. 가족과 관련하여 체계이론적 입장, 구조적 입장의 가족의 상호 경계와 위계 및 교류는 매우 중요하다.

보웬(Bowen)은 탈삼각화를 통해 가족 구성원 간의 밀착의 역기능 등을 잘 이해할 필요가 있다고 하였다. 가족도 하나의 작은 사회라 볼 때, 자아분화가 높은 개개인으로 기능하면서 가족 구성원 간의 개별적 차이를 인정하고 자율성을 존중하고 상호 지지적인 상태에서 가족의 초기형성부터 상호 책임과 의무, 그리고 권한을 균등히 공유하는 관계를 통하여 성장하는 것이 중요하다. 건강한 가족이란 문제나 어려움 발생 시 효과적으로 이에 대처하고 생산적으로 대처하며 도전과 전환(transition)을 능숙하게 처리하는 기능을 수행할 수 있는 가족이다. 또한 건강한 생활주기(life cycle)를 지니며 감정과 의사소통을 통한 대화에 있어서 열린 대화의 기능을 수행하여 효과적으로 문제를 해결하고, 한편 상호 신용을 바탕으로 갈등을 해결해 나가는 것을 중요하게 평가하고 있다.

2) 부부의 배우자 형성에 의한 결혼 형태

배우자의 결합에 따른 혼인 형태는 통상적으로 성인 남녀의 일대일 결혼인 경우가 많으나 사회에 따라 일대 다수의 형태로 가족이 구성되는 문화권도 존재한다. 이때 전통적으로 각각 성별로 1인씩의 결혼형태는 단혼제에 속하며, 이는 일부일처제(monogamy)라 부르고, 배우자 중 한 사람이 동시에 1인 이상의 배우자와 결혼하는 경우는 복혼제(polygamy)라고 부른다. 복혼제는 다시 일부다처제(polygyny)와 일처다부제(polyandry)로 구분된다. 일부다처제의 사회는 주로 아랍, 북아시아, 아프리카, 중앙아시아, 미국 원주민 사회의 문화에서 찾아볼 수 있으며 고대 동양사회의 축첩(蓄妾, concubinage)의 풍습에서는 정실과 부실로 아내의 지위를 구별하기도 한다. 그 밖에 일처다부제는 티벳의 하층, 태평양의 마키저스 도민, 인도의 일부 소수 부족에서 발견되기도 한다.

그 밖에 가계의 형태에 따라 우리나라나 중국, 일본 등의 친족의 부계혈통에 의한 계승이 이루어질 경우는 부계제(patrilineal system), 인도나 일부 아프리카의 예에서와 같이 모계의 혈통에 의할 때는 모계제(matrilineal system)라 한다. 또한 상황에 따른 선택이 가능한 경우에는 양계제(bilineal system)라고 한다.

현대사회에서는 독신가족의 비율도 증가하고 있다. 독신을 선택하게 되는 이유는 경제적 사유도 있으나 부양가족의 부담 없이 자유로운 여가생활과 직업에 대한 소신 있는 결정, 친구 및 취미생활 유지에 있어서의 장점 등으로 자발적으로 독신을 선택하는 경우도 증가하는 추세이다. 이와 같이 현대사회에는 다양한 가족이 존재하고 있다.

2절 가족상담이론의 시조

1 가족상담 및 치료의 초기 기본모델

1) 정신분석과 자아심리학

(1) 정신분석의 기본과정

[프로이드]

인간의 심리는 크게 의식과 무의식으로 나눌 수 있으며, 무의식의 중요성을 강조한 프로이드(Freud)와 이후 자아의 환경과 일생을 반영하는 에릭슨(Erikson)의 관점과 자율적 자아의 기능을 강조한 아들러(Adler)를 기점으로 하여, 행동주의를 비롯한 무수한 이론이 발표되었고 심리학 분야가 발전하게 되었다. 현대시대에는 더욱 개인 자아의 자율적 측면과 강점 및 긍정성을 인정해 주는 추세로 가고 있으며, 많은 귀감이 되었던 현상학과 내담자이론, 창의적 인간을 설파하였던 로저스(Rogers)나 긍정심리학의 셀리그만(Seligman)의 등장으로 상담학에서도 개인이 가진 장점을 존중하고 강화하고자 하는 움직임이 강하게 일어나게 되었다.

가족치료상담에 있어서 기본적이며 기초적인 심리의 메커니즘을 제시한 프로이드와 에릭슨, 아들러에 대하여 살펴보면 다음과 같다. 프로이드(1923)[2]는 어린 시절에 결정되는 결정론적 시각에서 무의식을 강조하였으며 이러한 현상은 오늘날 경영학의 광고나 상담학에서 최면치료의 방법으로 활용되고 있다. 이후 허트만(Hartmann, 1964)을 통하여 자

2) 심리학자 프로이드는 인간의 자아가 인간행동의 동기를 제공하는 집행자로 규정하며 자율성보다는 정신내적인 갈등의 산물인 원초아를 기점으로 행동하는 보조적 개념으로 보았다. 이후 학자들은 프로이드의 이러한 입장과 달리 인간이 사회적 존재이며 문화적인 환경의 영향을 받는 자아의 자율성을 확립하는 것에 성공하였다.

아의 자율성에 관한 개념이 창안되고, 이후 자아의 개념에 관한 도구는 프로이드의 제자였던 에릭슨(1975)에 의하여 더욱 발달하였다. 프로이드는 많은 심리학 발전의 근간에서 인간의 무의식이 가지는 역할이나 영향을 설명하는 데 많은 기여를 하였다.

이후 자아심리학의 견해에서 볼 때 허트만(1964)은 자아는 독립적으로 형성하며 환경에 부응하여 지속적으로 발달하면서 외부 환경에 대한 적응력을 지니며 지각, 기억, 사고의 인지적 과정에 대하여 자율성을 가지고 있다고 보았다. 이러한 개념을 더욱 발전시켰던 에릭슨(1975)은 심리적 현상이 생물학적 · 행동적 · 경험적 · 사회적 요인 간의 상호작용으로 성장한다고 보고하였다. 주요 사항을 정리해 보면 다음과 같다.

[에릭슨]

① 초기 정신분석은 주로 욕망, 본능, 무의식, 갈등, 공격성 등에 초점을 두었다.

② 프로이드의 정신분석학의 초점은 이후 자아심리학으로 옮겨졌으며, 융(Jung)과 허트만은 자아의 기능 및 역할에 대하여 관점을 달리하여 정교화되었다.

③ 자아심리이론의 초점은 인간이 일생에 걸쳐서 각 단계마다 환경에 대한 지배감을 획득하기 위해 노력하는 인간의 자아를 설명하면서 이에 대한 노력에 대한 초점이 어디에 있는지를 설명하고 있다. 여기에서 가장 중요한 것은 인생에 있어서의 발달과업이다.

④ 에릭슨은 인간의 전 생애에 걸친 발달의 과정과 변화 가능성에 있어서 프로이드가 가진 병리적 측면의 이론을 극복하고 보다 건강한 측면을 강조하였다. 이때의 자아는 개인이 통제할 수 없는 자아가 아니라 보다 자율성을 지니는 자아정체감 확립을 중요하게 보았으며, 아들러 등과 함께 환경의 특성으로 가족력이나 문화 등 요인의 관련성을 더욱 강조하였다. 자아심리학자들의 업적은 인간의 자아의 역할에

대하여 자율성을 부여하며 강화하고 분석가가 주체가 되어 클라이언트의 문제를 해석하기보다는 질문을 통하여 사회적 상호성과의 관계에 있어서 인간을 돕고자 하였다. 이러한 관점은 칼 로저스를 통하여, 인간이 가지고 있는 타고난 능력을 인정하며 질문과 대답을 통하여 클라이언트가 자신의 내면에 있는 문제를 탐색하고 발견하고 돕는 과정의 기반이 되었다고도 할 수 있다. 자아심리학의 기본가정은 다음과 같다.

[로저스]

(2) 자아심리학의 기본가정

자아심리학은 다음과 같은 기본가정을 전제로 하고 있다.

첫째, 인간은 환경에 대하여 적응적으로 기능하는 선천적 능력을 가지고 태어나는 것을 전제로 하며, 이러한 이론은 현대시대의 강점관점에 영향을 주었다.

둘째, 자아는 개인의 내적 욕구뿐만 아니라 사회적 존재로서의 환경에 대한 외부세계 간의 통제 및 자율적 능력을 가진 존재로 인간을 이해하기 위해서 내적 요소와 외적 요소가 모두 고려되어야 한다.

셋째, 자아는 개인이 환경에 성공적으로 적응하기 위하여 연속적인 인간의 발달단계를 통하여 성장하게 된다.

넷째, 자아의 발달은 환경적 조건과 자원들 간의 적합성 등 다양한 관점에서 검토되는 것이 바람직하다.

다섯째, 자아심리학의 주요 개념은 자아의 기능, 자아강점, 자아의 숙달 등 다양한 차원에서 접근될 수 있으며, 인간의 행동을 자아심리로 접근하고자 하였다.

(3) 자아의 기능에 대한 기본가정

자아의 기능은 벨라크(Bellak)와 연구진(1973)에 의하여 정리되었으며, 자아 기능을 다음의 12가지로 제시하고 있다.

① 현실검증의 기능: 자아는 마음 안에서 일어나는 자극, 상상, 환상, 생각 등을 외부에서 오는 자극이나 사건과 구별함으로써 현실을 검증한다. 이에 대한 가장 심각한 실패의 징후가 환청과 환각 증상이다.

② 판단의 기능: 자아는 자신의 행동이 어떤 결과를 가져올지 예측할 수 있는 능력을 갖추고 있으며, 논리적으로 사건의 원인과 결과를 통하여 종합적인 결론을 내릴 수 있는 기능을 가지고 있다.

③ 현실감각의 기능: 자아는 자신과 남을 항상성과 응집성을 가진 존재로 해석할 수 있다. 따라서 비현실감이나 이인화 현상과 같은 해리 현상 없이 바깥 사건들과 자신의 신체적 행동을 구분하여 객관적으로 판단할 수 있다.

④ 감정, 충동의 규제 및 통제의 기능: 자아는 충동적 감정의 표현을 완곡히 처리하며 좌절을 인내하여 욕망을 연기하고 자아의 소망을 현실 상황에 적응하여 포기하거나 무리하지 않고 실현할 수 있는 능력을 가지고 있다.

⑤ 대상관계의 형성: 자아는 타인과의 관심과 관계의 성질에 대하여 인지하고 타인에 대한 관심과 관계방식 및 타인과 관계의 항상성에 대하여 대상관계를 형성한다.

⑥ 사고과정의 기능: 원초적인 사고과정은 쾌락원칙에 의하여 즉각적이며 본능적으로 충족되길 원하는 환상 및 욕구가 특징이나, 이차적 사고과정은 현실원칙에 따라서 본능적 충족과 해소가 가능한 조건이 될 때까지 지연할 수 있는 능력을 지닌다.

⑦ 승화의 기능: 이것은 무의식에서 창의력과 삶의 활기를 이끌어 내어 현실 생활에 적용하는 능력으로 의미를 지닌다. 즉, 창의적인 퇴행을 통하여 인지력을 통제하는 능력으로 함의가 있다. (예) 예술의 승화 등

⑧ 방어기제의 기능: 인간은 갈등을 처리하기 위하여 불안과 긴장의 상황에서 자신을 보호하고자 하는 심리적 메커니즘이 있으며, 이를 통하여 일상생활에 대하여 대처하는 기능을 가진다. 단, 적응적 방어는 대처능력을 길러 주며 긴장으로부터 개인을 보호해 주지만(승화 등), 부적응적 방어는 최적의 기능이 희생될 수 있다(투사와 직면의 차이).

⑨ 자극차단 기제의 기능: 자아는 심리내적인 자극과 외부 자극에 대처하여 얼마나 민감하게 반응할지 혹은 어떤 것을 격리시켜야 할지 선택적으로 조절하는 능력이 있다.

⑩ 자율적 기능: 자아의 일차적인 자율 기능은 인식, 주의력, 지능, 의도, 기억, 언어, 감각, 행동표출 등이 있다. 일차적인 자율 기능의 양상으로는 갈등의 상황에서 승화를 통하여 자율적 기능을 회복하는 기능을 가지고 있다.

⑪ 유능함: 능력에 대하여 자기 자신의 주관적 느낌을 유능성이라고 한다. 즉, 어려움을 극복하고 견딜 수 있는 용기나 이를 체험하는 주관적인 자기감정을 말한다. 회피를 통해서는 발달의 기회를 상실할 수 있으나, 도전을 통한 획득은 인생의 발달을 촉진하게 된다. (예) 반두라의 성취경험, 신념, 동기 등의 개념과 연결하여 생각할 수 있다.

⑫ 종합 및 통합의 기능: 인간은 다양한 욕망, 경향성과 기능을 인격 안에 종합하고, 통합하며, 조직하는 자아의 역량을 가지고 있다. 이것은 자신 스스로 조직화되고 조절된 방식을 느끼고 생각하고, 행동할 수 있도록 하는 기능이다. 이러한 기능은 자아의 흥미, 사회적 요구 등을 조화로운 방식으로 충족한다. 또한 완전하게 적응

적인 방법이 없는 다양한 상황에서도 힘들을 묶어서 최선의 해결책을 도출하기도 한다. 이때에 자아의 강점적 인식은 타인과 사회와의 상호작용에서 자아의 기능을 더 잘 기능하도록 지원하는 역할을 하게 된다.

자아는 앞서 설명한 것과 같이 환경의 영향을 받으며 환경과 자극 및 자원에 대한 선택 및 유보를 결정함으로써 환경을 조작하고 탐색하는 독립성을 가지고 있다. 자아심리학의 특징은 자아의 독립적 활동이 프로이드의 수동적인 결정론이 아니라 적극성과 자율성을 지니며 사회 및 환경과 소통하는 것이라고 할 수 있을 것이다.

2) 가족치료상담사의 개입과 최면치료

(1) 가족치료상담사의 자세

가족치료상담사의 개입 및 치료의 목표는 내담자 가족 구성원의 내적 능력을 탐색하고 지지하며 바람직한 행동의 모델링을 통한 항상성의 형성을 목표로 한다. 이를 위하여 환경적 조건을 형성하여 변화를 촉진한다. 이것은 내적 능력과 외적 상황 사이에서의 적응능력을 향상시키는 것이다. 이를 위하여 촉진해야 할 것은, 첫째, 자율적 자아기능을 위한 훈련이다. 둘째, 자신의 행동의 영향에 대한 이해를 증진시키는 성찰적 활동을 증진시킨다. 셋째, 고착화되지 않은 새로운 행동 및 문제해결능력을 강화시키기 위하여 관계와 경험을 사용하여 자아기능을 통한 환경의 통제 훈련을 돕는다.

이러한 활동은 자아가 손상된 가족의 정서장애 및 환경에 대한 상황대처에 문제를 보이는 개인 및 가족에 활용될 수 있으며, 개입의 기간은 단기 및 장기의 개입에 활용될 수 있다. 가족은 상호 유기적인 관계에 있고 가족 구성원은 각기 발달상의 단계를 공유하며, 각기의 욕구와 기대역할이 있으므로 이에 대한 원조요인과 방해요인을 탐색하여 조율하는 역할을 가족치료상담사가 담당할 수 있다. 이때 자아심리학은 치료뿐 아니라 문제의 예방에 있어서도 활용될 수 있다.

(2) 최면치료의 활용

자아심리학을 통하여 인간이 전 생애에 걸쳐서 발달과 변화할 수 있다는 가능성을 강조하면서 프로이드(1923)와 마찬가지로 에릭슨은 의미 있는 개입계획을 수립하고, 최면요법을 상담학에 적용시켜 치료에 기여하였다. 1889년에 프로이드[3]가 최면이 걸린 동안에 최면자가 암시한 바를 수행하나 최면이 풀린 상태에서 기억하지 못하는 현상을 보고하였다. 1925년에 프로이드는 이러한 현상이 무의식적 과정의 가능성을 보여 주는 암시라고 하였으나, 정신분석이론을 개발하면서부터 최면요법보다 자유연상법과 꿈의 해석을 선택하였다. 프로이드의 이러한 활동은 최면요법에 대한 관심을 불러일으켰는데, 이후 에릭슨은 최면요법을 발달시켰다. 에릭슨 접근법은 이전의 최면요법 치료사들의 권위주의적 모델과 다르게 클라이언트의 현재 문제와 행동을 활용하는 것으로 간접적 암시방법을 사용하였다는 특징이 있다. 최면요법은 인간의 무의식적인 과정과 힘을 이용하여 무의식적으로 창조적인 변화를 주는 것에 치료의 목적이 있다고 할 것이다.

최면치료가 효과적인 경우, 자아가 본인도 모르는 사이에 딱딱하게 고착화되어 있어 상담의 효과가 없는 경우에 무의식 속에 자리한 내면의 상처나 경험에 대하여 긍정적이고 창조적인 재해석의 과정을 통해 개입하여 치료를 한다. 이때 내담자는 무슨 일이 일

3) 정신분석과의 차이점 – 전통적인 정신분석이론은 증상의 원인 분석에 강조점을 두면서 현재의 문제를 초래한 아동기의 발달 과정에서 고착된 원인을 분석하고, 증상이 상징적으로 무엇을 의미하는지를 파악하고 해석하며, 실제 생활에 어떤 영향을 주는지를 통찰하도록 돕는, 근본적으로 인과적인 모델이다. 이에 반해 에릭슨은 인간 성격이 유전적으로 혹은 어린 시절에 형성된다고 믿는 성격이론가들과는 달리, 늘 변화한다는 실용적인 입장을 취했다(O'Hanlon, 1987).

어났는지 의식하지 못하지만 일상생활에 있어서의 변화를 인지하게 된다. 최면요법은 일반적으로 다음의 단계를 통하여 실시한다. 이는 의식의 저항문제를 처리하는 것에도 효과적이다.

(3) 최면요법의 단계

첫 번째, 준비단계에서는 최면치료사와 클라이언트 간의 라포를 형성하여 촉진적 의사소통을 한다. 이때 적극적인 개방형 질문을 통하여 클라이언트의 치료목적에 활용할 수 있는 클라이언트의 경험과 학업, 개인력, 문제, 선호하는 활동, 직장, 대인관계, 지적 수준, 심리적 특성, 기질적 특성 등의 정보를 수집하여 치료적 준거 틀을 형성한다. 이 단계에는 라포형성과 함께 클라이언트가 변화할 수 있다는 기대감을 갖도록 하는 단계라고 할 수 있다.

두 번째, 상담을 위한 최면단계는 다음과 같다. 상담을 위한 최면단계에서는 최면상태에서 클라이언트가 활용하는 인지 및 감정기술뿐 아니라 삶의 경험을 활성화하여 클라이언트로 하여금 새로운 준거 틀을 받아들일 수 있는 상태로 이끌어 문제를 창조적으로 해결할 수 있도록 하는 치료사의 역량이 나타나는 단계이다.

최면의 역동성을 위하여 먼저 클라이언트의 이완과 함께 내적인 면에 주의를 고정(치료적 암시를 제공하고 편안한 분위기에서 변화 주기를 실시하게 된다)하고 공식적인 최면상태에 도달하면 비공식적 최면상태에서 주목하고자 하는 사건이나 일화에 들어가 클라이언트에게 과거 작용하고 있던 습관적인 준거 틀과 신념에 대하여 개입하게 된다. 이때 클라이언트는 의식 속에서 사용하던 많은 방어기제를 해제하고 상처를 드러내어 공유하며 바람직한 방향으로 과거의 문제를 무의식 속에서 다른 방식으로 처리하게 된다. 이는 성인의 상처받은 내면의 트라우마를 치유하는 것에 효과적인 것으로 알려져 있는데, 의식 속에서 사용하는 방어기제를 철회하고 무력화시킴으로써 문제를 치유하게 된다.

이때 최면상담은 최면치료와 다르게 트랜스 상태나 깊은 최면 상태의 유도가 목적이 아니며 상담의 정체성을 유지하면서 치료의 매체로 사용하는 수단으로 활용된다. 그렇기 때문에 다양한 상담의 수단을 병행할 수 있는데, 여러 가지 전략을 혼합하여 게슈탈트치료, 현실치료와 같은 다양한 방법과 함께 상담의 효과성 증진을 촉진할 수 있다.

CHAPTER

04

가족상담 및 치료의 특성

(Family Counseling and Chracteristics of Therapy)

1절 가족상담과 개입

1 의사소통이론과 가족치료의 개입

1) 의사소통이론

의사소통이론은 가족치료 및 상담의 영역에 있어서 매우 중요한 영역이다. 병리적 가족의 이중구속(double-bind) 의사소통은 정신분열뿐만 아니라 각종 임상적인 병리현상에 좋지 않은 영향을 미치는 것으로 알려져 있다. 가족치료상담사는 클라이언트의 반복적이며 역기능적인 의사소통 패턴을 기술적 개입으로 중단시킬 수 있는 방법을 적절히 활용할 수 있어야 한다. 즉, 의사소통이론에 있어서는 전략적 치료를 비롯하여 다양한 기법과 기술이 활용되는 데 필요한 전문적인 훈련을 요하게 된다.

그에 대한 실천적 기법으로 사용되는 기술과 전략의 단계는 다음과 같다. 첫째, 재정의의 단계를 통하여 클라이언트가 제시하는 문제의 상황이나 사실에 대해 대안적 의미를 부여하여 인식의 긍정성을 회복하는 단계를 거친다. 이러한 단계는 성찰의 단계로 관계의 재정립에 영향을 줄 수 있다. 둘째, 변화에 대한 규제의 단계로 이는 클라이언트 자신이 스스로에게나 타인의 변화에 높은 기대를 가지고 있을 때 이에 대하여 일정 정도의 전문적 통제와 개입이 효과적일 수 있다. 셋째, 입장 취하기의 단계에서 보다 전략적인 입장을 통하여 가족치료상담사가 의도된 임상가의 비관을 낙관으로 대응하여 도전하도록 하여 반항적인 클라이언트가 스스로 문제를 해결하는 실마리를 터득해 나가도록 유도하기도 한다. 넷째, 본격적인 처방으로 역설적 지시나 조언 및 정보의 제공 등으로 클라이언트에게 효과적으로 개입할 수 있다.

2) 가족치료상담의 개입

가족치료의 연구를 통하여 개입하는 재정의 및 역설적 처방은 단기상담의 한 형태에 접목되어 각종 불면증, 강박증, 우울증, 물질 및 알코올 중독의 치료에 효과적인 것으로 보고되었다. 특히 행동주의적 관점에서 강화 및 소거 방법을 적용하는 병행적 방법이 효과적이라는 임상보고도 있다. 일반적으로 가족치료상담사는 가족 간의 병리적인 의사소통에 있어서 '구두점 찍기'와 같은 중요한 개입을 통하여 가족 의사소통의 체계에 관여하게 된다.

예를 들면, 가족 간에는 흔히 상호 비난적인 관계의 본질이 의사소통 진행과정의 끝없는 순환고리와 함께 이어지는 경우가 많다. 촉발요인에 의한 비난의 순환고리는 매우 반복적이며 상대방에 대한 비난의 메시지를 담고 있다. 따라서 적절한 지점에서 순환고리를 끊어 주는 역할을 가족치료 및 상담사가 하게 된다. 이러한 원리는 관계 내의 원인과 진행 및 비난의 이슈에 대한 것들을 포함하고 있다. 따라서 의사소통이론은 직선이 아니라 순환적 인과관계를 통하여 끊임없이 지속되는 연속선상에 있다.

예 의사소통의 연속성의 패턴을 보이는 일반적 현상은 부부간, 부모와 자녀 간에 형성될 수 있다. 친구들과의 모임에서 술을 먹은 뒤에 늘 늦게 귀가하는 청소년은 부모가 잔소리를 많이 해서 더 술을 마신다고 주장하고, 부모는 자녀인 청소년이 술을 마시니까 잔소리를 계속하게 된다고 반박하는데, 이는 원인의 구두점을 서로 다른 곳에 찍고 있는 것을 알 수 있다. 즉, 자녀인 청소년은 '잔소리를 하니까 술을 마시고'에 구두점을 찍었으며, 부모는 '술을 마시니까 잔소리를 하게 되고'에 구두점을 찍고 있는 것을 알 수 있다. 이와 같이 연속적인 흐름인 대화는 부분으로 연결되고 각각 자신에게 유리한 방향으로 주장하게 된다. 이것을 의사소통에 있어서 구두점의 원리(principle of punctuation)라고 한다.

의사소통 순환과정에서 가족치료상담사는 의사소통이 디지털 형식인지 아날로그 형식인지 구분하게 된다. 디지털 방식의 의사소통은 언어의 논리성에 의하여 조절되는 의사소통의 구성인 단어로 이루어지게 된다. 반면 아날로그 의사소통 방식은 비언어적인 의사소통의 방식을 많이 사용하게 되는데, 이것은 의사소통의 언어적 전달뿐 아니라 자세, 표정, 제스처, 목소리의 톤, 억양, 리듬과 같은 다양한 양식이 포함되어 정황까지 함께 전달되는 것이다.

그런데 이러한 아날로그식 의사소통 방식에 있어서 상황의 불쾌함의 문제를 가진 사람은 그 문제를 해결하거나 증상을 없애기 위해 분노 등의 촉발을 매개로 사회적으로 용인되지 않는 부분까지 이르면서 자신의 의사를 관철하고자 하는 경우가 종종 있다. 이러한 경우에는 표면적으로는 단순한 의사의 전달이나 자기주장의 형식으로 보여진다 하더라도 그 이면에는 그 사람이 가지고 있는 성장과정에서의 처리되지 못한 감정이 내재되어 있는 경우가 많다. 따라서 가족치료상담사는 이러한 부분에 대한 주의 깊은 탐색을 요하고 그에 따른 최면요법 등을 통한 무의식의 탐색도 경우에 따라 실시할 수 있다. 이러한 경향은 내재적인 경향으로 일시적인 상담만으로는 나타나지 않는 경우가 많기 때문이다.

가족상담을 찾는 사람들은 가족으로부터의 적절한 지원을 받기보다 때로 자신이 고립된 상태로 자신의 입장만을 항변하는 경우도 많기 때문에 이러한 각각의 구성원을 하나의 이해단위 조직으로 다시 묶어 주기 위해서는 다양한 각도에서의 은유적인 활동도 상담에 활용한다. 예를 들면, 부부간에 서로가 느끼는 짐을 여러 장의 스카프에 비유하며 상대방에게 걸어 주고 그 상대방을 바라보는 느낌을 이야기하며 다시 미안하다는 사과와 함께 한 장씩 풀어 주는 은유적인 활동 등이 활용될 수 있다.

전략적 접근으로는 상대방이 가진 장점을 50가지 이야기하다 보면 인지하지 못하던 많은 장점을 보게 되기도 한다. 가족의 문제는 자원이 없어서라기보다 상대방에게서 바라는 점에 대한 서운함에 대해 초점이 맞추어져 있는 경우가 많다.

따라서 가족치료상담사를 통하여 가족 내에서 바람직한 변화를 위한 노력이 일정 기간 지속되면 과거의 습관적 문제에 관해 가족 구성원은 차츰 문제의 현상을 볼 수 있게 되며 문제의 해결을 위해 스스로 노력한다. 혹은 항상성의 원리에 의해 다시 일시적으로 과거의 현상으로 돌아가더라도 그에 대한 잘못된 상황을 인지하게 되는 성과를 가지게 된다. 이러한 경우에 과거로 다시 돌아가지 않도록 지지하는 의지와 새롭게 형성되는 가족 규칙이 중요한데, 새롭게 형성된 가족 규칙에 성공적으로 동화된 이후에는 가족이 새롭게 적응하며 변화하고 발전하는 계기가 될 수 있도록 하는 것이 중요하다.

3) 이중구속

이중구속이란 두 가지 메시지를 함께 주는 것으로 사랑한다고 하면서 보이는 표정이나 행동은 그렇지 않은 경우, 상대방에 대하여 간섭하는 방향이 두 가지 방향인 경우, 이러한 의사소통에 늘 노출되어 있는 대상자는 무기력을 느끼며 현실에 적응장애현상을 보인다. 대표적인 예로, 자녀양육에 있어서 성적이 다가 아니라고 하면서 성적을 가지고 자녀를 야단치는 등의 이중구속의 예는 무수히 많다.

상호 관계상의 어려움은 이중구속에서 일어나는 경우가 많다. 일관적이지 않은 상대방의 태도에 혼란을 느끼면 그 대상자는 상대방에게 대한 관심을 점점 철회하며 다른 대상이나 대상자에게 관심을 가지고 몰두하는 현상을 보이게 된다. 자녀의 게임중독이나 각종 알코올 중독 등은 관계 속에 표출되는 은밀한 이중구속의 모순적 상황에 노출되는 경우에 만성적이거나 심각한 상황으로 발전하게 된다. 일관적이지 않거나 이중구속이나 이중메시지를 자주 보이는 상대방과의 진정한 관계는 성립되기 어려우며 의사에 있어서 감정의 반영이나 변동 혹은 철회가 빈번한 경우에는 특히 관계의 형성이 어렵게 되며 상대방의 정신건강에 영향을 미치게 된다.

특히 이중구속은 동시에 수신되는 메시지의 상충되는 내용 속에서 어느 한 부분을 취하여 행동해야 하므로 대상자가 어린 자녀인 경우에는 정신적으로 매우 심각한 결과를 초래할 수 있다. 이중구속의 상황은 언어적 메시지와 표정이나 태도 등의 비언어적인 메시지와 함께 전달되는 경우도 많으므로 매우 혼란스럽고 불안이나 분노 등을 경험하게 될 수 있으므로 신뢰관계를 기반으로 하는 의사소통이 이루어지기 어렵다. 동등한 관계에서 이러한 상황이 일어나는 경우는 상대방에 대한 불신이 오가며 의사의 송수신에 있어서 감정처리의 문제가 발생할 수 있다.

따라서 가족치료상담사는 문제의 대상자들이 상호 감정을 적절하게 다루는 다양한 의사소통 방식을 클라이언트에게 점검할 필요가 있다. 예를 들면, 너 전달법(you-message)이 아닌 나 전달법(I-message)을 통하여 비난을 피하면서도 정확하고 일치되며 일관적인 메시지를 전달하는 방식에 있어서 주의를 기울여 개입할 필요가 있다.

2 사례의 현장적용

가족치료 및 상담을 통하여 접근된 부분은 사례의 축적을 통하여 실천적으로나 이론적으로 기여할 수 있으며 그 대상이 되는 개인, 부부, 가족 및 특수한 가족의 상황에 다양하게 접목될 수 있다. 이에 다양한 전략적 접근 방법은 클라이언트의 다양한 문제(우울증, 자살충동, 약물중독, 섭식장애, 부부문제, 학교문제, 분노조절 등)에 대하여 단기간에 효과적이며 성공적으로 적용될 수 있다. 전략적 치료는 진단을 통하여 질병을 치료하는 것에 초점을 두기보다는 문제에 고착화되고 유지 패턴의 순환고리를 중단하는 데 중점을 두고 적용되는 것이 특징이다. 따라서 다양한 전략적 기법을 적용하여 전략적 치료의 방법을 선택하기 위해서는 문제의 정확한 진단과 함께 다양한 기법의 적용과 기술에 대한 지식 및 실천기술이 필요하다.

2절 가족치료와 합류

1 클라이언트 체계의 합류

가족치료상담사는 개입 초기에 클라이언트에 대한 정확한 사정을 위하여 정보를 수집하게 되는데 여기에는 언어적 의사소통뿐 아니라 비언어적 의사소통도 포함된다. 이 단계에서는 클라이언트와의 충분한 라포형성이 필요하며, 이를 토대로 하여 가족치료상담사의 감정이입, 수용, 지지, 공감 및 자기노출을 통하여 클라이언트와 협력하여 문제에 전문적으로 개입하게 된다. 개입의 단계는 다음과 같다.

2 증상의 정의

증상은 여러 가지로 분류될 수 있는데 자신이나 타인과의 관련 문제나 직장 및 사회환경의 문제가 될 수 있으며, 가치, 규범 및 법의 문제도 될 수 있다. 그러나 어떠한 문제든지 명확하고 구체적으로 파악하고 정의하는 것이 중요하며 이러한 정의는 문제의 개입 방법에 영향을 미친다.

3 목표의 설정 및 계획

개입에 따른 목표를 설정하는 것에 있어서 라포의 형성과 증상의 정의 단계가 이루어지면 그 다음에는 클라이언트와 함께 목표를 설정하고 그에 대한 세부목표, 회기, 상담기간, 방문시간 등을 정하여 구체적으로 동의된 목표를 달성하기 위하여 구체적인 계획을 세운다.

4 변화전략의 개발과 적용

변화에 대한 전략을 적용하여 목표달성을 위한 해결책의 효과성을 분석한 뒤에 이를 생활 속에서 안정화할 수 있도록 하는 이차적 변화전략의 단계가 도입되어야 하는데, 해결책의 확인은 클라이언트와 주변 사람들이 문제를 해결하며 원하는 목표에 도달하기 위해서 어떤 개입을 했으며 어떠한 성과를 거두었는지에 대하여 상호 의논하고 확인하여야 한다.

5 종결 및 추수상담

가족치료상담사와 클라이언트가 상호 합의한 목표를 달성하고 증상의 문제를 해결하고 치료를 통하여 결과 목표에 도달하였다면 이를 클라이언트에게 확인해 주는 단계가 필요하다. 이 시기는 치료를 종결하는 단계이다. 이러한 단계에서 추수상담에 대한 논의도 함께 할 수 있다.

CHAPTER

05

보웬의 다세대 가족치료

(Bowen's Multi-generational Family Therapy)

1절 | 보웬의 다세대 가족치료

1 보웬[1)]의 가족치료

[보웬]

보웬은 가족치료의 발달은 한 개인의 분석과 치료에 주목하였던 프로이드의 정신분석학으로부터 시작하며, 그는 어린 시절의 가족관계에 관심을 가졌다. 이후 보웬의 가족치료는 개인의 자아 분화의 수준과 가족력에 대한 가계도를 통하여 개인의 탈삼각화를 통해 가족치료의 문제에 접근하고자 하였다.

보웬은 어머니로부터의 이중구속(double binding)의 대화형태가 정신분열을 유발할 수 있으며, 부부간의 불균형이나 가짜 친밀성 혹은 고무울타리[2)]의 경계가 정신분열증을 유발한다고 발표하였다. 보웬은 분화(differentiation)의 정도가 가족들의 삼각관계를 유발하게 되며, 가족 구성원 중 한 사람이 희생양이 되어 정신분열증이 유발된다고 하였다.

한편 보웬치료기법은 가족 구성원 중 한 사람(IP)을 치료하는 것이 전체 가족체계를 변화시킬 수 있다는 생각에 치료대상의 폭이 상당히 넓었으며 그 접근법은 다른 가족 구성원과의 상호작용 등 가족을 통하여 접근하고자 하였다. 이에 유용하게 활용되는 가계도 작성법[3)]은 가족구조를 도식화하여 가족 구성원에 관한 정보와 가족관계를 기록한다.

---

1) 보웬은 미국에서 대가족의 장남으로 태어나 정신과 의사가 되었고 정신분석가로 활동하면서 정신분열증 환자를 치료하였으며, 모자 공생애의 가설을 통하여 1954년 국립보건원에서 그의 이론과 기초를 확립하였다. 그는 환자들은 엄마와 불안정한 애착관계가 개인의 분화수준과 삼각관계에 영향을 준다고 하였다. 모자의 애착관계는 정서적으로 불안한 마음에 의해 이루어지며 스스로의 통제에 영향을 주는 불안정한 애착관계로 나타나는데, 이것은 불안정한 애착관계를 통하여 자신을 지탱하기 위해 다른 사람들과 일정한 관계를 가지고 삼각관계를 형성하며 올바른 자아분화에도 영향을 주게 된다.

2) 고무울타리는 적당한 경계선을 긋지 못하도록 심리적으로 연결되어 가족과 자신을 구별하지 못하는 상태를 은유적으로 표현한 것이다.

이러한 가계도의 활용은 가족 진단의 도구로 가족에 대한 정보를 한눈에 살펴볼 수 있도록 하였으며 복잡한 가족 유형을 쉽게 파악하게 하고 가족의 맥락에서 어떻게 클라이언트에게 개입할 것인지에 대하여 임상적 문제와 시간적 경과에 대한 자료를 제공할 수 있도록 하였다.

1) 주요 개념 및 원리

(1) 분화(differentiation of self)[4]

분화의 개념[5]은 보웬의 가족치료이론에서 대표적인 개념으로, 가족 내에서 유일한 문제가 지적체계와 정서체계와의 분화 불균형이라고 보았다. 자기분화의 개념은 정신내적이며 인간관계적 개념으로 자신과 타인 간의 구분, 정서과정과 지적과정의 구분능력이다.[6] 이러한 분화는 자아의 형성을 통해 형성될 수 있는데, 어린 시절 부모나 중요한 사람들 간의 상호작용을 통해 자아가 형성되며, 예를 들어 타인과의 관계에 의해 변하지 않는 진짜 자아와 타인과의 관계에 의해 형성되는 가짜 자아가 있다고 가정한다면 진짜 자신이 많은 경우에는 타인의 영향에 의한 감정반사행동이 줄어들게 된다. 분화지수가 낮은 경우에는 지적반응보다 감정반응이 주를 이루며, 반면 분화지수가 높은 75~100의 수준에서는 불안이 아주 높은 관계 속에서도 자신의 목표를 잃어버리지 않

---

3) 가계도(genograms)는 보웬(1978)의 가족체계이론에 근거한 사정도구로 2~3세대에 걸친 다세대를 통하여 가족 구성원에 관한 정보와 관계를 도표로 기록 및 작성하는 방법으로, 가족 내 역동성을 이해하고 가족이 여러 세대에 걸쳐 발달시켜 온 가족의 역할, 유형 및 관계 등의 상호작용을 살펴보기 위해 고안되었다.

4) 보웬은 자아분화를 타인으로부터 자기의 분리와 지적 과정으로부터 감정적 분리라는 두 가지 측면으로 미분화된 가족 자아집합체 또는 융합으로 확대하여 설명하였다.

5) 보웬은 핵가족 감정체제로 가족원들이 융해되거나 감정적으로 하나가 되는 상태를 표현하기 위해 '미분화된 가족의 자아 덩어리'라는 용어를 사용하여 핵가족 감정체제를 통해 가족들이 감정적으로 연결되어 있는 감정 상태와 질을 설명하고자 하였다. 즉, 가족 구성원들이 가지고 있는 감정적 연결의 강도를 나타내는 개념이 핵가족 감정체제라고 할 수 있다.

6) 감정반사행동의 빈도에 따라서도 일정 정도 짐작이 가능하다.

고 유지할 수 있다. 분화의 정도를 알 수 있는 지표로는 주위 사람 혹은 가족의 의견이나 감정적 힘에 의존하지 않고 스스로 주관적으로 의사결정할 수 있으면서도 가족에게 세심하게 반응할 수 있는 정도로, 진짜 자신의 감정과 지각을 유지하면서도 가족의 일원으로서 생활을 영위하는 정도를 의미한다. 즉, 다른 사람과 건강한 경계를 유지하면서도 상호 책임과 균형을 이루는 정도라고 보웬은 보았다. 이를 위해서 때로 불일치나 적대감에 직면할 때에도 정직하게 진짜의 자신으로 남아 타인과의 관계에서 자신을 잃지 않으면서도 그들과 건강한 관계를 유지하면서 반사행동을 하지 않고 지적인 반응을 할 수 있는 정도라고 할 수 있다.[7)]

이와 같이 보웬이 언급한 자아분화의 개념은 정신내적인 개념인 동시에 대인관계적인 개념으로 정신내적 측면의 분화란 자신의 사고와 감정을 분리시킬 수 있는 능력으로 주위 사람들의 감정의 지배를 받기보다는 사고와 감정이 균형을 이루며 객관성을 가지고 있다. 자아분화가 낮은 경우는 부부체계에서 감정반사행동이 증가하며 부부 중 한 사람이 신체나 감정적인 역기능 상태에 처하기 쉽고 부부간의 문제를 자녀에게 투사할 수 있을 가능성이 있다. 이와 같은 가족의 투사과정은 핵가족 삼성제계에 따른 미분화로 감정적 불안정을 다루기 어렵거나 혹은 인지의 과정을 통해서 처리하지 못하는 경우는 자신의 불안을 다른 가족 구성원에게 투사하게 되는데, 이러한 현상이 부모와 자녀 간에 나타날 때 가족투사과정(family projection process)이라 한다. 이는 가족 구성원이 자신의 미성숙함과 분화의 부족을 다른 구성원에게 전가하는 경우를 설명하는 것이다. 투사의 대상은 자녀로 볼 때에 장남이나 장녀가 되는 경우가 많으며, 이때 자녀는 부모와의 삼

7) 보웬은 자신과 타인의 구분으로 정서적 과정과 지적 과정을 구분할 수 있는 능력으로 표현되는 확고한 자기(solid self)와 거짓 자기(pseudo self)로 구분하여 제시할 수 있다고 하였다. 그는 분화의 종류로 정신내적 측면의 분화와 지적 기능이 정서적 기능과 얼마나 분화되어 있는가를 살펴보았고, 대인관계적 측면의 분화로 다른 사람과 구별되는 확고한 자아발달과 자신의 신념에 의해 자주적이고 독립적인 행동이 가능한가 하는 두 가지 측면을 관찰하였다. 분화가 이루어지지 않은 사람은 미분화된 가족자아(undifferentiated family ego self)의 상태로 남아 혼합된 감정 상태로 독자적인 정체감을 형성하기 어렵다.

각관계로 분화의 수준이 낮은 상태로 성장하게 될 가능성이 높게 된다.

심각한 것은 이러한 가족투사현상이나 삼각관계의 행동양식은 다음 세대를 통하여 다세대로 전이될 수 있는데, 예를 들면 화를 많이 내는 감정반사행동의 양상을 많이 보이는 부모 아래서 성장한 아이는 부모의 행동이 내면화되어 같은 방식으로 다른 사람과 관계를 맺을 가능성이 높아진다. 보웬은 이와 같은 현상은 삼각관계의 형성이나 가족투사를 통하여 세대 간 전수, 즉 다세대전수과정(multigenerational transmission process)이 되며 이러한 환경에서 자라는 자녀의 분화수준은 높아지기 어렵다고 보았다. 이러한 차원에서 부모세대의 핵가족 감정체제는 자녀세대의 감정분화수준을 일정 정도 예견할 수 있게 한다.[8)]

한편 보웬이 주장한 바로는 자녀의 출생순위, 즉 자녀의 위치(sibling position)가 분화수준과 관련이 있다. 이것은 부모들의 기대수준과 관련이 있는 것으로 장남과 장녀의 경우는 부모의 기대수준에 반하여 분화수준이 떨어질 가능성이 있으며, 부모의 기대수준이 낮은 자녀의 위치는 자녀가 독립된 생각에 의하여 행동할 가능성이 높아지며 독립된 생각의 정도에 따라 분화수준은 높아지게 된다. 이에 대한 반사적 행동으로 부모와의 관계에서 해결되지 못한 정서적 애착의 처리로 과거로부터 자신의 삶을 위해 자신을 분화시키고자 멀리 떠나 생활하거나 부모에 대한 거부의 표현 등을 나타내는데, 이것은 실상 불안이 높고 정서적 의존이 높은 경우의 단절로 나타나는 현상이 많으며 물리적 단절과 감정적 단절의 형태로 나타나나 이러한 감정단절(emotional cutoff)은 융해관계에서 오는 경우가 많다. 따라서 가족 간의 외로움과 오해가 있다면 이러한 부분을 살펴볼 필요가 있음을 점검해 보아야 한다.

---

8) 보웬은 정신분열을 연구하였는데 이러한 역기능의 문제는 가족체계의 누적된 미분화와 융합의 결과로 보았다.

또한 이러한 핵가족 정서과정(nuclear family emotional process)[9]은 과거 해소되지 못한 불안이 가족에게 투사되는 것으로, 분화되지 못한 불안과 스트레스에 대한 대처능력의 저하는 각종 역기능으로 나타나기 쉬우며, 결혼은 같은 자아분화 수준에서 사람 간의 선택에 의한 만남이 되기 쉬우므로 결혼 후의 부부융화나 부부갈등은 이러한 문제의 점검을 요하게 된다. 또한 자녀의 미발달은 양육자인 어머니로 하여금 통제의 구실을 제공하게 되며 일종의 병리현상을 사용하여 부모로 하여금 더욱 관심을 쏟게 하는 기제로 작용하여 기존의 미발달적 가족 유대를 더욱 굳히는 결과가 된다.

따라서 보웬의 치료의 목표는 개인보다는 체계 내에서 불안을 경감시키고 자신에게 초점을 맞추어 자아분화를 촉진하는 것으로, 합리적인 객관성을 통하여 분화를 성취하여 감정과 사고를 분리할 수 있도록 하고 핵가족 및 확대가족과 유대를 끊지 않으면서도 자율성을 발달시키도록 하는 것이라고 할 수 있다. 따라서 동기가 높은 개인을 변화시키는 것이 전체 가족집단의 변화에 영향을 주며, 치료 과정이 다시 다른 구성원에게 영향을 미치게 되어 가족관계는 상호순환을 이룬다고 보았다.

(2) 삼각관계(triangular relation/emotional triangles)

삼각관계란 두 사람이 불안정한 관계를 형성하는 경우에 다른 사람이 그 관계에 들어오면 상대적으로 보다 안정된 관계를 만들고자 하는 것이다. 세 사람으로 형성된 삼각관계는 불안을 낮추는 역할을 하게 되는데 그 근원은 불안의 전이현상으로 해석될 수 있다. 예를 들어, 남편과 아내의 갈등관계에 아이가 개입되어 갈등을 완화시키거나 전이시키는 관계 등이다. 이때 삼각관계가 고착된 형태로 지속되면 자녀가 증상을 일으킬

9) 보웬은 핵가족 정서과정이 다음과 같은 현상으로 나타날 수 있다고 보았다. 정서적 거리(emotional distance), 부부갈등(marital conflict), 자녀에게 전이(transmission of the problem to a child), 배우자 역기능(dysfunction in one spouse)으로 나타날 수 있다.

수 있다. 이러한 삼각관계는 사람이 아닌 대상이 될 수도 있으며 일중독, 알코올 중독, 기타 취미가 될 수 있다. 이러한 삼각관계는 불안이나 긴장과 같은 위기 상황에서 일시적인 도움을 줄 수는 있으나 가족 간의 갈등문제에 무감각하게 하고 가족 간의 감정을 혼란스럽게 하기 쉽다.

문제는 이러한 병리적인 현상이 사회 정서적 과정(societal emotional process)으로 나타날 수 있다는 것이다. 이러한 사회 정서적 과정은 가족의 기본 이론이 사회로 확대된다는 것으로, 예를 들어 10대 자녀들을 다루는 부모들이 명확한 원리 없이 낮은 수준으로 자녀들을 달래기 위한 항복이나 상황에 도움이 되지 않는 권위로 경직되거나 가혹한 반응을 보이면, 이것은 오히려 자녀의 일탈과 달래기, 억압 등의 악순환으로 이어져 사회의 하위집단끼리 융합되는 경우 사회적으로 폭력과 불신이나 비행을 높이는 사회 범죄율로 이어질 수 있다고 보았다.

2절 | 가계도 및 개입의 기본 개념

1 가계도 작성의 예-가족치료의 사정도구

1) 가계도 작성법

<table>
<tr><td colspan="2">남성</td><td colspan="2"></td><td colspan="2">여성</td><td colspan="2"></td></tr>
<tr><td colspan="2">남성 클라이언트</td><td colspan="2"></td><td colspan="2">여성 클라이언트</td><td colspan="2"></td></tr>
<tr><td colspan="2">사망(성별표시)</td><td colspan="6"> 또는 </td></tr>
<tr><td>임신상태</td><td></td><td>사산아</td><td>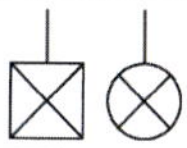</td><td>자연유산</td><td></td><td>인공유산</td><td></td></tr>
<tr><td colspan="2">결혼상태</td><td colspan="6">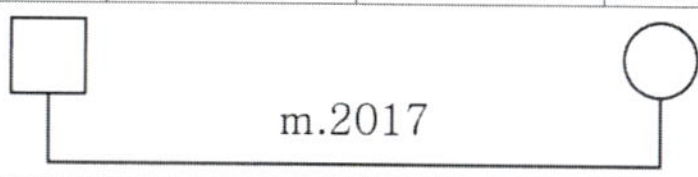</td></tr>
<tr><td colspan="2">별거 및 이혼</td><td colspan="6">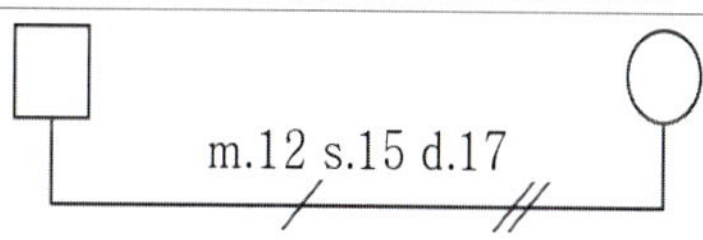</td></tr>
<tr><td colspan="2">다수의 결혼경험이 있는 남성</td><td colspan="6">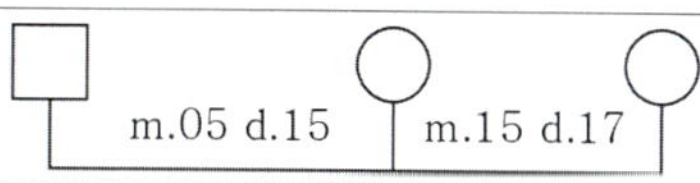</td></tr>
<tr><td colspan="2">동거관계</td><td colspan="6">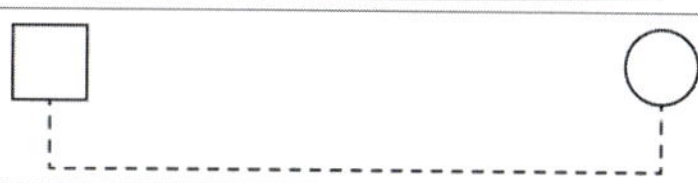</td></tr>
<tr><td colspan="2">남매의 출생순위</td><td colspan="6">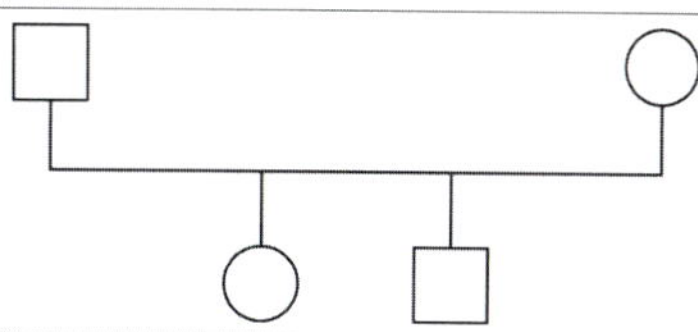</td></tr>
</table>

입양 및 위탁아동의 표기	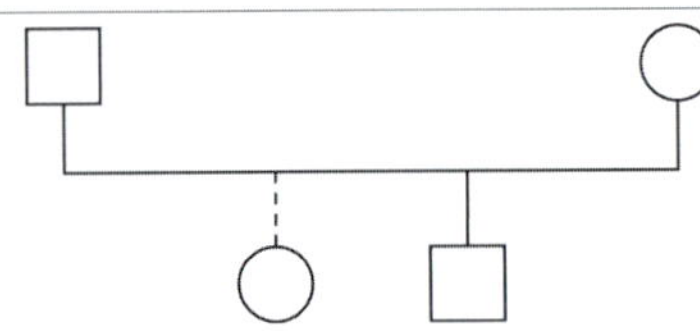
쌍둥이(성별표기 가능)	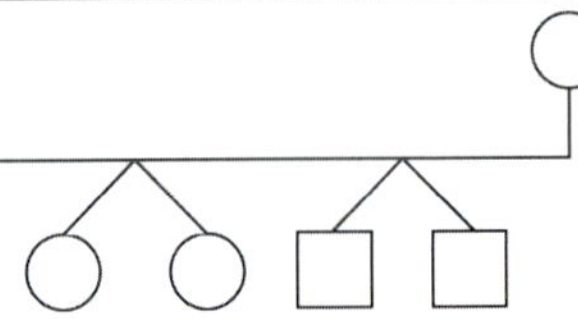

2) 가계도 작성예시

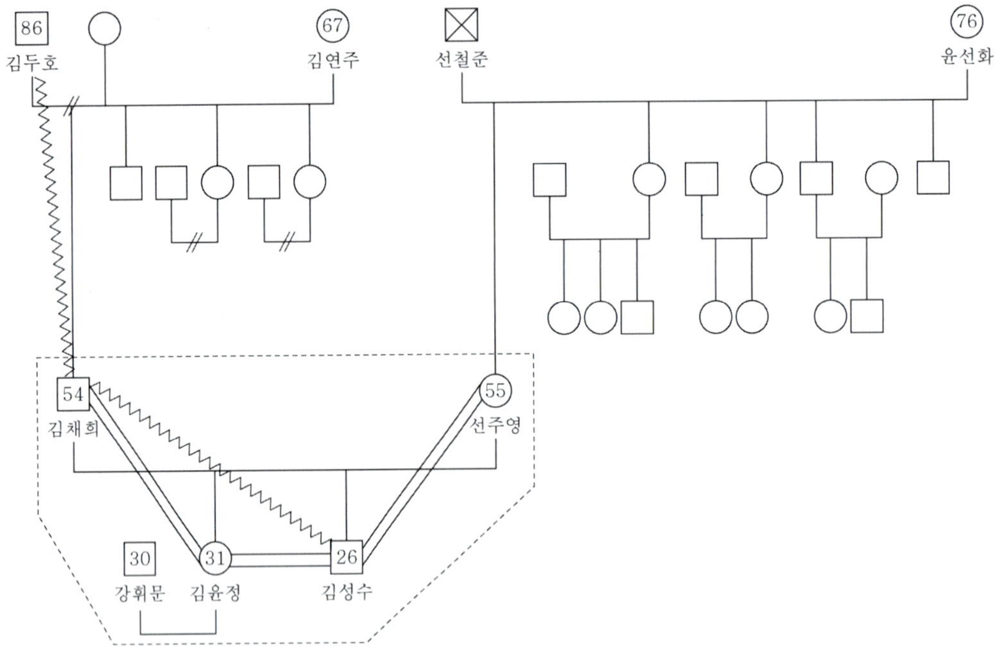

2 미누친[10]의 구조적 가족치료

1970년대 이후 구조적 가족치료(Structural Family Therapy)는 앞서 설명한 체계론적 관점을 근거로 발전된 것으로 미누친을 주축으로 개발되었다. 이 이론은 증상을 병리적으로 보지 않고 역기능적인 구조로 보기 때문에 과거력을 위주로 하여 진단하지 않는다. 주요 개념은 경계선(boundary)의 건강성을 통하여 진단하며 경계를 통하여 개인과 하위체계를 둘러싸고 있는 체계 간의 역동성을 살펴보게 된다. 미누친은 가족의 건강한 기능은 하위체계의 경계선[11]이 분명한 경우로 보았다. 또한 구조주의적 입장에서 미누친이 본 것은 하위체계(subsystem)의 개념으로 가족의 역할수행을 위해 가족 구성원 간의 일정한 형태의 상호작용이 있으며 이는 부부하위체계, 부모하위체계, 형제하위체계 등으로 구성된다. 이들에 대한 제휴(Alignments)[12] 등을 살펴보고 건강한 경계와 하위체계의 개입을 통한 재구조화로 가족을 치유하고자 하였다.

첫째, 부부하위체계(spouse subsystem)로 부부하위체계의 정서적 안정과 원활한 기능이 가족체계에서 중요하다고 보았다.

둘쌔, 부모하위체계(parental subsystem)로 적절한 부모와 자녀의 위계 안에 자녀는 부모의 보호 또는 권위 및 시노에 의하여 성상한다.

10) 미누친은 구조적 가족치료의 선구자로 아르헨티나 출생이며 제2차 세계대전 이후 미국에서 아동정신과 의사로 활동하는 가운데, 1952년에 버려진 아이들의 치료를 위한 이스라엘의 방문에서 가족의 중요성을 깨닫게 되었다. 이후 1954년 미국에서 정신분석훈련을 받고 뉴욕 근교에서 비행청소년과 빈곤가족에 관심을 가지게 되었다. 이후 『가족들과 가족치료』(Families & Family Therapy, 1974)를 저술하였으며, 1981년에는 가족학연구소(현 미누친 가족연구소)를 설립하고 구조적 가족치료(Structural Family Therapy)에 대한 연구를 하였다.

11) 미누친은 가족의 경계를 다음과 같이 구분하였다. 즉, 이는 분명한 경계(Clear Boundary), 애매한 경계(Diffused Boundary), 경직된 경계(Rigid Boundary)이다.

12) 가족 구성원 간에 형성하는 정서 및 심리적 연결에 관한 것을 뜻하며 치료적 차원에서 병리적인 가족의 경우는 제휴의 재구조화에 개입하게 된다.

셋째, 형제하위체계(sibling subsystem)로 자녀들 간의 협동, 경쟁, 협상, 지지를 통해 가족관계 및 사회에서의 동료관계를 학습할 수 있다.

구조적 가족치료의 개념은 구조주의의 이론적인 전제를 기반으로 체계의 전체와 부분은 부분 간의 관계를 통해서 설명될 수 있다고 봄으로 사회관계나 인간관계의 규칙을 이해하기 위해서 가족 간의 지배적인 규칙을 살펴보고자 하였다. 이를 통하여 가족 구성원의 상대적인 위치, 가족관계, 기능 및 문제 등에 관한 관점을 구조화하는 것에 기여하였다. 여기에 활용되는 개념은 다음과 같은 것이 있다.

1) 모호한 경계선

모호한 경계선이란 가족원 사이에 정보는 공유하지만 필요 이상의 밀착된 관계를 형성하게 되는 것이다. 지나치게 친밀하거나 깊이 관여하는 상황은 각자의 개인적 자아분화가 덜 이루어져 있다는 것을 의미한다.

2) 경직된 경계선

경직된 경계선이란 가족 구성원 사이의 생각이나 감정 등을 공유하지 못하고 유리된 관계로 고립되고 친밀감이 부족하여 가족 외의 다른 집단에 강한 연합을 형성하기도 한다. 경직된 경계의 가족체계는 지역사회, 이웃과의 관계에서의 상호작용이 제한된다.

3) 분명한 경계선

분명한 경계선이란 경계가 적절히 투과적이고 유동성 및 융통성이 있는 경계선으로 바람직한 상호작용에서 설명된다. 대부분 가족문제의 발생은 하위체계 간의 경계가 모호하거나 경직되어 있는 경우에 발생한다.

구조적 가족치료의 기법으로는 가족이 보다 기능적인 교류유형을 발달시킬 수 있도록 돕는 맥락을 만드는 것이 중요하다는 이론에 근거하여 다음과 같은 기법이 활용된다. 이를 위한 기법으로는 교류의 창조(creation of transaction)기법이 있는데, 치료적인 효과가 연결될 수 있도록 가족 구성원 간의 교류를 치료사가 이끌어 낸다. 이를 위해서 활용되는 기법으로는 구조화(structuralization)와 실연화(enactment inducement)가 있다. 구조화란 가족 구성원 간의 체계적 관점에서의 개입을 의미하며 실연화는 역기능적인 상호작용에 개입하여 순환성의 체계를 수정해 주기 위하여 모델링뿐 아니라 가족 내의 과제설정(task setting within the family) 등이 활용되어 실시된다. 뿐만 아니라 상호 교류와의 합류(joining with the transaction)를 통하여 가족의 체계가 순기능적인 순환에 적응을 유지할 수 있도록 한다. 이를 통하여 교류를 재구성화(restructuring the transaction)함으로써 보다 기능적인 가족구조에 있어서 가족 구성원 간의 교류 체계를 재편성(system recomposition)하고 가족 구성원의 구조를 수정(structural modification)하는 것을 가능하게 할 수 있다. 구조적 가족치료의 특징은 가족의 교류유형에서의 경계선, 제휴, 위계를 움직여 변화를 도모하는 기법이라고 할 수 있다.

CHAPTER

06

구조적 가족치료

(Structural Family Therapy)

1절 구조적 가족치료의 접근

1 가족상담 및 치료

1) 가족치료

가족치료는 가족 구성원들 사이의 의사소통이나 행동의 관계를 규명하는 전문직으로 발돋움하고 있는데, 사회적인 위기나 전쟁 등으로 그 필요성에 대한 공감이 더욱 확대되었으며 부부위기 상담 등을 다룰 뿐 아니라 심리분석 영역을 활용하여 부부와 아동문제에 대한 개입을 통하여 현재까지 이르고 있다. 미국에서는 1950년대를 전후하여 가족의 기능이나 역기능 등이 가족학자 등을 중심으로 연구되었고, 가족 결속력을 위한 상담이나 프로그램이 실시되었으며 가족치료 등이 시도되었다. 가족치료의 발달과정을 살펴보면 다음과 같다. 먼저 1920년대에서 1940년대에는 정신분석학 위주의 진단이 실시되어 가족 심리분석과 개입이 실시되었다. 특히 세계대전이나 대공황으로 인한 가족문제가 사회화되자 이에 대한 개입의 필요성이 부각되었다. 이때 가족의 상호작용이나 의사소통의 불일치, 이중구속 등의 개념이 활발히 연구되기 시작하였다.

1950년대에는 보웬이 정신분열병 환자와 어머니와의 관계에 관심을 두고 여러 세대에 걸쳐 전수되는 병리적 현상과 정서적 융합의 현상을 연구하였다. 이후 1960년대와 1970년대에는 MRI(Marital research institute)를 중심으로 미누친이 도시빈곤가족과 비행청소년 가족을 중심으로 구조적 가족치료를 시도하였다. 이후 현대사회에서는 기존의 구조주의적인 관점에서 성역할에 따른 부부역할의 경계가 다원화되고 경제적 효율성에 있어서 남녀의 성역할 구분이 완화되어 보다 유연하고 합리적인 사고를 지향하고 있다. 그러나 전통적인 구조주의의 개념은 아직도 가족의 기본 틀을 형성하고 있다.

2) 전통적 개념으로의 구조주의

(1) 가족신념과 가족의 유형

김희성(가명)과 이수연(가명)은 20년 동안 결혼생활을 유지해 왔다. 그런데 처음에는 전통적 핵가족에서의 부부 역할을 각자 충실히 이행하고 문제가 없는 듯 보였다. 그러나 생애주기에서 볼 때 수연의 결혼만족도는 떨어지고 그녀는 소비생활을 조절하기 위해 파트타임으로 일을 하고 싶어 했으며, 아이들이 자라 출가한 이후 수연은 과거보다 더 많아진 자유시간을 그녀만의 흥미 있는 일들에 집중하고자 했다. 이에 희성은 여성의 가사를 돕는 일보다는 수리 등의 집안일은 사람을 고용하며 그를 통한 자유시간을 TV를 보는 데 할애했다. 그들은 남성이 공급자의 역할을 여성이 그를 돌보는 역할을 해야 한다는 전통적인 생각을 하고 있다. 이들은 구조적 이론에 입각한 가족에 대한 사고방식을 가지고 있는 부부이다.

(2) 가족구조(family structure)

구조적 가족치료로 유명한 미누친은 아르헨티나에서 출생한 아동정신과의사로, 하류계층의 가족에게 전통적 가족기법의 적용이 어려움을 알고 연구한 끝에 정립한 가족치료의 한 접근법으로 가족 내의 병리적인 제휴와 분열을 변화시키고자 하는 접근법을 개발하였다. 이는 대인관계이론의 영향을 받았으며 이후 1960년대 뉴욕에서 비행청소년을 교정하기도 하였다.

미누친은 가족 구성원들이 상호작용하는 고착화된 패턴의 발견을 중요하게 생각하였다. 그는 같은 행동들의 반복을 통해 가족들의 지속적인 패턴을 파악하였다.

이렇게 반복되는 패턴들을 통하여 가족의 상호 관계를 지배하는 일련의 은밀한 규칙(covert rule)을 발견할 수 있었다. 이러한 양상은 가족의 반복된 행동으로 나타나는 결과가 구조적 패턴을 보여 준다는 것이다. 가족 내에서 어느 한 사람이 주도권을 가지고 모든 의사결정을 하는 경우 상대 배우자는 가족 외부에서 감정적인 지원을 얻으려는 심리로 가족의 외부로 주의를 돌리며 다른 하나의 구조를 만드는데, 이것이 취미이든 다른 인간관계이든 무엇이든 그 결과는 상황에 저항하여 자기 영속성을 유지하기 위한 경향이라고 하였다. 또한 부부하위체계나 부모하위체계를 통하여 설명되는 병리적 밀착현상은 인간이 자신을 보호하기 위한 심리적 방어이기도 하다.

[미누친]

예를 들어, 부부가 너무 엄격한 경우 자녀관계가 부부관계보다 밀착될 수 있으며, 따라서 각자 분화된 자아와 권위가 필요하며 상호 건강한 방식으로 협상하는 방법을 익히는 것이 치료의 한 기술이 된다. 부부하위체계의 경우는 적당한 권위를 가지면서도 과도하지 않은 통제력을 통하여 부모로서의 역할을 아동의 성장과 발달 및 사율적인 권리에 사용할 수 있어야 한다.

한편 형제하위체계는 자녀가 사회에서의 건강한 또래관계를 형성하는 데 도움을 주는 기본 사회화의 과정이 될 수 있다. 형제 간의 상호작용은 상호 지지와 반대 등을 통하여 협동력과 양보 및 감정유보 등의 경험을 하며 자신을 방어하거나 경쟁하고 타협하는 방법을 익히는 가운데 형제하위체계를 통한 다양한 경험이 사회생활에 적용된다. 구성원 간의 밀착된 관계는 미분화성을 형성하게 되며 혹은 반대의 경우로 유리나 방임 등의 경향을 보이기도 하므로 가족학에서는 명확한 경계(clear boundary)를 중요시하게 된다. 또한 부부가 체계를 이루면 원가족들로부터 그들을 건강하게 분리시키는 경계를 분명히 하는 것도 중요한 적응과제이며, 자녀의 출생 이후 아내와 남편으로서의 기능적 역할은 전통과 함께 상호작용하며 적절한 관계성을 가지고 성장해 나가야 하는 과제를 안고 있다.

반면 병리적인 가족의 특색은 상황의 변화에 수정되지 않고 경직된 구조에 고착된다. 그에 따른 예는, 부부갈등을 직접적으로 해결하기 어려운 경우 이를 직면하지 않고 자녀에 초점을 맞추고 자녀에 지나치게 애착을 가지면 오히려 자녀의 장애를 불러올 수 있다. 이때 부모 중 한 사람, 특히 어머니의 경우 자녀와 연합관계를 형성하여 부부관계나 부모관계의 긴장관계에서 이를 회피하면 병리적 밀착이 발생되기 쉽다. 따라서 가족구조를 통한 치료는 병리적인 가족구조의 변화에 초점이 있으며, 이때 상담자는 가족의 경계선을 변화시키고 가족 구성원 간의 체계를 재정립하여 가족 구성원의 행동과 경험을 변화시켜야 한다.

이를 위해 사용될 수 있는 방법은 재현(enactment)으로 경우에 따라 상담자는 특수한 상황에서 가족의 문제를 재현시키고 그에 따른 역할제안과 모델링을 통해 가족의 상호작용을 수정할 수 있도록 지도한다. 즉, 상담자는 가족 구성원의 어느 쪽이 공격적이며 어느 쪽이 방어적이고 주도권을 누가 쥐려고 하는지 혹은 누구와 심리적으로 밀착되어 행동하고 있는가 등을 관찰하여 개입하도록 한다. 이때 상담자는 가족 간의 관계에서 숨겨진 문제와 메시지를 발견하고 도움을 줄 수 있어야 한다.

역기능적인 가족은 지나치게 경직되어 있거나 산만하거나 유리된 방임적 상태를 유발하는 경계선을 가지며, 이는 오랫동안 학습된 경우가 많으므로 가족치료에서는 변화의 방향을 제시하기 위해 실용적인 허구적 구조를 제안하고 모델링하도록 시도한다. 이와 같이 다른 구조를 통해, 경험된 행동을 통해 가족 구성원의 느낌을 공유하도록 하고 바람직한 행동을 구축하도록 한다.

한국의 가부장적인 가족제도는 엄한 전통적 규율 속에서 억압을 배우는 역기능적 형태로 스트레스를 유발하거나 억지행동을 가장하기 쉽다. 따라서 미누친의 구조적 가족치료가 다른 심리치료와 함께 병행된다면 보다 효과적일 것으로 생각된다.

(3) 가족의 기능들(family functions)

역사적인 분석은 가족이 사회에 많은 중요한 기능을 공급해 왔음을 증명하였다. 그러나 현대에서는 가족의 많은 기능[1]이 다른 기관에 넘겨져 수행되어 왔고, 가족은 그 자신의 주요 기능에 주안점을 두고 있다. 머독(Murdock, 1949)은 가족이 네 가지 기능을 사회에 제공한다고 하였는데 그것은 다음과 같다.

① 성적(sexual)인 기능: 모든 사회는 혼란을 피하기 위해 이 추진력이 억제되는 것이 필요하다는 것을 발견하였다. 그러나 이것이 과도하게 억제되거나 개인적 문제에 국한한다면 결과적으로 인구는 충분하지 않을 것이다. 대부분의 성적 표현은 결혼제도 안에서 이루어지며 이것이 사회적으로 용인되는 행위이다.

② 재생산(reproduction) 기능: 재생산은 모든 사회에서 결혼이 성적 결과로 자연스럽게 이루어진다. 많은 아이가 혼외 성관계에 의하여 탄생하지만 대다수는 사회적 선호 내로 가족 내에서 태어나게 된다. 이러한 아이들은 가족 내에서 수용되어 여러 혜택을 누리는 특권이 주어진다.

③ 사회화(socialization) 기능: 자녀출산에 더하여 가족은 아이들을 물리적으로 보살피며, 이들이 성인으로서의 업무를 수행[2]할 수 있도록 돕고 그들 특정 문화에 의해 적절

1) 종교, 건강관리, 보호, 교육과 오락, 경찰, 학교, 영화 등 필요한 것들이 있다.
2) 리(Lee, 1982)는 이것이 단순히 직업적인 기술들을 배우는 것만을 의미하는 것은 아니며, 언어적 기술과 문화적 전달 등을 포함한다고 하였다. 모든 사회들은 그들을 사회화하기 위해 그들의 아이들을 사랑하고 양육하는 가족에 의지한다고 하였다.

하다고 판단되는 가치를 수용하게 된다.

④ 경제적(economic) 요소: 이것은 비단 '산출'이라는 경제적인 단위만을 의미하는 것은 아니다. 머독은 성에 의한 노동의 분리를 언급하면서, 고유한 그들만의 성별의 장점에 의해 남성과 여성이 매우 효율적으로 협동하는 단위를 구성한다고 하였다. 즉, 인간사회는 남성은 육체적으로 힘이 세며, 여성은 아이를 양육하며, 성별 간의 생물학적으로 결정된 기준에 따라 전문화되고 협동해 왔다는 것을 말한다.[3] 또한 모든 문화는 출산이나 부양, 성적 금기 등에서 그들 고유한 접근방식을 가지고 있다. 이러한 가족 규칙을 잘 이해하는 방법은 가족과 사회가 각각 어떠한 기능을 수행하는지 충분히 연구하는 것이다.

이에 대해 머독(1949)은 핵가족이 보편적이며 인간의 사회적 삶을 위해 필요하다고 하면서, 어느 사회도 핵가족을 대신하는 적당한 대체물이 없다고 주장하였다. 그러나 인도와 같이 아버지가 일하지 않는 특수한 문화의 사회에서는 커플이 결혼했을지라도 홀어머니 가족이 선호되기도 한다. 그렇다면 이 같은 경우에는 가족의 기능이 앞의 네 가지 기능 이외에도 구성원 간의 우애나 감정적 지지와 같이 사회에 공헌하는 중요한 기능이 있다는 것을 제기할 수도 있을 것이다. 이와 같은 것은 도시의 산업사회에서 커다란 역할을 수행하고 있으며 점점 그 중요성이 증가하고 있다.

(4) 결혼 구조

일부다처제는 농업이나 낙농업 분야에서 선호되는 경향이 있는데, 여성과 아이들이 노동을 하여 부를 축적하는 경우에 일처다부제보다 선호된다. 이와 대조적으로 환경적

3) 결혼 커플들은 그들의 행동이 그들이 자신들의 능력에 따라 책임을 나눈다면 자신들의 생존이 강화됨을 발견하였다.

인 어려움으로 인하여 일처다부제는 드물다. 일찍이 기능주의자들은 일하는 엄마들이 불안정하고 아이 양육의 질을 위협한다는 것을 발견하였다.[4] 중산층은 그들의 생활 및 적절한 교육을 유지하기 위하여, 사회적으로 맞벌이가 요구된다. 이것은 이러한 사회적인 압력에 가족이 적응하고 가족의 균형 있는 상태를 재설립하는 것을 설명하고, 가족의 변화를 요구하게 되는 요소들이 될 수 있다.

(5) 구조주의의 역사

1950년대까지의 구조주의는 1930년대의 유기체 모델을 채택해 왔고, 이것은 가족학에 큰 영향을 미쳤다. 기능주의는 유기체론(organic analogy)에 기초하여 콩트(Comte)와 뒤르켐(Dukeim)에 의하여 발전하였다.[5] 구조기능주의의 원천은 인류학 이론에 기인한다.

기능주의에서 사회는 유기체로 사람의 몸에 비유된다.[6] 쉽게 설명하면, 유기체의 목적은 생존이다. 따라서 각각의 부분은 균형과 조화의 상태를 필요로 한다. 여기에서 가족 및 기타 하부조직은 사회의 생존과 유지를 위해 총체적으로 이를 유지하고 촉진하는 기능[7]을 수행하고 있다. 이러한 관점에서 볼 때 가족이 사회의 핵심체계가 될 수 있으며, 따라서 이혼, 10대의 저항, 혼외 성관계, 한부모 가족 등은 가족의 기능이나 구조를 위협하고 사회체계의 생존을 위협하는 것으로 간주되었다.

이에 대하여 머튼(Merton, 1957)은 갈등의 역할도 균등하거나 새로운 관계의 상태로 이끄

4) 1960년대 이후 미국에서 산업 성장과 함께 여성들이 제조업에 종사했던 예를 들고 있다.
5) 1970년대 이후의 과학자들은 구조기능주의에 냉담했으며, 현대의 사고에는 중요하지 않은 이론이라고 주장하였다. 그럼에도 불구하고 유기체 모델과 조화의 상태가 요구되는 가족구조 개념은, 스트레스와 체계이론과 같이 현대가족이론의 중요한 전제이다.
6) 인간의 몸이 기관, 근육, 조직 등의 다양한 부분으로 구성되어 건강한 상태를 위한 총체적인 작동이 요구되듯이, 가족구조도 이들 각각의 부분에 비유되어 적절한 기능을 유기적으로 수행한다는 개념이다.
7) 가족구조의 양식은 사회의 기능을 수행하는 것으로써 설명할 수 있다. 즉, 산업화가 핵가족을 우위로 이끈 것처럼 변화하는 감정들이 외부로부터 오며, 아이들은 문화적으로 가족의 가치를 받아들이며 가족역할은 생물학적으로 각각 고유한 역할들이 있음을 주장하였다.

는 것으로 인식한 반면, 파슨즈(Parsons, 1951)는 이러한 비정상적 행위를 긍정적 변화로 보지는 않았다. 사회의 하부구조 단위인 가족의 안정은 아동기에서 중요하게 간주되며, 결혼의 만족은 그러한 안정의 중추적인 것으로써 가족학에서 가장 중요한 연구 분야 중 하나이다. 오늘날 많은 가족연구가 가족구조론에 대한 명백한 인식 없이 진행되어 왔다. 그러나 현대의 월러스테인 등(Wallerstein et al., 1989)은 여전히 온전한(intact) 핵가족이 건강한 자녀양육에 중요한 구성요소라고 주장하였다. 또한 가족구조의 존속은 정책적인 의사결정에서 더욱 중요한 요인이 될 것이라고 하였다.

2절 구조적 가족치료의 전제

1 가족의 두 가지 중요한 가정

1) 가족의 기능은 재생산하는 것과 자녀를 사회화하는 것이다

이는 구조기능주의에서 사회의 유지 및 생존을 위한 기본명제이자 최상의 중심기능이다.

2) 모든 체계는 기능을 가진다

파슨즈(1951)는 남편과 아내가 특정 역할을 수행하는 것이 가족구조주의 기능을 위한 최선의 방법이라는 결론을 내렸다. 즉, 남성은 가족에게 음식과 안식처와 교육과 수입 등의 수단적인 기능을 담당하는 반면, 이와 대조적으로 여성은 감성적 역할로 구성원들의 양육과 관계 등을 원활하게 하는 일을 담당한다. 그의 이론에 의하면 이것은 생물학적으로 필수적인 방법으로, 육체적으로 더 강한 남성들은 밖에서의 일을, 여성은 안에서의 일을 담당하는 경향이 있다고 하였다.

3) 주요 용어와 개념

(1) 구조(structure)[8)]

① 가족 구성원의 구성형태로 이루어짐

② 특정 사회 내에서 어떤 구성원이 가족이라는 조직을 만드는가?

8) 구조는 기관이나 사회의 틀을 묘사할 때 사용될 수 있다.

(2) 기능(function)

① 가족이 사회에 무엇을 제공하는가?

② 가족이 이를 제공하기 위한 기능으로 존재하는가? 그것은 더 큰 체계 생존을 고양하는가? 우리는 그것의 기능이나 하는 일을 살펴봄으로써 어떤 그룹의 목적을 잘 이해할 수 있다.

(3) 도구적인(instrumental)

물리적인 생존을 위하여 가족 내에서 수행될 필요가 있는 임무들은 선천적으로 도구적인 것이다(전통적으로 남성이 담당해 온 역할의 예).

(4) 표현적인(expressive)

가족 구성원들의 만족스러운 관계 및 상호작용을 돕는 것은 선천적으로 표현적인 것이다(전통적으로 여성이 담당해 온 가사 일에 대한 역할분담의 예에서 찾아볼 수 있다).

(5) 조화(equilibrium)

가족은 모든 것이 균형상태일 때 가장 잘 기능하는 경향이 있다. 파슨즈(1951)는 가족 구성원이 같은 가치와 목표를 가지고 그들이 각각의 역할을 수행할 때 이러한 조화를 가장 잘 성취하는 것으로 보았다(위의 3)번과 4)번의 예와 같다).

(6) 가족의 기준(the benchmark family)

가족의 표준은 전통적인 역할을 담당하는 핵가족을 의미한다. 많은 사람이 이를 가장 모범적인 관계로 간주하여 덜 바람직하거나 비정상적인 상태와 비교하였다.

(7) 비정상적 행동(deviant behavior)

머튼(1957)은 구조기능주의의 근본원리를 확대하여 어떤 행동들이 사회규범으로부터 일탈된 바람직하지 않은 행동유형인가 하는 것으로, 사회에서의 바람직한 역할을 보여 주고 있다.

(8) 조화(순응; confirmity)

비일탈은 조화(순응)와 같은 개념이다. 예를 들어, 일과 성취에 있어, 아버지에게 승인되는 생활양식, 즉 가족의 생계부양의 규범적 역할에 들어맞는 사회적 역할을 수행해야 한다.

(9) 혁명(innovation)

혁명의 카테고리는 남성이 물질적 행동의 목표는 달성하지만, 불법적인 혹은 사회적으로 용인되지 않는 방식으로 달성하는 경우로써, 순응과 일탈의 두 가지 무두를 의미한다(예: 경제적 수단으로 특권적 정보를 사용하는 특수직 종사자 등).

(10) 전례(liturgy)

전례주의는 남성이 열심히 일하지만 성공적이지 못하는 공급자로, 아내의 기대에 부응하지 못하는 남성을 예로 든다. 그런데 왜 그는 계속 시도하는 것일까? 그것은 바로 남성의 전례이며 천성이기 때문이다.

(11) 회피주의(retreatism)

회피주의는 규범적인 목적이나 수단을 거부하는 남편을 말한다. 약물중독이나 홈리스(homeless) 사람들이 이 범주에 속한다. 그들은 사회적 규범을 회피한다.

(12) 저항(rebellion)

저항이란 새로운 사회구조를 창조하려고 시도하는 사람들을 말하며, 이들은 결혼제도를 부패하기 쉬운 것으로 받아들여 정신적인 것이나 다른 목표에 초점을 맞추어 파슨즈(1951)가 하지 못한 다른 방식의 변화와 관계된 기능주의를 따르고 있다.

2 가족 관련 조사와 적용의 공동영역

1) 가족치료 분야에 미친 영향

그동안 구조기능주의는 경쟁력 있는 가족연구를 이끄는 가장 유용한 개념이 되어 왔다. 이것은 보편적 가족의 삶을 연구하는 인류학자와 사회학자에 의하여 주요하게 수행되었으며 가족과 사회의 문화적 변동을 탐구하는 것에도 사용되어 왔다. 이러한 연구는 많은 현대 가족과학이 만들어진 토대를 제공해 왔다. 비록 이러한 연구가 1960년대와 1970년대 이후로 사용되지 못했다 할지라도 그것은 여전히 가족학 분야에서 많은 영향을 미쳤다.

2) 다른 영역들에 의한 가족학 연구의 사용

① 문화적으로 다양한 정치적인 구조를 비교하는 정치과학으로 접근(비교정치학의 한 방법론으로 사용됨)하고 있다.

② 사회적인 시스템에 의한 결과적 측면에서의 기능으로 설명한다.

③ 구조기능주의는 그 자체로 최근 많은 연구에 사용하지는 않았으나, 다양한 방식으로 영향을 미쳐 왔으며, 가족이론의 역사에 있어 중요한 구성요소가 되고 있다.

3) 비평

다음은 구조기능주의 사용의 일반적 쇠퇴에 기여해 온 문제들이다(그중 두 가지 문제점을 짚어 보고 다음의 몇 가지 문제에 대하여 토론해 보자).

[Ⅰ] 이 이론은 주어진 사회에서 어떤 가족유형이 존재하게 되었는가에 대한 역사적인 과정과 변화를 묘사하는 좋은 설명이 되지는 못한다. 왜냐하면 그것은 변하지 않는 사회의 모델에 근거하기 때문에 변화를 설명하는 것은 어렵다. 또한 기능장애를 구조기능적 입장에서 유용한 것으로 다루지는 못했다.[9] 그 이유는 구성원에게 적절한 역할로 기능을 설명하고자 한 한계에 있다.

[Ⅱ] 기능주의는 또한 안정상태가 중요함을 유지하고자 하는 가정(assumes)과 커다란 사회체계에 초점을 맞추고 있다. 그러나 많은 다른 이론가는 가족생활을 유지하고자 하는 대인관계적인 노력에 대한 이해가 가족생활의 본질적인 것으로 가정되어야 한다고 했다.

9) 그러나 이 두 가지는 이 이론을 단지 이론적 틀로써보다 도입을 위한 기본 틀로 사용하려는 이들에 의해 강연되었다.

토론

1. 서구의 가족에 대해 생각해 보자. 가족의 구조와 수행되는 기능 분석을 통하여 우리는 얼마나 많이 가족에 대하여 배울 수 있는가?
2. 여러분 자신의 원가족 각각의 구성원들의 목록을 간단히 적어 보라. 무엇이 그것의 기본 구조인가? 누가 도구적인 역할과 표현적인 역할을 수행하는가? 거기에 다른 가족의 기능을 요구하는 다른 역할들이 필요한가? 만일 그렇다면 누가 그들 역할을 수행하는가?
3. 가족의 위기의 시기에 대하여 되돌아보라. 어떤 변화가 일어났는가? 그리고 새로운 다른 균형에 도달했는가? 혹시 이러한 위기에 누군가 반항하는 역할을 했는가? 만일 그렇다면 그것은 어떻게 되었는가?
4. 당신은 어떤 전형적인 가족을 알고 있는가? 이 장에서 묘사된 대로 표준 가족이 되기 위한 기준을 수행하는 가족을 몇 퍼센트 정도 만나 보았다고 생각하는가? 이에 비교하여 덜 전통적인 가족의 기능에 대하여 이야기해 보자.

기타 가족학에서 구조주의가 갖는 관점의 의미는 무엇인가?

CHAPTER

07

가족체계이론, 인지이론 및 행동이론

(Family System Theory, Cognitive Theory and Behavioral Theory)

1절 체계이론

가족체계론은 1960년대 등장했다고 여겨지지만 그 기본 개념은 훨씬 이전부터이다.[1] 1926년 버지스(Ernest Burgess)는 ASA(American Sociology Association)에서 가족을 개인들이 상호작용하는 단위로 언급하였다. 근대 일반체계이론의 보다 근본적인 가정의 체계는 부분보다는 전체로 이해되어야 한다는 것으로, 가족의 체계는 가족원 간의 교류[2]를 통해 이해된다. 가족의 교류패턴은(행동의 순환 절차) 단선적 인과관계의 기계론에 반대하며 전체체계의 산물로 이해된다. 브론펜브레너(Bronfenbrenner, 1989)는 인간의 생태체계에 관한 모델로 유명한데, 미시, 중간, 거대 및 외부체계로써 이를 설명하였다.

[브론펜브레너]

1 체계이론의 기본 가정

- 기본 전제는 부분들의 총합보다 크다는 것이다.
- 병리적인 문제는 개인보다 체계의 역기능 안에 있음을 중시한다.
- 인과적 순환이 행동을 이끈다.
- 규칙은 원칙들의 반복으로 만들어지며 이것이 가족을 정의한다.
- 피드백의 순환이 행동을 이끈다.

---

1) 제2차 세계대전에서의 인공지능피드백으로 알려진 과정의 연구도 체계이론에 영향을 미치게 된 사건으로 평가되고 있다.
2) 가족 내 과정, 즉 기능, 의사소통과 교류패턴, 가족갈등, 가족원과의 분리와 연계, 응집, 통합, 그리고 변화에 대한 적응 등을 들 수 있다.

- 병리적인 의사소통이 문제의 관계에 기인한다.
- 모든 가족 구성원은 역할을 수행한다.

1) 체계이론과 가족의 의사소통

체계이론에 의하면 의사소통과 가족 유형학(typologies: 개방유형, 폐쇄유형, 임의유형의 세 가지[3] 기본 유형으로 설명하고 있다). 이에 대하여, 올슨(Olson, 2000)[4]은 이를 발전시켜서 가족체계의 상호성에 대한 순환모델의 치료법을 사용하였다. 올슨과 연구진은 FACES와 치료적인 평가도구모델을 도입하여 가족의 균형을 위해 부부와 가족치료에 사용하였다. 그밖에 브로데릭과 풀리엄-크라제(Broderick & Pulliam-Krager, 1979)[5]는 흐름도 모델(flowchart model)을 사용하여 다양한 양상의 병리적인 커뮤니케이션을 보여 주었다. 이렇게 가족치료[6]에서는 의사소통의 기술, 즉 경청, 반복, 명료성 등을 통하여 가족이 좀 더 밀착과 유연성의 균형을 이루도록 도왔다(건강한 가족과 그렇지 않은 가족의 예시: 커뮤니케이션의 유형과 경계선 등을 적용함).

2) 개방체계

개방가족은 민주적이며 개인의 권리가 보호되고 외부와의 상호작용이 허락되는 특성을 가지며 의견합의에 유연성이 있고, 가족은 사랑과 존경으로 활발하게 상호작용하는

3) 이후에 콘스탄틴(Consstanine)은 동시 유형 가족(synchronous-type families)으로 가족의 갈등을 피하기 위해 가족 구성원들의 목표와 세계관을 만장일치로 통일시키는 가족의 유형을 추가하였다.
4) Olson, D. H. (2000). Circomplex model of marital and family systems. Journal of family therapy, 22(2), 144-167.
5) Broderick, C. B., & Pulliam-Krager, H. (1979). Family process and child outcomes. Contemporary theories about the family: research-based theories/edited by Wesley R. Burr...[et al.].
6) 이 모델은 세 가지 차원을 포함한다: 그것은 바로 가족밀착도과 유연성과 의사소통이다. 그것은 높은 레벨의 밀착도나 유연성을 보이는 경우와 보통 정도의 균형을 유지하는 이상적이고 생산적인 건강한 가족의 기능을 가정한다.

가족이다.[7] 반면 임의가족은 경계선이 없으며 가족의 영역을 수호하는 규칙이 거의 존재하지 않으며 서로 밀착이나 관심, 관여 정도가 낮은 특성이 있다.

3) 폐쇄체계

폐쇄체계의 양상을 보이는 가족은 서로의 삶의 경계가 혼합되어 있으므로 개인의 독자성이 인정되지 않으며 외부세계에 대해 폐쇄적인 특성을 지닌다.

출생순위에 대한 가족 내에서의 다른 역할로 예를 들어 알코올 중독 아버지를 둔 4명의 자녀의 각각 다른 역할에 대해 언급하고 있다.[8] 각각은 출생순위에 의해서, 첫째는 영웅, 둘째는 범죄성향을 가진 아이, 셋째는 눈에 띄지 않는 아이, 넷째는 광대의 역할을 담당하는 아이로, 병리적인 가족 내에서 출생순위와 역할에 의해 각각 다른 기능을 담당하고 있는 예를 언급하였다.

4) 가족의 유형

가족의 유형은 가족경계의 강도 정도를 기초로 다음의 유형으로 나뉜다.

① 개방가족: 개방가족은 민주적이며 개인의 권리가 보호되고 외부와의 상호작용이 허락되는 특성을 가지며 의견합의에 유연성이 있고, 사랑과 존경으로 활빌하게 상호작용하는 가족이다.[9]

---

7) 개방형 가족의 부모들은 자녀의 친구들에 대해 개방적이며, 좋은 친구와 나쁜 친구의 기준이나 규율을 가지고 있으나 자녀와의 상호작용이 활발한 편이다. 그러나 임의형 가족은 이러한 구별이 없으며, 폐쇄적 가족은 외부나 친구들에 대하여 폐쇄적인 자세를 보이는 경향이 있다.

8) 이들의 정서는 상호의존되어 있어서 부인은 남편을 도와주는 역할이 아니라 오히려 망치는 역할을 담당하는 경우가 많다.

9) 개방형 가족의 부모들은 자녀의 친구들에 대해 개방적이며, 좋은 친구와 나쁜 친구의 기준이나 규율을 가지고 있으나 자녀와의 상호작용이 활발한 편이다. 그러나 임의형 가족은 이러한 구별이 없으며, 폐쇄적 가족은 외부나 친구들에 대하여 폐쇄적인 자세를 보이는 경향이 있다.

② 임의가족: 임의가족은 경계선이 없으며 가족의 영역을 수호하는 규칙이 거의 존재하지 않으며 서로 밀착이나 관심, 관여 정도가 낮은 특성이 있다.

③ 폐쇄가족: 폐쇄가족은 서로의 삶의 경계가 혼합되어 있으므로 개인의 독자성이 인정되지 않으며 외부세계에 대해 폐쇄적인 특성을 지닌다.

(1) 우리 가정은 어느 범주에 속하는가? 어떤 피드백의 순환고리를 발견했는가? 의사소통의 패턴은 어떠한가? 각각의 구성원은 어떤 역할을 수행하는가? 생태체계 내에서의 가족역동은 어떠한가?

(2) 1979년 브로데릭과 스미스(Broderick & Smith)[10]가 체계이론의 주요 개념을 설명하였고, 이후 체계이론과 관련된 다음과 같은 용어들로 발전되었다.

- 체계: 체계란 근본적으로 상호 새로운 개체를 형성하는 방식으로 서로 관련되어 전체를 구성하는 요소들의 집합체이다. 그것은 사회적 체계로써 상호 연관되고 한 부분의 변화는 모든 체계에 영향을 주는 방식으로 상호의존적인 구성단위로 경계가 유지되는 단위이다.[11]

- 경계[12]: 경계는 환경과 두 개체 간의 정보와 에너지의 흐름의 영향으로부터 그

10) Broderick, C., & Smith, J. (1979). general systems approach to the family. Contemporary theories about the family: research-based theories/edited by Wesley R. Burr...[et al.].

11) 가족은 세대, 성, 관심 혹은 역할과 기능에 의해 형성된 하위단위를 가지고 있다. 가족 내에서 가장 지속적인 하위체계는 부부(가장 기본적인 하위체계), 부모-자녀, 형제자매의 하위체계가 있다.

12) 미누친의 가족치료이론의 중심 개념의 하나로서, 가족 구성원들이나 하위체계 간에 서로에게, 그리고 비가족 구성원들과 기대되는 관계를 어떻게 맺을 것인가를 결정하는 함축적인 규칙과 상관이 있다. 즉, 살아 있는 세포막과 유사한 것으로서 경계선의 기능은 체계들과 그들의 하위체계 간을 구별하고, 정체성의 개발을 가능케 한다. 가족구조 내에 있는 하위체계의 경계선은 누가, 어떻게 참여하는가 하는 것을 규정하는 가족 규칙으로 가족이 적절한 기능을 유지하기 위해서는 하위체계의 경계선을 분명히 하여야 하며 심한 방해 없이 가족 구성원들이 기능을 발휘할 수 있도록 명확히 규정해 주어야 한다. 미누친은 가족구조 내에서 경계선의 명확성은 가족 기능을 평가하기 위한 유용한 척도가 된다고 주장하고 있다. 그리고 그는 모든 가족은 밀착된 경계선과 유리된 경계선을 양극으로 하는 연속선상의 어느 지점에 위치한다고 보았다. 가족체계에 있어 넓고 명확한 경계선을 수반한 가족의 경우 그 가족의 기능은 바람직하다고 볼 수 있으며, 반면 하위체계 간의 경계선이 부정확하고 불분명하거나 딱딱한 경우에는 그 가족의 기능이 바람직하지 못하다고 볼 수 있다.

체계가 구분되는 선을 말한다. 이러한 경계는 외부에 대한 교환이 활발한 개방적 경계로부터 그렇지 않은 폐쇄적 경계까지 연속되는 두 양극단 사이에 놓여지며 투과성과 유연성에 의해 구분되는데, 때로 이러한 경계는 물리적이고 심리적인 존재의 특성(혹은 역할)으로 인하여 모호할 수 있다.

- 엔트로피[13]: 의미－무질서를 향해 움직이는 체계의 경향으로 모든 생명체는 주의를 기울이지 않으면 결혼이나 가족체계도 무질서와 황폐를 향해 간다는 이론이다. 반면에 에너지는 체계의 생명력이다. 가족은 번창을 위해 에너지를 시스템에 기꺼이 투입할 수 있어야 한다. 개방되고 투과성 있는 경계는 체계로의 에너지 흐름을 좀 더 용이하게 한다. 체계의 활력을 위해 환경과의 상호교환은 중요하다.

- 가족 규칙: 가족 규칙은 행동패턴을 반복하여 명시적이거나 암묵적인 가이드라인을 제공함으로써 가족의 기능을 규제하는 대리적인 원칙을 의미한다. 만일 가족이 규칙을 가지고 있지 않다면 새로운 환경에 접할 때 적절하게 대응하여 적응할 수도 있지만, 반면 문제해결에 충분하지 않을 경우 쉽게 깨어질 수도 있다. 그러나 가족은 메타규칙(규칙에 관한 규칙)을 가지고 있어서, 해석이나 강요 혹은 변화나 새로운 규칙을 창조한다.

- 피드백[14]: 피드백이란 가족 구성원의 반응이 다른 사람의 행동에 영향을 주는 것으로 특히 가족 간의 상호작용의 패턴으로부터 일탈되는 경우에 다음과 같이 전개

13) 엔트로피는 체계가 해체, 고갈되고 본질적으로 사망으로 진행되는 자연적 경향이다. 이 개념은 영원히 지속된다는 것은 없다는 것을 의미한다. 한편 부적 엔트로피는 혹은 네겐트로피는 이와는 반대 개념으로 체계의 성장과 발전을 향해 움직이는 과정이다. 네겐트로피는 가족체계가 최대한 잠재력까지 성장 발전하도록 도울 때 유용한 개념이다. 이상적인 조건하에서 개방체계는 네겐트로피를 가진다. 개방체계는 적응할 수 있으며 새로운 경험에 열려 있고 현재 상황에 부적합한 패턴을 변경시킬 수 있다.

14) 예를 들어, 정적 피드백으로는 10대 청소년이 흥분했을 때 부모도 함께 흥분하여 청소년의 감정이 점점 흥분하여 저항하게 되었다면 긍정적 피드백의 고리가 작동한 것으로 체계의 불안정성을 초래한다. 반면 부적 피드백은 교정적이며 체계를 일정의 작동범주에서 유지하는 데 기여하므로 10대 청소년이 흥분했을 때, 부모가 침착하게 규칙준수의 필요성을 설득하여 청소년의 흥분이 가라앉은 예에 해당할 수 있다.

될 수 있다. 정적 피드백, 즉 일탈증폭고리(확장적) 피드백으로 체계의 작동을 강화시킴으로써 체계를 교정하고자 하거나, 부정적 피드백(일탈감소 고리)으로써 현 상태를 유지하고자 한다(정적 피드백의 예와 부적 피드백의 예는 각주 참고). 이러한 피드백의 고리는 구성원 간의 말과 행동 등에 영향을 미친다.

- 평형[15]: 평형이란 행동과 규칙의 안정과 변화 간의 균형을 찾기 위한 체계의 경향이다. 이러한 자연적인 경향은 현재의 상황을 유지하고 변화에 저항하는 것[16]으로 보통 이것을 항상성이라고 부르며, 이것은 체계의 균형을 의미한다.

- 순환적 인과성 대 단선적 인과성: 가족은 체계 내에서 각각의 행동들이 상호영향을 미치게 되는 상호순환적인 인과성을 지닌다. 이러한 작용은 한 가지 행동이 다른 행동에 영향을 미치는 경우에 단선적인 인과성이라고 할 수 있으며, 이들의 원인과 결과가 상호 순환되는 경우에 이를 순환적 인과성이라고 할 수 있다. 그러나 가족 내에서는 다양한 요인이 영향을 미치는 원인이 되고 상호 관계를 촉진하는 경우가 많으므로, 단선적인 인과관계에 관한 논의는 의미가 없다고 할 수 있다. 따라서 가족체계에서는 명백한 시작과 끝이 있기보다는, 지속적인 순환이 있게 되므로 발생한 원인보다는 발생한 일에 대한 책임을 상호가 나누는 것이 중요하다.

- I.P.: 한 사람이 더 많은 문제의 징후를 나타내는 경우 혹은 다른 구성원들에 의해 문제의 주요 원인을 가지고 있다고 믿어지는 대상의 사람을 I.P.(identified patient)

---

15) 개방체계는 등결과성(equifinality)이라는 체계의 개념에 의해 특징지어지는데, 이는 체계가 상이한 경로를 통해 동일한 목표를 달성하는 능력을 말한다.

16) 가족은 균형과 안정성을 유지하기 위하여 일단 변화를 거부하고 저항하는 경향이 있으며, 이에 따라 사회복지사는 변화를 예측 가능한 반응으로 인식해야 한다.

라고 한다. 정확하게 이러한 개인은 가족의 역기능적 차원에서 단순한 징후 혹은 가족의 문제들을 더 많이 드러내고 있는 개인이다. 따라서 가족치료에서 가족 전체는 특정 개인에 주목하기보다는 전체적인 가족에 초점을 두어야 할 것이다.

- 이중구속: 이중구속이란 병리적인 의사소통의 관계를 말하며, 한 번에 두 가지의 상반된(모순된) 메시지[17]를 주어 화자로 하여금 그에 대한 반응의 갈등을 겪도록 하는 상황을 지칭한다(즉, 화자는 한 가지 요구에 복종하게 되면 다른 요구에 위배되는 상황이 되므로 혼란이 야기되고 정신적 고통을 야기한다).

- 가족밀착: 가족밀착은 가족 구성원의 상대방에 대한 친밀도나 가족 구성원의 감정적인 유대의 정도를 의미한다. 가족의 밀착 정도는 과도하게 유리된 가족(상호 구성원이 극도로 개인화되어 상대방의 삶에 영향을 미치지 않는 경우)과 과도하게 밀착된(밀착의 정도가 커서 개인의 독립성을 상실한) 가족의 두 극단적인 범주 사이에 연속해 있다. 그리고 밀착가족은 폐쇄체계의 가족의 특성을 지닐 수 있으며, 개인의 자율성의 부재로 인하여 정신적 징후를 야기할 수 있다.

- 가족 유연성: 가족의 새로운 상황이나 스트레스의 상황에 대한 적응능력을 가족 유연성이라고 한다. 올슨(2000)[18]은 가족의 유연성 역시 두 극단적 범주의 양극단을 통하여 구분할 수 있다고 하였다. 즉, 가족 규칙의 패턴이나 역할에 있어서 변화능력이 적은 가족으로 경직된 가족이거나 무엇을 받아들일지 모르는 혼란된 가족과 개인과 가족은 대외적이고 발달적인 변화를 수용하는 건강하고 유연한

17) 이러한 모순된 메시지는 종종 화자의 메시지를 은밀하게 거부함으로써 화자를 좌절시킨다.
18) Olson, D. H. (2000). Circumplex model of marital and family sytems. Journal of family therapy, 22(2), 144-167.

가족[19] 양극단의 연속선상에 있다고 볼 수 있을 것이다.

- 상호성(상호 관계): 상호성은 개방된 가족에게서 발견되며 모든 구성원이 심지어 받아들이기 어려운 의견에도 불구하고 서로 수용되고 애정이 있는 가족을 의미한다. 이것과 반대되는 개념은 거짓 상호성인데, 이것은 표면적으로는 상호성이 높은 것으로 보이나 실상은 그렇지 않은 가족을 의미한다.

연구 및 적용의 영역

가족체계이론은 두 가지 영역에서의 연구 성과가 있었으며, 그것은 체계이론이 의사소통과 가족치료의 두 개념에 적용된다는 것이다.

논의점

체계이론의 차원에서 현대 가족역동의 조류로 가족의 민주성, 개인화, 물질화, 사회적 교환이론, 가족의 도구화와 같은 문제들을 생각해 볼 수 있다. 이에 관하여 논의해 보자.

19) 가족의 유연성은 건강한 가족의 특성이다.

2 가족치료를 위한 일반체계이론의 적용

[버탈란피]

가족상담 및 치료이론에 체계이론을 적용한다면, 가족을 하나의 단위체와 체계로 인식하여 전체성을 중요하게 받아들이며 체계 간의 상호작용을 중요시한다는 것이다. 결국 가족치료 방식 간의 차이는 관점의 차이이며, 체계이론은 가족 간의 일련의 상호작용 패턴에 주목하고 가족의 규칙을 관찰한다. 이때 가족체계와 하위체계의 의사소통을 통하여 정보와 에너지 교환의 양상을 관찰하고 이를 통하여 가족치료가 이루어지게 된다. 흥미로운 것은 생물학자인 버탈란피(Bertalanfiy)의 1940년대 생물학적 유기체에 적용될 수 있는 법칙이, 인간의 마음으로부터 전 지구적 생태체계에 적용될 수 있다는 가정에서 일반체계이론이 사회과학 및 가족학에 도입되었고 체계이론이 정립되었다는 것이다.

체계이론에 따르면 체계란 통일된 전체를 구성하고 있는 전체를 기준하여 상호 관련된 부분 간의 집합체로, 이는 전체가 부분의 합보다 크다고 하여 구성원 간의 상호작용을 중시하는 개념이다. 이것은 마치 모빌과 같아서 한 부분에 대한 힘의 영향을 생각할 수 있는데, 각각에 대한 변화는 다른 부분과 전체에 영향을 미치며 이러한 변화는 처음 변화를 주었던 부분에 다시 영향을 주게 된다. 체계이론의 핵심은 또 다른 전체성을 가지고 부분 간의 상호작용이 창조하는 전체의 어떤 모습을 보여 주게 되는 것이다.

1) 생태도(eco-map)

생태도는 생태학적 체계를 한눈에 알 수 있으며 생활공간에서의 개인이나 가족들을 둘러싸고 있는 경계에서의 활동범위를 지도화하고 있다. 생태도는 가족생활을 구성하는 주요 체계들을 보여 주고 있다. 생태도의 작성 시 고려할 사항은 가계도를 그린 후에 생태도를 통하여 개인을 둘러싸고 있는 환경을 파악하는데, 화살표의 굵기에 따라 영향력의 크기를 가늠할 수 있으며 에너지나 자원의 흐름을 화살표로 나타낼 수 있다.

2) 경계(boundary)

체계이론에서 주목하고 있는 것은 체계 간의 교류와 정보의 교환을 통하여 조직체를 형성하고 물질과 에너지로 기능하면서 구성되는 경계(boundary)를 살펴보는 것이다. 보통 이때 경계의 투과 정도에 따라 개방체계(opened system)와 폐쇄체계(closed system)로 구분된다. 사실상 거의 모든 생물학적 및 사회학적 체계들은 환경과 상호작용하는 개방체계인 반면, 폐쇄체계는 환경과의 교환이 거의 없는 채 자신의 경계 내에서만 작용하는 체계를 의미한다.

체계론적 입장에서 보는 관점은 모든 체계가 그대로 폐쇄체계인 상태에서는 서서히 무질서와 혼란의 상태로 되돌아가게 되는 엔트로피(entropy)의 상태로 향해서 분해되고 해체되어 사멸하는 경향이 있다고 보았다. 이와는 반대로 네겐트로피(negentropy)는 환경이나 주위 다른 체계 간 사이에서 정보와 에너지를 교환하면서 환경으로부터의 에너지 투입을 받아들여 산출물을 생산하여 다시 환경으로 보낸다. 이러한 개념에서 볼 때 네겐트로피가 증가되면 가족체계 속에는 질서와 법칙성이 부여되고 체계의 항상성과 변화가 환경과의 상호 교환 속에서 이루어지게 된다.

비평

체계이론[20]의 한계점으로는 다음과 같은 것이 있다.

첫 번째로 체계이론은 하나의 흐름도에 가까우며 이론이 아니라는 것이다. 또한 체계이론의 모호성으로 인하여 경험적 연구를 중시하는 연역적 추론에 입각한 예견을 하지 못한다는 것인데, 이것은 인식론적 관점이라면 더욱 타당성 있는 비판이다.[21]

두 번째는 체계이론이 너무 일반적이고 추상적이어서 중요하게 가치 있는 탁월함을 만들지 못한다는 것이다.[22]

세 번째는 이러한 이유로 체계이론을 구체화하는 것 자체가 모순이라는 것이다. 가족체계이론의 가장 대표적인 이슈로는 다음과 같은 것을 들 수 있다. 그것은 상호작용의 순환성, 의사소통과 통제력, 시스템의 역동성, 경계의 함의, 복잡한 관계성 등의 개념이며, 이것은 가족의 역동과 체계의 패턴을 설명하는 것에 유용하게 쓰이고 있다.

체계이론의 특성

기존의 이론으로는 가족양상의 복잡함을 설명할 수 없다. 이것이 반증적으로 체계이론의 가치를 나타내 주고 있으며, 복잡한 가족양상에 개입한 순환적 모델 등의 가족치료의 기여도는 가족을 이해하게 하는 다른 어떤 이론보다 현실을 잘 대변해 주고 있다.

20) 미시체계는 가정, 학교, 또래집단 등과 같이 어린이 발달에 직접적 영향을 미치는 환경체계로 부모, 친구, 선생님들은 아동과 밀접하게 상호작용함으로써 영향력을 행사한다. 중간체계는 미시체계들을 연결시켜 주며 미시체계들이 중복되어서 생기는 대인관계를 의미한다. 두 개 또는 더 많은 환경 간의 상호 관계를 말하는데, 아동의 경우 가정과 학교의 관계, 가정과 또래집단의 관계가 대표적이다. 어떤 하나의 미시체계에 일어나는 사건들은 다른 미시체계에서 일어나는 행동과 발달에 영향을 미친다. 외체계는 개인이 직접적인 관련성은 없으나 개인에게 영향을 미치는 사회적 구조인 환경요소로 부모의 직장, 이웃공동체, 학교와 지역사회와의 관계, 교육위원회, 대중매체, 정부기관 등이 포함된다. 그 밖에 거시체계(문화나 경제 등)와 시간체계(시간에 따라 달라짐)가 있다.

21) 그러나 체계이론의 옹호자들은 이러한 체계이론이 어려운 목적에 적절하며 유용하게 쓰일 수 있음을 주장한다.

22) 이에 대한 반론으로는 그 다양성으로 인하여, 자연과 사회세계 사이의 관계를 구체화하는 것 자체가 어렵다는 것이다.

3) 가족 항상성

가족 항상성은 가족 내부의 역동성에 있어서 균형 있는 관계를 유지해 주는 상호작용의 과정을 의미한다. 모든 체계는 일정한 상태나 균형을 유지하려는 경향이 있다. 가족 항상성은 한 가족 구성원의 문제 개선이 다른 가족 구성원의 상황에 작용한다. 따라서 가족치료사는 가족문제에 개입하고자 할 때 이러한 부분을 감안하여 특정 구성원에게 개입을 적용하기보다는 역기능적인 구성원 간의 상호작용 체계에 치료의 초점을 두는 것이 좋다. 항상성에 있어서 인간의 뇌나 체계는 커다란 변화보다 안정된 범위에서 서서히 변화하거나 성장하는 것이 저항이 적게 되기 때문에 항상성을 지향하는 차원에서는 이러한 특성을 가족의 개입에 고려하여 적용하여야 한다.

4) 가족 규칙

모든 가족에게는 귀가시간, 금전적 개념, 대인관계의 가치관, 문화 등에 있어서 가족 특유의 가족 규칙을 가지고 있다. 이 규칙은 가문의 전통과도 관련이 있다. 이러한 가족 규칙은 개인의 은연중에 불문율과 같은 형식으로 남기도 하므로 가족 관계 속에서 반복적으로 보이는 가부장적인 패턴이나 의사소통방식은 힘의 논리에 따라 다른 가족 구성원의 행동양식을 제한하게 되는데, 바람직한 규칙을 가진 경우는 상호 보완적인 관계를 형성할 수 있으나 그렇지 않은 경우에는 가족 내 구성원의 희생이나 스트레스로 작용할 수 있다.

2절 인지이론 및 행동주의적 접근

인지이론과 행동이론은 사회복지실천의 기본이론이기도 하면서 제9장에서 학습할 전략적 치료 및 해결중심 단기가족치료에서 중요하게 활용되는 치료적 접근방법이다.

1 인지적 접근

가족치료 및 상담에 있어서 인지적 접근은 인간의 인지 및 지각이 감정과 행동의 중요한 결정요인이라는 사고에 기반을 두고 있다. 즉, 인지이론은 인간의 사고가 정서 및 행동의 결정요인이라는 것에 착안하여 인지이론을 치료 및 상담에 활용하고 있다. 활용방법으로는 개인 및 가족 단위에서 각 구성원에 대한 정서 및 행동과 문제해결에 역기능으로 작용하고 있는 사고 패턴의 오류를 확인하고, 클라이언트가 잘못된 신념에 대하여 직면하여 변화를 이끌어 내고자 하였다.

1) 인지이론의 이론적 배경

최초의 인지치료사이며 실천가로 아들러는 인성을 하나의 통합된 전체로 보았다. 오늘날 중요시되는 인성은 인지를 바탕으로 하며 아들러는 이러한 인지에 대하여 인간발달의 원동력을 우월을 추구하는 인간의 본질로 열등감을 들면서 우월성을 추구하고 사회적 유용성을 함양하는 것이 인간의 발달에서 중요한 요인이라고 하였다.

아들러는 인간의 활동 중에서 사회적 충동에 의한 인간의 행동의 동기화를 중요한 요인으로 보았으며, 따라서 인간이 사회적 유용성의 도전과 경험을 상실할 때 사회적으로 유용하지 않은 부분에 관심을 기울이게 되고 병리적 현상을 보이게 된다고 하였다. 따라서 클라이언트가 가지고 있는 생활양식의 전제들을 적극적으로 검토하는 것이 매우 중요하다.

그 밖에도 1960년대의 알버트 엘리스(Albert Ellis)는 역기능적 정서의 작용이 지나치게 고착된 유형의 잘못된 신념적 사고에 의한 반응이라는 주장을 하였다. 엘리스에 의하면 역기능적인 정서는 비합리적인 자기 대화를 통하여 형성되는 것이며, 효과적인 정신치료와 상담을 위해서는 개인이나 가족 구성원의 역기능적 사고와 왜곡된 인지를 확인시켜 주며 내담자들이 이에 대하여 도전하고 변화할 수 있도록 도와야 한다고 하였다.

[엘리스]

1994년 엘리스는 합리적-정서적 행동치료(rational-emotive behavior therapy)의 모델을 구축하여 인지와 행동치료 사이의 명확한 연관에 대한 가정을 자신의 견해로 발표하였다. 그 밖에도 인지치료의 연구자인 아론 벡(Aron Beck)도 인지이론을 통하여 우울, 불안, 성격장애 등을 설명하고 치료에 활용하여 성과를 거두었다. 그는 한 개인이 가지고 있는 신념은 자신과 세계에 대한 지각에 있어서 자신의 심리 및 사회적 문제나 행복을 초래하는 것에 있어 중요한 역할을 한다고 하였다. 따라서 가족치료상담사는 개인이나 가족의 정서나 행동의 측면도 중요하지만 이들의 인지적 측면의 왜곡을 교정하는 것이 중요하다는 입장이다.

[벡]

2) 인지이론 특성 및 가족치료의 적용

인지이론의 첫 번째 개념은 인간이 스스로 가지는 감정의 대부분이 자신의 생각과 판단에서 나오며, 스스로에게 하는 말과 평가 및 자신이나 자신의 환경에 관한 믿음과 가정에서 파생되는 결과라고 하였다. 인지이론에 의하면 과거를 중요하게 여기지 않으며 현재에 일어나고 있는 인지의 작용에 주목하여 설명하고자 하였다.

따라서 내담자와 내담자의 가족에게 일어나는 역기능적 정서 및 행동을 발생시키는 것 중에서 현재 활용되고 있는 자기대화 속에서 인지하지 못하고 있는 오류와 인지적 왜곡 그리고 치료의 목적으로 첫 단계에서는 그에 대한 예외적 상황을 탐색한다. 이후 역기능적 정서 및 행동을 개선하기 위해 지금-여기에서 활용될 수 있는 보다 건전한 신념과 자기대화를 이끌어 낸다. 치료를 위한 기본단계는 다음과 같다. 먼저 클라이언트와 클라이언트의 문제가 인지적 용어로 하여 신념 속에 조직화되었다는 것을 관찰한다. 현재 문제 중심적이고 목적 지향적 치료과정에 있어서 잘못된 클라이언트 자신의 신념을 평가하고 이에 대한 수정작업으로 클라이언트의 적극적인 협조를 이끌어 낸다.

이후 가족치료상담사는 클라이언트의 사고, 감정을 탐색하여 행동의 수정을 기할 수 있도록 다양한 치료기술을 활용할 수 있다. 이러한 관점에서 본다면 인지치료는 인지를 통한 행동의 수정이라고 할 수 있을 것이다. 인지이론을 활용한 치료는 개인의 치료 뿐 아니라 부부치료, 가족치료, 집단치료에도 활용되며 정신건강 등 내담자의 넓고 다양한 범위에 활용되고 있다. 치료기법으로는 내적 의사소통의 명료화 → 설명 → 과제(자기주장 훈련, 사이코드라마, 모델링을 통한 역할연습)의 수행 등이 활용될 수 있다.

2 행동적 접근

1) 행동주의의 이론적 배경

행동주의 이론(behavioral theory)의 접근방법은 인간행동의 대부분이 학습되거나 학습에 의해 수정된다는 기본전제하에 학습이론(learning theory)이라고도 지칭한다. 즉, 인지이론과 다른 점은 행동주의 이론에서는 인지, 감각, 본능과 같은 개념은 추상적이며 관념적인 것들로 과학적 연구의 대상이 될 수 없으므로 자극과 반응에 의하여 학습되거나 수정될 수 있으며 직접관찰이 가능한 인간의 행동이 연구의 초점이 되어야 한다고 보았다. 행동주의 이론에서 살펴보는 것은 인간의 특정한 행동(behavior)은 선행하는 사건으로 선행요인(antecedents)과 뒤이어 일어나는 사건으로 결과(consequences)에 의하여 일어난다고 보고 있다. 그러므로 행동주의 이론에서는 인간행동과 환경적 사건이 상호 영향을 미치는 부분에 집중한다.

행동주의 이론[23]은 파블로브(Pavlov)의 고전적 조건화와 손다이크(Thorndike)의 조작적 조건화 등의 개념을 도입한 인간의 행동에 대한 학습적 접근방식을 취한다. 이 이론은 정신역동이론들이 공격받기 시작했던 1960년대 말부터 20세기 초 러시아의 과학자인 파블로브와 손다이크의 실험에서 발달하였다. 스키너(Skinner)는 인간행동은 관찰 가능한 행동의 측정을 통해서만 실증적으로 조사될 수 있다고 주장하였다.

[파블로브]

[스키너]

스키너 이론의 중심은 강화(reinforcement)의 개념이라고 할 수 있다. 이러한 개념은 인간의 치료적 차원에 활용되었는데, 요지는 인간은 자신의 행동에 대한 결과에 따라 자신의 행동을 지속하거나 중단한다는 것이다. 강화에는 정적 강화와 부적 강화가 있는

23) 고전적 조건화 이론은 파블로브의 개 실험에서 살펴본 것과 같이 인간이 환경적인 자극에 수동적으로 반응하여 형성되는 반응적 행동이며, 반사연구를 통하여 타액분비가 유도되어 무조건 자극(음식)과 무조건 반응(타액분비)의 관계에 주목하였다. 이때 종소리(조건화된 자극)는 타액분비(조건화된 반응)의 반응을 유도한다.
조작적 조건화는 신체적 반응과는 직접적인 관련성이 없으나 개인의 통제하에 있는 조건의 형성을 연구한다. 이것은 손다이크의 고양이 실험결과에서 발전된 것으로 이 외에도 비둘기나 생쥐 등이 행동주의의 조작적 조건화의 실험에 활용되었다. 이에 대하여 스키너는 조작적 조건화의 개념을 인간행동을 수정할 수 있는 다양한 행동적 기법을 개발하여 임상적인 상담과 행동의 수정에 활용하였다.

데, 개인의 행동은 정적 및 부적으로 강화된 행동에 따라 행동이 증가할 수 있으며 반대로 처벌을 하거나 강화를 유보하여 행동의 빈도가 감소하는 과정의 소거(extinction)를 바람직하지 않은 반응이나 인간의 행동의 수정 및 심리치료에 적용하였다.

반면 인지적 학습은 인간행동에 영향을 미치게 되는 사고과정, 태도, 가치 등의 요인을 전혀 고려하지 않았던 전통적 행동주의 이론의 제한점을 보완하여 인간의 행동에 미치는 인지적 요인의 역할을 적용하는 방식으로 활용되었다.

2) 행동주의의 특성 및 가족치료의 적용

행동주의의 특성을 가족치료 및 상담에 적용한다면, 그것은 내담자와 그 가족으로 하여금 일상생활적인 기능을 개선하기 위하여 바람직한 행동은 증가시키고 바람직하지 못한 행동들은 감소시키는 것에 목적이 있다. 따라서 행동주의 개입은 내담자나 가족의 일반적인 문제를 다루는 데 효과적인 전략을 제공하고자 한다. 행동사정을 하기 위해서 첫 단계로는 문제행동에 연관된 환경적 요인에 주목하여, 문제의 현실적 성격에 초점을 맞추는 것에서부터 출발한다. 이를 위해서는 개입전략이나 과정 및 진척 상황을 측정할 수 있는 방법이 구체적으로 제시되어야 한다. 즉, 내담자와 내담자 가족 행동의 특성을 파악하고 이를 순기능적으로 혹은 선순환적으로 강화하는 것이 행동주의 개입이 갖는 특징이다.

행동주의의 가족치료 및 상담의 실천영역에 활용되는 부분은 자녀의 양육, 부모교육의 기술습득과 연관되는 것이었다. 행동주의적인 치료의 적용은 다양한 현장에서 활용될 수 있는데, 다양한 문제와 상황 및 사람을 대상으로 그 효과를 거두고 있다. 예를 들면, 사회기술훈련, 공포증이나 과잉행동의 소거, 아동과 성인의 적응적 발달문제, 인간의 이상행동의 조절 분야에서 효과가 있다.[24] 또한 교육적 현장에서 행동기법을 이용한 임상연구는 연구의 과학화의 기반을 구축하는 것에 활용되고 있다. 그 밖에도 행동요법이 적용 대상이 되는 범위와 사용되는 기법의 종류는 확대되고 있다.

인지행동치료의 활용사례로는 일반적으로 첫째, 인지행동 수정기법으로 인지의 재구조화, 자기암시 훈련, 스트레스의 예방훈련으로 반응대기, 생각 멈추기와 이완훈련 등 다양하다. 둘째, 자기주장 훈련을 통한 행동의 수정, 체계적 둔감화 등의 혐오치료 등이 있다. 셋째, 강화의 방법으로 토큰(보상치료, 칭찬)과 자극변별 훈련 등이 있다. 이러한 행동치료기법은 개인, 부부, 가족, 집단, 지역사회 및 정책(조건부 자활근로, 희망키움통장)을 통하여 광범위하게 적용될 수 있다. 또한 현대사회에서는 행동주의적 관점이 단순한 행동만을 연구하는 것이 아니라 클라이언트의 욕구와 문화를 고려하여 경험적 효과를 이끌어내야 한다는 문화적 욕구에 대한 관심도 증가하고 있다. 문화적 다양성의 인정은 해당 문화에서 구성원의 개념에 있어서 어떻게 정의되는가를 이해하는 것이 필요하며, 따라서 가족치료상담사는 내담자와 가족의 문화적 태도와 선호에 근거하여 치료적 접근을 설계하여야 한다. 이러한 행동치료적 접근은 발전단계에 있으며 구체적인 개입방식과 측정 가능성의 장점으로 인하여 다양한 연구에서 유용하게 활용되고 있는 추세이다.

24) 그 밖에도 행동주의적 관점의 적용은 현대의학에서 통증관리, 공포증, 외상 후 스트레스 장애, 수면장애, 스트레스 관리 등에 효과적이다.

CHAPTER

08

경험적 가족치료

(Experimental Family Therapy)

1절 | 경험적 가족치료

1 경험적 가족치료

가족치료에 대한 경험적 접근은 1960년대 개인심리의 실존 및 인본주의적 접근에 기원을 두고 있다. 이 시기는 인간의 경험, 감수성 훈련 및 인간잠재력의 성취에 관심을 가졌던 시기이며, 과거나 미래보다 지금-여기에서 경험하는 것에 대한 충실함을 강조하여 심리극, 가족조각, 역할놀이와 같은 전략들을 적용하기 시작하였다. 경험적 가족치료(experiential family therapy)에서는 통찰이나 설명보다는 가족 특성에 맞는 경험으로 명료한 표현, 경청, 감정표현, 관찰 등의 경험으로 개인의 성장기회와 표현 및 기회 등을 제공하려고 하였다. 그들이 제공하는 경험이란 가족 구성원이 자발적으로 자신을 보일 수 있는 기회, 표현, 자유, 개인의 성장들을 의미한다.

경험주의적 가족치료사로는 휘태커(C. Whitaker)와 사티어(V. Satir)가 알려져 있으며, 치료과정에서 내담자의 경험을 중시하고, 치료사의 가족에 대한 관여가 가족의 변화를 촉진한다는 공통점이 있다. 휘태커는 개인적인 만남을 강조하고 치료사와 가족 구성원 간의 인간 대 인간의 원조관계를 강조하였고, 사티어는 치료가 성장 과정의 경험이라고 주장하며 참 만남, 지금-여기를 강조하며 치료사의 가족의 성장을 돕는 역할을 강조하였다.

1) 휘태커(1912~1995)[1)]

휘태커는 상징적 경험주의 모델(symbolic-experiential model)에 근거하여 내면의 표면화를 통해 자유분방하고 직관적인 접근법을 치료에 사용하였다. 휘태커에게 건강한 가족은 성취적인 가족이며, 그들이 경험하는 문제들에도 불구하고 성장하는 가족들이라고 하였다. 가족은 자신의 심리내적 차원에 자신의 신화, 언어적인 역사나 이야기를 가진다. 건강한 가족체계는 자신의 네트워크를 통해 다른 체계와 상호작용이 가능하며, 자율적이고 상호존중을 기반으로 개방적이며 협상과정을 통하여 문제를 해결한다.

반면 역기능적 가족은 자기방어적이며 억압적이고 기계적이어서 직면이나 개방된 갈등을 회피함으로써 성장하지 않고 고착된다. 휘태커는 가족이 친밀할 수 없고 개별화할 수 없으므로 치료받으러 온다라고 가정하므로 경험에 대한 가족원들의 잠재력 촉진을 통해 가족의 장점을 방출하는 방식으로 가족의 기능을 회복하도록 하며 성장을 치료의 초점으로 두고 있다.

휘태커는 병리란 인간 성장에 있어서 잠재력을 발휘하지 못하는 상태로 보아 가족 구성원들이 가족체계 내에서 상호 어떻게 느끼고 반응하는지에 대한 정서적 수준과 감정수준에 관심을 두고, 인간의 잠재능력에 관심을 가졌다. 따라서 문제는 문제 자체가 아니고, 문제를 어떻게 극복하는가 하는 것이 문제이며, 현재를 지배할 수 있는 능력을 함양하는 것이라고 보았다.

휘태커는 임상의 경험을 통하여 변화는 특정 기법에 있는 것이 아니라는 사실을 알게 되었다. 치료사는 가족과 함께 참 만남을 창조하여 가족이 방어를 줄이고 정서적인 자

1) 휘태커는 정신분열의 원인 중에 가족의 역할이 크다는 것을 통하여 내적 심리 딜레마와 대인관계의 딜레마로 정신분열증을 개념화하면서 가족을 치료에 참여시켰으며 이론에 의해 억제되지 않는 치료사의 자발적이고 창의적이며 적극적인 치료를 강조하여, 이를 통해 치료사와 가족이 모두 성장한다고 보았다.

발성을 고취하는 것이 중요하다고 보았으며 경험적 치료과정에서의 깊은 관여로 인하여 전이－역전이 현상이 일어나지 않도록 공동치료의 중요성을 강조하여 치료사들의 상호 조언과 확인이 중요하다고 보았다. 이러한 공동치료는 다양한 방법의 시도와 함께 치료사에 대한 보호의 효과도 있다.

2) 사티어(1916~1988)의 성장기법2)

[사티어]

사티어가 바라본 정상가족의 의미는 가족 구성원들이 성장을 돕는 가족으로 상호 가치 있고 사랑 받고 있음을 느끼도록 배려하고 경청하는 가족으로, 의사소통에 있어서 건강한 상태를 유지하는 가족이라고 보았다. 그러므로 기능적이고 건강한 가족은 융통성이 있으며 문제해결에 적극적이라고 할 수 있다. 경험주의 가족치료사들은 가정에서의 각종 경험을 지지하고 격려하며 가족 구성원들에게 그 자신이 될 뿐 아니라, 가족의 연대감뿐 아니라 개인적 사생활도 존중한다.

이와 반대로 역기능적 가족이란 상호 정서에 무관심하며 냉담하고 강요된 규칙을 적용하는 분위기에서 의사소통하는 가족이라 할 수 있다. 따라서 가족 구성원 간의 우정이나 가치나 창조성보다는 가족의 외적인 일에 몰두하는 경향이 있다. 그러나 사티어는 인간은 근본적으로 긍정적으로 성장하기 위한 잠재력과 생명력을 선천적으로 가지고 있

2) 사티어의 치료모델은 전통적 의료모델이 아니며 성장모델(growth model)이다. 사티어의 경험적 치료에서는 합류(joining), 추적(tracking), 유지(maintenance), 모방(imitation), 실연(enactment), 재구조화(restructuring), 재명명(redefining), 경계선 만들기(boundary making), 재조직화(reframing), 과제(tasks), 장점탐색(search for strength), 상호 보완(complementarity) 등의 방법을 활용하였으며, 경험적 가족치료사는 가족 개개인의 경험 수준을 증가시켜 정직하며 친밀한 가족 상호작용을 통해 성장할 수 있다고 보았다.

으므로 이러한 측면이 적절하게 양육되면 건강한 성인으로 성장할 수 있다고 보아 가족 구성원의 성장적 의사소통 방식을 강조하였다.

사티어는 인본주의에 입각한 온정적 태도로 가족치료사가 제공해야 하는 것은 인간적인 성숙을 위해 민감하고 정확한 의사소통을 위해 노력하는 것이며, 문제해결을 위하여 가족의 자존감과 긍정적 의도를 확대하여 가족 간의 우호성을 돕도록 하였다. 이러한 과정에서 가족 구성원이 치료에 대한 기대를 분명히 표현하고 각 구성원의 개인 차이에 대한 견해와 지각이 다름을 상호 인식하며 의사소통의 불일치를 인정하는 가운데 보다 긍정적으로 상호 구성원의 개별성을 인정하도록 시도하였다. 즉, 서로가 다를 수 있음을 충분한 의사소통을 통해서 경청하고 친밀하게 상호 성장할 수 있는 방향을 모색하였다. 이를 위하여 사티어는 치료적 변화가 내면의 과정에서 일어난다고 보아 정서적 경험이 치료의 변화를 일으키므로 치료사와 내담자의 정서적인 교류를 통한 참 만남을 강조하였다.

이러한 참 만남을 통하여 치료사는 전문가의 역할을 유지하면서도 가족과 가까운 거리에서 자신의 영향을 발휘하여 진실한 변화를 촉진할 수 있어야 한다고 보았다. 따라서 사티어는 면담과정에서 가족조각, 안무, 은유, 유머, 접촉, 의사소통, 재정의(부정적인 상황을 긍정적인 것으로 전환), 표현 등을 통하여 정서적인 친밀함을 회복하도록 노력하였다.

이와 같이 경험주의적인 가족치료는 현상학적 기술, 심리극, 내담자 중심의 만남의 관점을 통하여 자발적인 선택과 자유의지로 자기결정과 자기달성을 위한 인간의 성장능력을 강조하였다. 이를 위하여 각 개인의 개별성을 인정하여 스스로의 잠재력을 깨닫고 이를 개발할 수 있도록 내담자들의 느낌, 감정(감수성), 상상 및 내면적인 경험에 가까워질 수 있는 다양한 방법을 사용하였다.

3) 사티어의 의사소통 가족치료

사티어의 의사소통 가족치료의 주요 개념[3]은 성숙(maturation)으로 자신에 대하여 충분히 책임을 지며 자신 및 타인에 대한 지각을 기반으로 자신이 내린 선택과 결정에 대해 책임질 수 있어야 한다고 보았다. 자신에 대한 자각은 자신의 의사표현을 타인에게 명확히 전달할 수 있으며, 다른 사람의 의견에 대한 차이성을 존중하여 실제 상황의 관점에서 행동하며 자신과 타인과의 사이의 의사소통에 있어서 상호 자유로운 선택을 존중한다. 이를 위해 사티어는 무엇보다 자아존중감(self-esteem)[4]을 핵심적인 회복과제로 보았다. 자아존중감이 높은 사람은 타인에 대한 존중과 배려가 가능하며 자신에 대한 사랑, 신뢰, 존중은 다른 사람에게도 적용될 수 있다. 따라서 건강하지 못하거나 합의되지 못한 가족 규칙(family rule)은 의사소통을 통하여 가족 간의 자아존중감을 향상시키는 방향으로 나아가는 것이 필요하다.

사티어는 사람들이 스트레스에 대처하는 방법이 같은 패턴으로 나타난다는 것을 다양한 임상적 경험에서 발견하고 이를 네 가지 대표적인 방법으로 유형화하였다. 이것은 회유형, 비난형, 초이성형, 산만형으로 공통적으로 언어적 메시지와 비언어적 메시지의 의미가 불일치한 경우 역기능을 수행하게 되며, 이중구속(double bind)의 메시지를 전달하게 되고 상호 구성원 및 자녀의 양육에 더욱 부정적인 영향을 주게 된다. 따라서 사티어는 치료의 목표로 자기가치와 자아존중감을 향상시켜 새로운 희망을 가질 수 있도록 하였다. 사티어는 이를 위하여 가족들의 의사소통에서 가족 규칙을 발견하였는데, 구성원

3) 사티어는 자기존중을 통하여 타인의 독특성, 차이 및 유사점을 인정하고 이를 상호 탐색과 협상을 통해 의사결정하도록 하고 있다. 이를 위해 적합한 의사소통 능력은 타인과 조화로운 관계를 맺게 하며 '일치형' 의사소통을 통하여 건강한 가족의 통합의 단계(the stage of integration)를 구축하고자 한다.

4) 자아존중감이 낮은 경우는 불확실한 감정과 불안감을 통하여 불신, 외로움, 소외감으로 건강한 의사소통을 하지 못할 가능성이 높아진다. 반대로 자기존중감이 높은 경우는 자기 능력의 신뢰로 원만하고 정직하고 타인을 신뢰하며 가치를 인정하고 일시적으로 낮아진 자존심을 있는 그대로 표현하거나 보다 창의적으로 극복하고자 한다.

간의 감정을 표현하는 방법, 거절이나 반대에 관한 표현, 이해하지 못할 때 다시 설명해 줄 것을 요구하거나 하는 과정을 관찰하였다.

이를 통하여 사티어는 가족의 분명한 규칙[5)]보다는 감정의 규칙을 중시하였으며, 가족 구성원에 대한 문제의 원인을 나쁜 사람이 아닌 '나쁜 규칙'에서 찾았다. 즉, 의사소통의 언어 및 비언어적 과정과 메시지의 일치성과 불일치성에 관심을 두었다. 이를 위하여 다양한 치료방법이 적용되는데 그의 일부로는 재정의(Reframing), 가족 재구조화(Family Reconstruction), 가족생활 연대기(Family Fact Chronology), 가족조각(Family Sculpture), 역할극(Role Play)등이 활용된다.

사티어는 다음과 같이 생각하였다. 만일 구성원이 학습된 듯이 행동한다면 그 상황 속에서 최선이며 모든 행동에 적절한 동기가 있다. 모든 사람은 치유될 수 있으며, 치료과정에 치유가 내재되어 있다고 보고 치료를 할 때 인간이 가지고 있는 신체적 활동과 정서 등의 모든 회로를 활용하고자 하였다. 그가 활용한 방식으로는, 첫째, 가족조각, 둘째, 원가족 삼인군, 셋째, 의사소통의 점검 등이 있다. 이에 대하여 살펴보면 다음과 같다.

2 경험적 가족치료의 주요 용어

1) 가족조각(family sculpture)

가족조각은 가족의 정서적인 가족관계를 언어를 사용하지 않고 신체적으로 상징화하여 은유적으로 사람이나 대상물들을 배열하는 것이다. 이는 특정사건에 적용될 수도 있

5) 가족 규칙은 명백한 '명시적 규칙(meta-rule)'과 '암묵적 규칙'도 존재한다. 상위 규칙은 '규칙을 총괄하는 규칙'이며 가족을 어떻게 유지하며 변화시킬 것인지를 포함한다. 그런데 역기능적 가족의 경우는 중요한 상위 규칙을 가지기보다 경직되거나 가족 규칙을 변경할 수 없다는 식의 상위 규칙을 갖는 경향이 있다.

다. 이를 통하여 가족구조 내에서 개인이 가지고 있는 위치나 입장을 한눈에 파악할 수 있다. 각 가족 구성원들이 웃음 등으로 상황은 무마하지 않고 행위와 감정을 몸짓만으로 공간적 관계를 활용하여 나타낼 수 있다. 이를 통하여 가족 구성원 간의 친밀감이나 거리감 및 가족구조 내의 위계질서와 비언어적 의사소통 유형 등을 파악할 수 있다.

이러한 방법은 내담자의 언어적 특성과 부족한 측면을 단시간에 파악할 수 있는 장점과 각 구성원이 느끼고 있는 단면적인 것을 파악할 수 있으며, 특히 언어적 소통이 어려운 유아들이나 언어적 표현이 부족한 경우에 탁월하다. 또한 이 기법의 장점은 가족 구성원들이 가족을 한 단위로서 생각하여 스스로가 필요한 가족 구성원임을 자각하게 한다는 것이다. 또한 자신과 다른 사람의 감정과 생각을 스스로 파악하는 데에도 도움이 되며 다양한 개입과 교육에 활용될 수 있다. 가족조각은 과거 어려운 상황을 실연함으로써 객관적으로 자신을 볼 수 있고, 다른 가족원의 감정과 입장을 이해하고 진정한 지지, 위로, 격려, 사과, 칭찬 등을 나누며 새로운 인식의 경험을 하게 된다.

가족조각의 구체적인 방법은 다음과 같다. 먼저 치료사는 내담자들과 관계를 맺고 적절한 공간에서 가족 구성원에게 가족에 관하여 보다 서로를 잘 이해하기 위해 색다른 것을 해도 좋은지 동의를 얻은 후에 모두 자리에서 일어나도록 한다. 가족 중 한 명(예를 들면, IP)에게 가족의 몸이나 얼굴을 마음대로 움직여 당신과 가족의 관계를 동작이나 자세 혹은 표정으로 만들어 달라고 요청한다. 그리고 가족의 배치를 마치면 조각을 만든 개인도 가족의 조각의 일부분이 되어 역시 동작이나 자세 등으로 보여 주도록 한다.[6] 이러한 과정은 시간을 가지고 천천히 진행하며 조각으로 가족의 배치가 끝나면 그 자세를 1

6) 조각을 하는 동안 가족은 서로 이야기하거나 웃지 않는 원칙을 세우는데, 이를 통하여 자신을 드러내지 않으려는 방어의식을 갖지 않도록 하기 위함이다. 그 밖에도 가족조각(family sculpture), 연극(drama), 은유(metaphor), 재정의(reframing), 유머(humor), 접촉(touch), '나'의 표현 ('I' statement), 모의 가족(simulated family), 관계 해부(anatomy of relationship), 그리고 관계의 상호성을 나타내는 치료도구의 밧줄(rope as therapeutic tools) 등을 다양하게 가족의 이해를 위하여 활용한다.

분간 유지하도록 요구하여 가족 구성원들에게 각각의 내면에 있는 감정을 스스로 느낄 수 있는 기회를 준다.

이때 치료사는 가족 개개인에게 조각하는 동안의 경험한 느낌을 나누며 가족의 정서적 차원에서 보다 많은 의견을 소통하도록 한다. 이때 은유적인 대상이 되어 가족조각을 할 수도 있다. 조각기법은 매우 상징적이고 은유적인 것으로 진행되는 경우도 많으며 따라서 잘 훈련된 전문가에 의해 사려 깊게 이루어져야 한다. 한 예로, 미국에서 Re-birth program 이라는 양부모와 아이의 애착관계형성에 대한 프로그램에서 자궁 안의 아이의 출산에 따른 애착관계 시연 과정에서 담요 안의 아이의 의견을 무시하고 장시간 시연하던 중 질식으로 사망한 경우도 있었다.

2절 | 경험적 가족치료의 적용

1 원가족 삼인군치료(family of origin map therapy)

원가족 삼인군(family of origin map)[7)]으로 사티어는 출생가족의 성장과정과 생활경험을 중시하며, 이를 통하여 현재의 자기존중감정, 자기가치, 신념, 생존유형, 의사소통을 이해하려고 하였다. 이것은 가족구조, 가족생활역사, 가족관계를 이해하고자 하는 노력이다. 이것은 클라이언트가 자신의 내적이며 외적인 자원과 강점을 개발하며, 일치된 의사소통과 자존심을 높이는 데 목적이 있다. 대부분 역기능적인 학습은 원가족 삼인군에서 온다는 전제로 출생 이후부터 성장과정에서 자기존중의 발달측면과 부모의 영향을 중요시하면서 성장 이후의 자기존중 감정과 새로운 차원의 성장을 강조한다. 원가족 도표의 작성방법은 다음과 같다.

첫째, 작성 이전에 가족 구성원의 특성, 자존감 정도, 의사소통 유형 및 생존 유형, 가족 규칙, 가족 내 역동성, 가족 구성원 간의 상호 관계, 세대 간의 유사점이나 차이점 외에도 사회와의 연계 수준까지 파악한다.

둘째, IP(identified patient)라는 낙인될 수 있는 용어 대신에 star(★)라는 용어를 사용한다.

셋째, 원가족 도표의 작성을 구성원 간의 관계 등이 표기될 수 있도록 작성한다.

7) 원가족 삼인군(family of origin map) 치료 목적은 클라이언트가 가족 규칙 내에서 올바른 개별성을 갖도록 하고 자신의 내외적 자원을 인정하여 일치된 의사소통과 자존심을 높이는 데 있다. 이를 위하여 가족원들이 원가족 도표를 작성하고 완성한 원가족 도표를 전문가의 입장에서 설명한 후 재구조화하고, 조각이나 역할극을 병행하며 치료를 진행한다.

원가족 도표를 함께 작성하고 설명하고 탐색하는 과정에서 가족 구성원은 가족 전체에 대한 이해가 생기고, 부모입장과 위치 및 역할, 자신과의 관계, 가족구조 내의 가치 및 역할, 의사소통 유형 등에 관해 탐색할 수 있게 된다. 이에 대한 이해가 증가함에 따라 다양한 측면에서 인식 등 내면의 변화과정이 일어나게 된다.

2 의사소통의 중요성8)

사티어는 사람이 스트레스 상황에 놓이게 되었을 경우 자주 사용하게 되는 의사소통을 유형화하여 회유형, 비난형, 초이성형, 산만형, 일치형으로 나누어 이를 설명하였다.

첫째, 회유형(placating)은 자기 자신의 감정은 무시하고 타인의 관점에서 동의하는 말을 한다. 회유하는 사람은 다른 사람과 함께하는 상호작용하는 상황은 존중하지만 반면에 자기 자신의 진정한 감정을 존중하지 않는다. 즉, 회유의 방법은 스스로의 안정을 유지하는 방법으로 자신이 느끼는 감정보다 상대방을 중심으로 생각하면서 자신의 스트레스를 다루는 방법이라고 할 수 있다. 따라서 회유형의 반응은 타인에게 순종하고 모든 일의 잘못을 자신의 탓으로 돌려 희생적 행동을 한다. 이러한 반응은 은연중에 상대로 하여금 죄책감을 느끼도록 하는 것인데, 상대방의 죄책감으로 인하여 자신을 인정받고자 한다. 이러한 행동의 원인은 자신의 욕구를 분명하게 표현하지 못하는 데 있으며, 이러한 반응이 지속되면 올바른 의사소통 방식을 익히지 못하는 역기능으로 자아존중감은 더욱 낮아질 수 있으므로 자신의 의사전달법 중 올바른 거절법 등이 학습되어야 한다.

둘째, 비난형(blaming)은 자신을 보호하기 위해 타인을 비판하는 것이다. 비난의 과정에

8) 사티어는 가족 구성원들에게 각각 회유형, 비난형, 초이성형, 산만형 중의 하나의 입장을 취하여 의사소통하도록 한다. 이를 통하여 가족 구성원은 상대에 대하여 좀 더 이해하는 기회를 갖으며 상호 감정을 서로 나눈다. 또한, 가족 구성원들은 효과적인 의사소통의 방식을 깨달을 수 있다.

서 타인의 가치를 격하시키고 자신과 상황에 가치를 둔다. 비난형의 사람은 자신이 옳으며 타인을 비난함으로써 자신을 보호하고자 하나 실은 자신의 나약함과 자신을 돌아봐 달라는 메시지가 숨겨져 있다. 이러한 비난형의 의사소통 방식은 참을성이 없고 독선적이며 명령적이나 내면은 외롭고 자아존중감이 낮으므로 다른 사람을 손가락질하는 모습을 통하여 자신을 보호하고자 한다. 비난형은 감정조절, 비난의 단어사용의 통제, 긍정사고 유도, 인지적 오류의 수정, 이성적 사고, 자기감정의 통찰과 경청의 훈련 등이 필요하다.

셋째, 초이성형(super reasonable)은 자신이나 타인의 느낌이나 감정을 무시하고 상황이나 합리성만을 중요시하며 이를 위한 논리를 중요시한다. 감정보다 상황에 초점을 두는 방식으로 의사소통하는 방식이다. 이러한 초이성형은 경직되어 있는 상태인 경우가 많으며 항상 논리적으로 비판하고 평가하면서 자기 주장을 한다. 초이성형은 대체로 조용하고 침착한데, 내면적으로는 감정적 상처를 받기 쉬우므로 자기 자신을 억누르거나 숨기는 경우가 많다. 이들에게는 감수성 훈련 등으로 보다 감정에 충실하는 연습이 필요하다.

넷째, 산만형(irrelevant)은 상황의 중요성과 상관없는 유머 등으로 광대와 같이 주의를 다른 곳으로 돌리고자 하여 혼란시킨다. 행동이나 말의 초점을 흐리며 기능적이며 책임감, 정직성, 능력, 창의성, 현실성에 기반한 능력이 없는 경우에 나타날 수 있는 의사소통의 방식이다. 산만형은 자기를 걱정해 주거나 받아 주는 사람이 없다고 생각하는 고독감과 무가치함을 느낀다. 치료방법으로는 주의 집중, 경청, 자기생각 표현하기, 자아존중감 향상, 자기감정 인식하기 등의 훈련이 필요하다.

마지막으로 일치형은 자신이 중심이 되어 타인과 관계를 맺으므로 의사소통의 내용이나 방식이 일치하며 자신과 상대방 그리고 상황을 모두 존중하는 자세로 의사소통하게 된다. 이는 나 - 위치(I - position)에서 타인을 동등하게 대하는 자세이기도 하다. 일치형은 언어와 감정이 부합하여 균형감 있는 메시지를 전할 수 있으며 자신의 자아존중감이 높고 상대방의 개별성을 존중하며 자신과 상대방을 신뢰하므로 비난의 의사를 가지지 않는다.

3 사티어의 다양한 방법을 통한 가족 재구조화[9)]

[사티어]

가족의 재구조화(Family Reconstruction)는 문제시되는 태도나 사건 뒤에 숨은 좋은 의미를 재정립하기 위해 활용된다. 이러한 활동의 주요 사항은 내담자의 주요 사건의 어느 한 부분을 선택하여 재연하게 하고, 이를 통하여 새로운 정보와 자신의 다른 감정과 시각을 가질 수 있도록 재구조화하여 가족 구성원의 인지적 재구조화와 건강성을 회복하도록 한다. 또한 건강한 가족 규칙과 표면에 나타난 가족 규칙 및 가족의 주제, 가족 신화 등을 함께 다루며 순기능적인 대처체계로, 보다 개방적이고 건강한 기능적 체계로 바꾸는 과정이다.

9) 이 기법은 사티어의 변화에 대한 이론과 철학을 가장 잘 나타내 주는 것이다. 재구축의 중심은 인간으로의 성장과정에서 부모와 자아로의 분리에 대한 오류의 시작점을 탐색한다. 주요 방법으로는 중심인물에게 각 사건의 연대기를 표현하도록 한다. 중심인물은 3대에 걸친 가족의 성명과 성격을 5~6개의 형용사로 묘사하는 가족도를 만들 수 있으며, 각각 구성원의 관계성이나 영향력을 선이나 원으로 그릴 수 있다. 이것은 중심인물을 두고 그가 성장하면서 맺은 관계를 수레바퀴의 살로 나타내는 원이기도 하다. 살이 두꺼울수록 관계가 더 중요한 것이며 중심인물이 무엇을 했는지 이야기를 나누는 과정에서 상호 간의 믿음을 쌓는다. 이러한 연대기 중 주요 장면이 연출될 수 있다.

CHAPTER

09

전략적 가족치료

(Strategic Family Therapy)

1절 | 전략적 가족치료

1 전략적 가족치료이론[1)]의 개요 및 기본 개념

전략주의 치료사들은 클라이언트의 저항과 증상을 역설적인 지시로 다루면서 1970년 중반부터 1980년까지 미국의 가족치료에 많은 기여를 하였다. 전략적 가족치료의 개념은 헤일리(Haley)의 전략적 구조주의 모델과 MRI의 상호작용 모델[2)] 및 밀란(Milan)의 체계론적 모델 등으로 구분할 수 있다. 중요한 점은 다양한 역설적 상황으로 클라이언트로 하여금 치료적 이중구속의 상황을 조성하여 클라이언트의 문제 상황을 치료하는 것에 목적이 있다는 것이다.

전략적 가족치료 모델[3)]은 행동주의의 영향을 받아 구체적인 치료전략을 통하여 단기간에 효과적으로 문제를 일으키는 순환을 끊어 변화의 방향으로 클라이언트를 유도하고자 하였다. 이들이 주목한 것은 병리적 가족은 문제의 유지에 대한 항상성을 변화보다 중시하는 특징이 있다고 보았으며 융통성 없는 규칙이나 연쇄과정에 집작함으로써 생활주기에 있어서 좁은 행동범주와 특정한 전환점에 고착되는 특성이 있다고 하였다.

이를 정리하면 다음과 같다. 전략적 치료[4)]는 행동주의의 영향을 받아 의사소통이론

---

1) 전략적 치료 모델의 시초는 캘리포니아의 정신건강연구소(Mental Research Institute)인 MRI에서 이루어진 이후 확대되었다. 일반 체계론과 사이버네틱스에 근거한 의사소통 및 상호작용주의가 가족의 병리적 측면과 위계 등에 적용되어 나타난다고 보았으며, 베이트슨(Gregory Bateson)의 순환적 인식론의 영향으로 가족 상호작용에 초점을 가족의 반복적인 역기능적 행동에 역설적으로 개입하여 간결한 기법과 단기적이며 효율적인 방법을 모색한다.

2) MRI모델과 헤일리의 모델은 순환적 인식론의 영향을 받아서 가족 구성원의 상호작용 유형과 문제증상에 대하여 역설적인 개입에 초점을 두고 있다. 그리고 밀란 모델은 2차 사이버네틱스 개념을 임상에 도입하여 가족 상호작용보다 신념체계에 더 관심을 가지며 향후 가족 치료분야의 포스트모더니즘에 영향을 주었다.

3) 최근의 전략적 모델은 문제에 대한 초점보다 내담자 가족의 강점을 치료에 활용하고자 하며 전략보다는 인간적으로 따뜻한 면을 강조하면서 문화와 인종의 특성 및 다양성을 고려하고 있다.

4) 전략적 치료의 MRI모델과 헤일리 모델은 순환적 인식론과 함께 에릭슨의 전략적 최면 기법의 영향으로 가족의 상호작용 유형과 문제증상에 역설적인 개입에 초점을 두고 있으며, 밀란 모델은 2차 사이버네틱스 개념을 적극적으로 도입하여 신념체계에 더

을 근간으로 구체적이며 전략적인 치료계획을 토대로 단기간의 문제해결을 시도하였다는 것에 의의가 있다. 즉, 문제해결에 있어서 가족의 역기능적 연쇄과정을 끊는 것에 관심을 두면서 클라이언트의 저항과 증상에 역설적 개입을 시도하여 1970년 중반부터 1980년까지 미국의 가족치료 분야에서 활약하였다.

전략적 가족치료의 주요 인물은 헤일리, MRI의 와츠래비크(Watzlawick), 위클랜드(Weakland), 휘쉬(Fisch) 그리고 메더네스(Madanes) 등이 있다. 전략적 치료의 치료목표는 가족이 가지고 있는 문제를 전략적인 차원으로 해결하고자 하는 것이다. 전략적 치료방법의 모델은 세부적으로는 MRI, 헤일리, 밀란 모델 등이 있는데 무엇이 문제해결이며 어느 정도의 변화가 있어야 하는가 및 치료사가 그에 대해 어느 정도의 책임이 있는가에 대한 의견은 학자마다 다르다. 그러나 공통점으로 전략적 치료는 문제의 원인보다는 문제의 해결을 위해서 문제를 지속시키는 원인으로 상호작용에 보다 관심을 갖는다는 것에 있다.

전략적 치료[5]에서 자주 쓰이는 기법은 재정의, 역설적 개입, 은유, 의식 등이 있다. 이론적인 바탕은 의사소통 및 상호작용주의로 베이트슨의 순환적 인식론의 영향을 받아 반복적인 역기능적 행동에 초점을 두어 문제해결에 보다 직접적으로 개입하여 변화를 유도하고자 하는 접근으로, 간결한 기법과 효율적인 개입을 통해 단기적 치료가 가능하다.

MRI 상호작용 모델[6]은 가족 문제 경감을 위한 해결시도가 문제를 악화하는 것에 대하여 문제의 연속적인 가족 상호작용에 따른 의사소통 과정에 주목하여 순환적 인식론

관심을 가지는 특징이 있다.

5) 전략적 치료 모델은 캘리포니아의 정신건강연구소(Mental Research Institute)인 MRI에서 가족의 의사소통 연구 프로젝트로부터 비롯된 이후에 미국과 이탈리아 등으로 확대되었다. 전략적 가족치료 모델은 MRI모델과 헤일리의 전략적 모델과 이탈리아 밀란의 체계적 모델 등 세 가지 학파로 나뉜다.

6) 구조주의를 기반으로 1950년대와 1960년대 미국에서 가족치료 운동이 확산되면서 정신분열연구가 캘리포니아의 정신건강연구소 MRI에서 정신분열증 가족연구팀을 중심으로 연구가 이루어진 이후 정신의학자인 에릭슨의 최면기법을 임상적으로 접목하여 전략적 접근모델을 개발하였다. 이는 해결중심적 단기치료의 맥락에 속한다고 할 수 있는데 전략적 개입의 부정적인 가족의 부정적 순환을 깨뜨리는 데 초점을 두어 10회 미만의 단기치료를 가능하게 하였다.

에 근거하여 초점을 개인의 심리내적 역동으로 문제를 유지시키는 요인에 주목하였다.[7] 헤일리는 의사소통이론과 역할이론에 관심을 갖고 가족 간의 의사결정력과 권력 및 통제에 대한 입장과 최면 정신의학자인 에릭슨의 임상 최면 등의 방법을 참고하여 저항을 처리하는 방법, 은유적인 언어의 사용, 역설적인 개입 등을 전략적 치료모델에 적용하였다.

한편 전략모델은 증상을 유지시키는 가족의 위계에 주목하므로 전략적 구조주의 모델로 분류하였다. 역기능적 가족일수록 위계구조의 권력순서가 역으로 있거나 항상성에 집착하여 병리적인 상황에 집착하거나 변화의 대처가 어렵다. 그러므로 헤일리는 다소 이중구속적인 역설적 방법으로 증상을 클라이언트가 자발적으로 포기하도록 하였다.

미국에서 MRI의 전략적 모델이 활동적일 무렵, 이탈리아 밀란에서는 가족의 규칙과 항상성에 관한 체계적 모델이 발전하게 되는데, 밀란 모델의 특징은 증상을 가진 가족에 대한 '게임규칙'에 초점을 두고 역설적으로 접근하여 평균 한 달에 한 번 정도로 내담자의 가족이 역설적인 처방의 효과에 반응할 수 있는 시간을 할애하였다. 한 회기의 시간은 상대적으로 길었는데 4명의 치료사가 한 팀이 되어 각 회기를 5단계로 나누어 진행하는 '장시간 단기치료'(long brief therapy)가 밀란 모델의 치료방식이었다.

이후 이러한 밀란 모델은 2차 사이버네틱스의 핵심으로 '정보'에 초점을 두어 가족 신념체계를 변화시키는 데 초점을 두었다. 이는 잘못된 신념에 따른 '인식론적 오류'가 고착되어 있는 가족체계에 대하여 순환질문과 과제로 새로운 정보를 주어 역기능적 가족관계의 체계를 변화시키는 것이다. 이때 주목한 가족의 항상성을 유지하는 가족의 피드

7) 이러한 이론은 1990년대 이후 협동적인 치료가 선호되고 행동적 모델보다 인지적 변화에 초점을 두어 청소년과 성인의 문제에 대한 전략적 접근의 훈련에 활용되고 있다. 전략적 치료 방법은 문제를 유지시키는 정적 피드백 순환 고리를 확인한 후에 역기능적 상호작용을 유지하는 가족 규칙을 파악하여 가족 규칙을 변화시킬 수 있는 전략을 세운다.

백을 통하여 가족 규칙을 유지하거나 조정하게 되는데 병리적 가족일수록 변화보다는 안정을 위해 가족의 특수한 연쇄과정을 유지하며 기존방식에 집착하게 된다.

따라서 전략주의의 입장에서 볼 때 증상이란 각각의 관계에서 어떤 이득을 통해 유지되는 것이므로 만일 증상이 관계에서 얻어지는 것이 없다면 사라질 것으로 보았다. 예를 들어, 아내는 남편의 관심을 얻기 위하여 우울증이라는 병리적 현상을 이용하는 순환고리[8]를 전략적으로 개입하게 되는데 여기 많은 역설적이며 게임적인 요소가 적용된다.

이러한 과정을 통한 변화는 가족치료를 통하여 일차적 변화(first order change)의 행동변화가 일어나고 이차적 변화(second order change)를 통하여 신념과 가족체계의 규칙이 바뀌게 될 것이 기대된다. 헤일리의 전략적 구조주의 모델은 권력이나 통제, 역설적 지시 및 위계 등의 개념을 사용하는 구조적 개념을 토대로 가족 구성원이 갖는 힘의 균형현상으로 가족 내의 구성원이 갖는 증상은 가족 항상성 유지를 위해 존재한다고 보며, 따라서 클라이언트(IP)가 증상을 통해 가족원의 관계를 통제하고 있음을 믿었다.

따라서 치료사는 관계 이면에 있는 권력이나 통제의 관계를 파악하여 가족관계에 대한 명확한 치료목표에 대한 치료전략의 설정과 구체적인 개입방식을 계획하는 것이 중요하다고 보았다. 또한 밀란 모델은 역기능적 가족이 상호 간에 힘을 얻으려는 상황에서 가족게임을 한다고 보았다. 따라서 게임을 멈추기 위해서 치료사의 역설적 개입이 필요하다. 그러나 후기 밀란 모델은 협동적인 형태로 발전하였다. 전략적 치료과정에서 지향하는 원리는 다음과 같다.

---

8) 사이버네틱스의 피드백 개념은 MRI 연구팀의 연구에서 자극과 반응의 피드백 의사소통 형태로 분석되었다. 가족 구성원은 원래대로 평형상태로 돌아오는 부적 피드백과 변화를 시도하고자 하는 정적 피드백이 가족 규칙에 의해 영향을 받는다. 그런데 역기능적인 가족은 문제해결을 위해 시도(정적 피드백)하지만 문제가 변화하지 않으면 기존의 방식(부적 피드백)으로 회귀하게 된다.

1) 의사소통의 기본원리

① 모든 행동은 일종의 의사소통 기능을 가지고 있다.

② 의사소통은 사실의 내용을 전달하는 메시지와 함께 상대방에게 요구하는 메시지가 들어 있다.

③ 의사소통의 관계는 보완적인 관계이거나 대칭적인 관계이다. 예를 들면, 대칭적인 상호 관계는 부모의 지시에 자신의 입장을 대변하는 자식의 주장을 통하여 부모의 주장을 더욱 강하게 하여 반감을 증폭시키는 경우가 이에 해당한다. 반면 보완적 관계는 상호 의사소통에 대하여 복종하는 관계인데, 자발적 복종이 아닌 경우에는 수직적인 구도가 불평등을 심화하여 관계성에 좋지 않은 영향을 줄 수 있다. 따라서 바람직한 의사소통은 자신의 욕구를 함께 표현하여 보다 건설적인 관계를 도모하고자 하는 의사소통이라고 할 수 있을 것이다.

2) 가족 항상성

건강한 가족은 안정을 유지하는 기능과 함께 변화에 적응하는 기능을 동시에 갖고 있으나 병리적 가족은 변화보다 유지를 위해 가족의 엄격한 연쇄 과정을 유지하고자 하는 기존방식에 고착되어 있으므로 성장을 위한 변화를 가족의 위협으로 인식하는 경향이 있다. 따라서 병리적인 가족은 합리성을 결여한 채 기존의 체제의 항상성 유지에 많은 에너지를 소모한다.

그런데 가족 내의 피드백 고리는 가족의 규칙을 유지하거나 조정하는 기제가 되는데 입출력 과정에서 항상성의 유지를 위하여 피드백 고리의 자기규제가 행해진다. 이때 부적 피드백은 체계의 일탈을 최소화하여 가족이 현재 상태를 유지하도록 하는 체계의 환원적 단서가 된다. 따라서 정적 피드백을 주어 체계의 변화를 유도하여 다른 수준으로 가족의 항상성을 재조정하는 체계 일탈적인 성격을 활용한다. 즉, 전략적 치료는 바람직한 정적 피드백을 유도하며 가족 항상성을 유지하는 전략적 초점을 갖는다.

3) 치료과정의 특색

치료과정의 특색으로는, 첫째, 현재의 문제를 명확히 정의하고 둘째, 구체적인 증상의 문제를 제거하기 위하여 목표를 설정하고 셋째, 치료적 개입이 치료의 목표에 맞도록 단계적으로 계획하는 것이다.

전략적 치료모델의 초기 면접은 전체 계획을 세우기 위한 중요 단계로 첫 면담은 가능한 모든 가족원이 참석하도록 하여 내담자에게 문제나 증상에 관하여 구체적인 용어로 정의할 것을 요청한다. 상담사는 지금까지 그 문제에 대해 시도하였던 해결책에 대해 클라이언트에게 질문하여 가족 간의 연쇄과정을 파악하고 문제에 대한 가족의 새로운 행동을 위한 전략을 수립한다. 이를 위한 전략적 치료의 단계는 다음과 같다.

첫째, 처음 가족 간의 관계에서 위계와 밀착 등의 관계 등을 파악하며 문제를 명확히 규명한다. 이때 종종 문제와 가장 관련이 적은 가족에게 먼저 질문하기도 하는데, 이는 내담자(IP)가 방어적이거나 위협적으로 느낄 수 있기 때문이며 정보수집의 단계라고 할 수 있다.

둘째, 상호작용의 단계로 가족과의 상호작용을 통하여 가족의사소통 방식과 연합 및 삼각관계, 위계 등을 관찰하며 의사소통의 내용보다 과정에 집중한다. 이를 통하여 증상을 유지하는 가족 간의 연쇄과정이나 구조를 파악하고 향후 개입할 전략을 수립할 수 있다.

셋째, 목표수립의 단계에서는 가족이 해결하기를 바라는 문제에 대해 구체적이며 행동적인 언어로 표현하도록 하며 문제를 변화시키기 위한 지시와 과제 등을 전달한다.

이때 치료사의 진단은 내담자인 IP의 증상이 가족의 항상성을 유지하도록 하는 기제로 활용된다는 가정을 하게 되는데 전략주의자들에게 있어서 증상이란 내담자가 타인과 의사소통하는 방식으로 가족은 가족 간의 평형상태를 유지하기 위해 내담자(IP)의 증상을 필요로 할 뿐 아니라 내담자(IP)도 타인의 통제방식으로 문제의 증상을 가족의 항상성을 위하여 이용하고 있다고 본다.

따라서 전략적 치료가들은 표면적으로는 위계질서가 유지되는 것처럼 보이나 부모 중 한 명이 자녀와 연합하여 부부의 건강한 위계의 결속이 약화되기도 한다는 것에 주목한다. 이러한 세대 간의 연합에 대하여 자신들이 인식하지 못할수록 그 가족의 문제는 보다 심각하다. 따라서 전략적 치료에서는 반복적이며 역기능적인 연쇄과정을 파악한 이후 내담자의 저항을 최소화하기 위해 직면이나 설명보다 우회적이거나 직설적으로 역설적 개입의 과제나 지시를 통해 회기 간의 변화를 유도하게 된다. 이러한 전략은 클라이언트가 깨닫지 못할 경우에 보다 효과적이다.

전략적 접근은 독특한 문제에 따라 맞춤형 전략을 통하여 가족 스스로 자신의 문제를 다루는 과정 가운데 가족체계의 변화가 가능하도록 처음에는 동기와 성취감을 느낄 수 있는 작은 것부터 시작하지만, 경우에 따라서는 내담자에게 빨리 해결하고 싶은 부분과 천천히 해결하고 싶은 부분을 질문하기도 한다. 전략적 가족치료의 핵심은 역설적인 경우가 많다. 예를 들어, 내담자에게 문제증상을 계속해서 실행하라고 지시하는 지시 등은 내담자가 오히려 변화를 바라게 되는 모순적 상황을 통하여 변화를 이끌어 내는 방법으로 내담자가 스스로 저항을 처리하고자 하는 효과적 방법으로 활용된다.

활용방법으로는 지시와 은유적 언어사용, 역설적 개입, 시련기법 등의 전략적이며 다양한 방식으로 내담자를 치료적으로 이중구속하여 클라이언트가 문제증상을 포기하거나 어떤 쪽을 택하든 하는데, 어느 쪽이든 변화하지 않을 수 없도록 하는 방법의 적용에 초점을 둔다. 단, 내담자 가족과 15분 이상 논쟁을 벌이지 않는 것이 바람직하다.

4) 개입기법－역설적 과제(paradoxical task)

전략적 치료의 개입기법은 직접 및 은유적 지시, 시련기법 등이 있으며, 역설적 지시는 가족이 치료사의 지시의 내용에 저항함으로써 변화를 일으키도록 하는 전략의 기법이다. 경우에 따라 치료는 변화가 필요한 가족들에게 변화하지 말라고 요청하는 것으로 가족이 이러한 지시에 저항하여 궁극적으로 가족 스스로 저항하여 변화할 수 있도록 하는 기법이며, 경우에 따라 재정의를 통한 가정이 요구되기도 한다.

가정기법은 가족의 저항을 직면하는 역설적 기법과 유사하나 보다 부드러운 기법으로 긴장상황에 대하여 반항심을 유발하는 대신 놀이를 하는 기분으로 하여 가족 구성원의 저항을 우회하는 방법이다. 예를 들어, 분노를 조절하지 못하는 아이에 대한 헐크놀이와 같이 극단적 상황에 대하여 구성원의 긴장도와 자기방어 정도를 낮추어 흥분과 긴장을 낮추며 변화를 가져오도록 유도하는 방법이다.

그 외에 시련기법(The Ordeal Technique)이 있는데 이에 대하여 헤일리는 “사람은 증상을 갖는 것이 포기하는 것보다 많은 어려움이 있을 때 증상을 포기한다.”는 전제를 통해 증상에 대하여 역설적으로 개입한다. 예를 들면, 불면증이 있는 내담자에게 잠을 자지 말고 밤을 새워 운동을 하라고 지시하는 것 등이 있다.

5) 피드백 고리

사이버네틱스의 피드백 고리와 관련한 의사소통의 개념으로 MRI 연구팀에서 활용한 개념으로 가족 구성원은 상호 피드백을 통해 정보를 교환하면서 행동에 영향을 미친다고 하였다. 즉, MRI 팀은 반복적 의사소통형태로 상호작용과 반응을 반복적으로 하는 피드백을 분석하였다. 이 분석은 부적 피드백의 개념으로 변화에 저항하여 원래의 평형 상태로 돌아오게 하는 피드백과 변화를 시도하는 정적 피드백이 가족 규칙에 의하여 규제된다고 보았다. 많은 경우에 문제를 가진 가족은 문제해결을 위해서 정적 피드백 작용으로 변화를 시도하지만 부적 피드백을 통해 원래의 상태로 돌아가는 특성이 있다.

이에 대하여 전략주의 가족치료상담사들은 가족의 변화를 위하여 가족원의 행동이 바뀌는 일차적 변화(first order change)와 이후 가족체계의 규칙까지 바뀌는 이차적 변화(second order change)를 제시하여 완전한 변화를 가져오고자 하였다. 일차적 변화는 일시적이고 내재적으로 가족의 규칙까지 변화한 것은 아니므로 진정한 변화는 가족 규칙까지 변화하여 가족의 행동뿐 아니라 신념까지 바뀌는 수준이라고 할 수 있다.[9)]

가족 규칙은 명시적 규칙과 암시적 규칙, 그리고 상위의 규칙(meta-rule)이 존재한다. 상위규칙은 일반적 규칙 위에 작용하는 '규칙을 총괄할 수 있는 규칙'이며 가족원이 가족 규칙을 유지하고 변화시키는 것에 대한 규칙이다. 그런데 문제는 역기능 가족은 상위규칙을 가지고 있지 않고 경직되어 현상유지의 경향이 강하여 가족 규칙을 언급하거나 변경할 수 없다는 신념을 가지고 있다는 것이다.

이와 같이 규칙의 개념은 전략적 구조주의 모델이 가족의 구조적인 질서에 관심을 갖고 가족원이 갖는 통제나 힘의 균형, 그리고 가족의 위계질서를 중요시하였으며, 역기능적인 가족은 증상을 통하여 가족 항상성을 유지할 뿐 아니라 증상을 통하여 가족원을 통제한다고 믿었으므로 이러한 피드백에 개입하는 것이 중요하다고 보았다. 따라서 피드백에 대한 개입이 중요하다고 본 것은 MRI 상호작용 모델도 마찬가지이며 순환적 인식론에 근거하여 의사소통의 내용보다 상호작용의 과정을 주시하여 개인의 심리내적 문제를 가

9) 예를 들어, 늦게 귀가하는 남편에게 잔소리를 한다면 그것은 기존 가족 규칙을 적용하는 일차적 변화이겠으나 "혹시 일을 하는데 시간이 부족하세요? 혹은 회식 때 이른 귀가는 너무 지키기 어려운 약속이세요?"라고 한다면 그것은 가족체계 규칙을 검토하는 이차적 변화를 요구하는 것이라고 볼 수 있다.

족 구성원 간의 상호작용으로 전환시킴으로써 상호작용에 개입하고자 하였다.[10)]

(1) MRI 상호작용 모델

MRI 상호작용 모델의 치료방법으로 치료사는 최대한 10회 이내의 면접과정으로 진행하며 상담을 통한 변화에 대하여 기대감을 갖도록 한다. 상담의 과정을 요약하면 다음과 같다.

① 문제에 관한 조사 및 정의

문제에 관한 조사 및 정의의 단계에서는 내담자와 가족에게 가장 불편하고 개선하고 싶은 사항을 정의한다.

② 문제를 유지하는 행동을 추정함

내담자에게 있어서 기존의 대처방법으로는 문제를 지속하거나 악화하는 요인이 있음을 파악한다.

- 클라이언트의 특징

첫째, 문제의 존재를 부인한다.

둘째, 문제가 아닌 것에 대하여 해결하려는 노력을 한다.

셋째, 체계 내 문제를 해결될 수 없는 쪽으로 노력한다. 이에 대한 치료전략은 내담자가 문제가 되는 행동을 중지하고 다른 방식으로 행동하는 것을 돕는다.

---

10) 1990년대 이후 가족치료분야에서 협동적인 치료와 인지적 변화에 초점을 두는 추세가 강화되면서 MRI 모델은 전략적 접근을 유지하면서 포스트모더니즘의 치료적 방법을 도입하며 발전하고 있다.
MRI 모델은 상호작용적인 것으로 문제를 둘러싼 상호작용의 연쇄과정에 대하여 관찰하고 개입하는 것에 관심을 두며 헤일리는 동기에 관심을 두고 클라이언트가 다른 사람을 통제하려는 소망(desire)에 관심을 가지며, 메더네스는 사랑하고 사랑받고자 하는 소망에 관심을 가지는 미묘한 차이가 있다.

③ 치료의 목표 설정

치료목표의 설정 단계에서는 치료사와 가족이 상담 및 치료를 통하여 도달할 수 있는 변화의 목표를 세운다. 변화하는 목표는 측정가능할 뿐 아니라 관찰 가능한 구체적 행동이어야 한다. 이에 활용하는 방식은 다음과 같다.

- 역설적 개입(paradoxical intervention)
- 증상의 처방(symptom prescription)
- 제지기법(restraining technique)

④ 종결 단계

첫째, 증상과 관련된 의미 있는 변화가 일어남을 확인한다.

둘째, 변화의 지속성을 유지할 수 있는 방안을 모색한다.

셋째, 내담자가 독립적으로 문제의 행동에 대처하는 능력을 보여 준다. 이러한 시기에 가족문제의 치료상담사는 내담자가 치료과정을 통하여 성취한 것, 상담의 종결 후 변화의 지속성과 향후과제 등에 대하여 내담자와 함께 검토하고 종결한다.

(2) 헤일리의 모델

전략주의 모델은 가족의 발달단계별 과업이나 인생의 전환기에서의 위기에 관심을 갖는다. 헤일리는 치료목표에서 가족 생활주기에 따른 단계적 이행기의 과업달성과 함께 성장을 고려하여 사정하였다. 이것은 가족의 생활방식이 고착되어 있는 가족에 있어 가족 문제가 가족 생활주기의 이행기에서 발생하기 쉬우므로, 변화된 행동에 잘 대응하여 다음 단계로 나아갈 수 있도록 하는 것이 치료목표의 한 부분으로 제시하고자 하였다.

① 권력의 통제

헤일리는 내담자의 개인 문제적인 접근보다는 내담자의 가족을 포함하여 대인 간의 상호작용 및 교류를 분석하였다. 즉, 전략주의 관점에서 볼 때에 증상은 가족원 간의 항상성을 유지하기 위한 기제로서 증상의 이면에서는 상호 관계를 통제하기 위한 내담자의 증상을 통한 관계 통제의 전략이 숨어 있다는 것이다.

예를 들면, 결혼관계에 있어서 적대적이며 심한 갈등을 겪는 부부가 자녀의 증상에 매달리면서 결혼관계를 유지할 수 있다. 이때 자녀의 증상은 위기상태에 있는 부모의 관계와 가족을 유지하는 역할을 한다. 또는 아내의 불안증은 남편을 무의식적으로 자기를 떠나지 않게 하는 통제의 전략이 될 수 있으며, 아내는 증상을 통하여 남편과의 관계에서 권력과 통제를 얻고 있는 것으로 해석할 수 있다.

② 위계[11]

헤일리는 구조적 차원의 위계(generational line)에 주목하여 볼 때 기능이 잘되는 가족은 가족 내 위계질서가 바로 서 있음을 보면서 상위 세대가 권위와 통제감을 가지고 규칙을 적용하며 세대 간의 구조가 바로 서고 상호 경계를 존중하는 것이 필요하다고 보았다. 경계는 명확하며 상호 대화에 의하여 융통성이 있고 투과성이 있으며 구조적으로 유지되며 질서가 잘 유지된다면 기능적인 가족이라 할 수 있다. 헤일리와 메더네스와의 차이는 인간의 딜레마는 사랑과 폭력 간의 투쟁 속에서 발생한다고 보아 보호와 관심의 차원에서 위계의 개념을 접근한 것에 있다. 즉, 가족은 서로 자신의 위치에서 상대를 잘

11) 가족원은 자신의 위치에 부합하는 권력 및 통제를 가져 위계질서가 유지되고 균형이 깨어지는 경우 위계질서에 문제가 발생한다고 보아서, 헤일리는 증상의 해결을 위해서 치료사는 관계의 이면에 존재하는 권력과 통제 방식 및 권력 투쟁에 관한 가족관계를 파악하여 명확한 치료목표의 설정과 구체적 개입방식을 계획할 수 있어야 한다고 하였다. 전략모델에서는 위계와 조직의 문제에 대한 관심으로 구조주의 모델로 분류되기도 한다.

돌보는 역할을 하여야 하며 이를 수행하지 못하는 경우 폭력이 발생한다고 보았다. 이들의 공통점은 '가족의 위계'에 대한 관찰을 통하여 가족에 대한 치료 및 상담을 접근하였다는 것이다.

메더네스는 모든 인간의 딜레마를 '사랑과 폭력' 간의 투쟁 때문에 발생한다고 보고 '보호와 관심'이라는 측면에서 위계에 접근하였다. 가족은 자신의 위치에서 상대를 잘 돌보는 역할을 해야 하는데 이것을 제대로 수행하지 못할 때 폭력이 발생한다는 것이다. 헤일리와 메더네스는 모두 가족 내의 위계에 염두를 두고 가족 치료 작업을 하였는데 가족원은 자신의 위치에 맞는 권력과 통제력을 통하여 타인을 보호하며 돌보아야 한다고 하였다. 즉, 가족의 구조가 건강히 유지되기 위해서는 권력의 측면과 돌봄의 측면이 잘 균형을 이루어야 한다.

메더네스의 특징으로는 가족을 변화시키는 목적으로 역설적 기법과 유사하나 더 부드러운 기법을 사용하는데, 예를 들면 아이의 공격성에 대하여 긴장상황을 조성하고 반항심을 유발하는 대신 놀이를 하는 기분으로 저항을 우회하는 헐크놀이 등으로 새롭게 접근하도록 하여 바람직한 변화를 이끌어 내도록 하기도 하였다.

③ 전략적 구조주의

헤일리는 역할에 따른 의사소통이론에 관심을 가지고 상호 교환하는 메시지에 내재된 통제와 권력의 투쟁 안에서 '누가 그리고 무엇에 의하여 의사결정과 관계가 정의되는가?'라는 쟁점에 근거하여 가족의 역동성을 관찰하였다. 위계질서를 혼란하게 만드는 원인으로는 세대 간 결탁이나 권력 다툼으로 부모가 특정 자녀와 결탁하여 대항하기도 하는 다양한 양상을 보인다. 이에 가족의 위계질서를 평가하기 위해서 가족 구성원 간의 반복적인 상호작용을 관찰하기 위해서 가족만의 독특한 유형을 분석해야 한다고 하였다. 헤일리는 개입방법에 대하여 지시와 역설적 개입과 은유적 언어의 행동을 통하여 독특한 전략적 치료모델을 발전시키고 그 밖에도 에릭슨의 저항을 다루는 방법 등의 임상적 기법을 물려받아 증상행동이 내포하는 부적응적 통제전략을 이중구속의 개념을 통하여 처리하고자 하였다.

헤일리의 모델에서도 가족의 위계를 중요하게 보았으며 그러한 의미에서 구조주의적 모델로 구분되기도 하는데, 병리적 가족은 위계가 거꾸로 있거나 가족 구성원 간의 연합의 특징이 있다고 보았으며, 가족 항상성에 대한 집착으로 상황의 변화에 대처하기 어려워 병리적 연쇄과정에서 벗어나지 못하는 현상을 보이고 있다고 하였다. 이것은 일종의 가족게임과 같은 것으로 밀란 역시 역기능 가족이 힘을 얻기 위한 가족게임을 한다고 보았는데, 즉 증상 자체가 게임을 의미한다고 보아 게임을 멈추기 위한 역설적 개입이 필요하다고 보았다.

2절 | 전략적 가족치료의 적용

1 전략적 가족치료의 치료과정

전략적 가족치료의 핵심으로 병리적 가족은 치료사에게 도움을 청하는 행동을 하지만 막상 치료를 통하여 도움을 주려고 하면 저항하는 현상을 보인다는 것이다. 그것은 가족의 유지방식인 항상성(안정성)이 위협받는다고 인지하게 되기 때문이다. 이것은 가족치료상담사와 내담자 가족 간의, 치료사와 내담자 가족 간의 미묘한 권력투쟁을 가져오게 한다. 이러한 저항에 대한 개입으로 치료사는 이중구속의 상황을 통하여 내담자의 역설적 개입과정에서 증상을 포기하도록 하는데, 보통 증상을 더 강하게 유지하기 등의 방법이 활용되며 치료 초기부터 사용하는 것보다 다른 치료적 방법에 효과가 없는 경우 권장된다. 이러한 역설적 개입은 내담자가 역기능적인 행동을 스스로 포기하도록 유도하므로 치료사의 게임으로 비유되기도 한다. 따라서 사정을 위하여 환자의 문제를 가족 전체의 문제로 재규정하고 치료적 개입의 범위를 가족, 확대가족 및 이웃까지 포함하며 치료사까지 범위에 들어가게 된다.

가족치료상담사는 문제규정단계에서 첫 면접으로부터 가족의 상호작용과 연쇄과정을 관찰함으로써 문제를 야기하는 가족의 위계질서 및 문제를 관찰한다. 전략적이며 역설적인 개입 이후에 치료사는 가족의 역기능적 상호작용의 연쇄과정이 변화하는 것을 보고 가족의 체계에서 분리되어 나오게 된다. 이후 밀란의 후기 모델에서 치료사는 협력자의 역할을 하는 것으로 일부 변화하기는 했으나 일반적으로 치료사는 가족의 체계를 변화시키기 위하여 지시하고 과제를 부여하는 지도자, 교사 혹은 모델의 역할을 수행하며 가족에게 상호작용의 시범을 보이고 과제를 부여하여 가족체계의 참여자가 된다.

* 지시의 초점의 맥락은 다음과 같다.

첫째, 내담자와 그의 가족에 대하여 과거의 행동방식과는 다른 행동을 하게 하도록 지시한다.

둘째, 내담자와 치료사와의 유대 및 관계를 강화하도록 한다.

셋째, 치료사의 지시에 대한 내담자의 반응을 관찰하여 내담자의 변화에 대하여 가족이 어떻게 반응할지에 대하여 지시한다. 지시의 방법에는 크게 직접적인 지시와 은유적인 과제가 있다.

A. 직접적 지시(straightwardd directives): 직접적 지시로는 충고 및 제안하기, 코칭하기, 시련행동의 지시하기 등이 있으며, 이때 치료사의 권위가 중요하며 평소와 다른 어떤 행동을 하도록 지시하고 목표달성을 위한 확실한 동기부여가 중요하다고 보고 있다.

B. 은유적 과제(metaphoric task): 은유적 과제는 가족이 표현하기 부끄러운 문제에 대한 양상이나 이야기 등을 하거나, 매우 과민한 문제 등에 대하여 접근할 때 사용하며 내담자의 치료를 하더라도 치료 도중에 전체 가족에게도 적합한 과제를 부여할 수 있다.

C. 역설적 과제(paradoxical task): 역설적 과제는 직접적 지시, 은유적 지시 및 고된 체험기법과는 반대되게 가족이 치료사의 지시에 저항하도록 하여 증상을 포기하도록 하는 개입기법이다.

역설적 개입은 변화하라는 메시지와 변화하지 말라는 상반된 모순적인 메시지를 동시에 전달하여 치료적인 이중구속 상황을 만든다. 이러한 개입의 목적은 변화시켜야 하는 증상에 대하여 예상한 것과 다르게 변화하지 말라는 지시를 하여 내담자로 하여금 이중구속의 상황에 빠지도록 하는데 치료사의 지시를 따르지 않는 저항은 증상을 포기하게 되는 것을 의미한다. 그러나 역설적 지시나 과제를 접하는 내담자들은 이러한 처방이 무성의하거나 가벼운 처방으로 받아들여 화를 내거나 당황할 수 있다.

내담자와 가족이 치료사의 전문성에 대하여 신뢰가 부족하다면 이러한 역설적 개입의 성공은 어렵다. 따라서 이러한 처방의 목적은 가족 스스로 증상을 통제할 수 있도록 하기 위해서라는 설명을 해 주는 것도 좋다. 이를 위하여 처방기법, 제지기법, 재정의 기법이 실시된다.

첫째, 처방기법은 증상을 포기하도록 하기 위하여 증상을 지속하거나 증상을 과장되게 하여 자발적으로 증상을 통제하도록 하는 역설적인 개입전략이 있다.

둘째, 제지기법으로 재발에 대하여 미리 예고하여 변화의 속도를 통제하도록 하는 방법이 있다.

셋째, 재정의 기법은 기존의 역기능적인 것을 보다 이해 가능하거나 낙관적인 언어로 재정의하여 인식과 행동에 변화를 주기 위한 동기를 부여하는 방식으로 개입되는 방식이 있다.

헤일리의 초기 면접은 매우 구조화되어 있으며 일반적으로 다음의 4단계로 진행된다.

A. 친화관계

가족치료실에 방문한 가족은 원하는 곳에 자리를 잡고 치료사가 먼저 자신을 소개한 후에 가족에게 소개를 요청한다. 이 단계에서는 치료에 참석한 모든 가족 구성원이 협동적이며 편안한 분위기를 느끼는 것이 중요하므로 만일 모두의 소개를 마치기

전에 구성원의 한 명이 문제에 관하여 먼저 이야기를 시작하면 치료사는 잠깐 멈추고 나머지 가족원의 소개를 마치도록 한다. 이후 치료사는 모든 가족 구성원이 가족치료에 관한 의견을 말할 수 있도록 도우면서 가족의 상호작용을 관찰한다. 특히 부모가 자녀를 어떤 방식으로 다루는지와 가족의 위계관계에 주목한다. 이때 누가 치료사와 밀착하려고 하는지와 거리를 두고자 하는지를 함께 관찰한다.

B. 문제규명의 단계

문제규명의 단계에서는 가족이 어떤 도움을 바라며 왜 치료실에 방문했는지를 질문한다. 이를 통하여 각자의 구성원이 원하는 변화를 파악하고 그에 관한 정보를 얻는다. 그러나 증상이 있는 내담자에게 가장 먼저 질문하는 것은 바람직하지 않는 것으로 본다. 이것은 위협과 문제에 대한 과중한 책임감을 느낄 수 있게 할 수 있기 때문이며, 각 가족원의 문제에 관한 관점을 보는 시기이므로 가족 구성원의 의견에 관하여 해석이나 충고나 비판 등을 하지는 않는다.

헤일리의 경우에는 주로 아버지에게 가장 먼저 질문을 하였는데 이것은 아버지의 참여도를 높이고자 하는 전략적 이유가 있으며 종종 문제와 관련이 적은 가족 구성원에게 먼저 질문을 하기도 한다. 이 단계에서의 질문의 초점은 사실과 의견에 근거한 정보수집이라고 할 수 있다.

C. 상호작용의 단계

상호작용의 단계에서는 가족원이 문제에 관하여 상호 다양한 관점을 교환하게 되는 단계로 가족 구성원이 이야기를 나누는 동안에 가족들의 상호작용의 의사소통 방식과 가족 간의 연합, 삼각관계 및 권력위계 등을 관찰하면서 가족들이 대화를 지속하도록 돕는다. 이때 의사소통의 내용보다 방식이나 과정에 집중하며 경청한다. 또한 가족치료상담사는 제시된 문제를 재현하도록 요구할 수 있는데, 이를 통하여 증상 유지의 가족 연쇄과정과 구조를 분명히 알 수 있으며 앞으로 진행되는 치료에 대한 개입단서를 파악할 수 있게 된다.

D. 목표설정의 단계

목표설정의 단계에서는 가족이 해결하기를 바라는 문제에 관하여 치료사와 가족구성원이 구체적으로 목표를 설정한다. 즉, 이 단계에서는 변화하기 원하는 부분에 관하여 명확하고 행동적인 언어로 정의하도록 유도한 이후에 문제를 변화시키기 위하여 첫 과제의 지시와 함께 초기 면접을 마치게 된다.

2 역설적 개입의 초점

역설적 개입의 계획에는 재정의, 처방, 제지의 3단계를 거치게 된다. 첫 번째 단계의 재정의 문제는 신념세계의 변화를 통하여 동기를 이끌어 내기 위하여 문제에 관한 가족의 생각을 변화시키기 위해 증상을 위협적인 의미보다는 긍정적 의미로서 재명명하고자 하는 것이다. 두 번째 단계로 처방은 '부모의 입장을 생각하지 말아라', '더 우울하라'처럼 간단하지만 예측과 다르게 저항감으로 인하여 수용하기 어려운 증상처방을 주는 것이다. 세 번째 단계는 천천히 변화하라는 제지의 메시지를 통하여 내담자가 가족이 변화에 저항할 것을 예견하면서 한편으로는 시작된 변화를 보다 견고하게 하기 위해서 제안한다. 역설적 개입은 일차적 문제의 해결뿐 아니라 궁극적으로는 가족체계의 변화까지 유도하고자 하는 것이다.

이때 치료목표의 설정은 매우 구체적이며 시간, 장소, 빈도 등의 개방형 질문을 통하여 행동적인 부분까지 언어 및 모델링 등을 활용하여 문제의 분명한 규명과 기대하는 구체적 변화를 설정한다. 목표가 구체적이라면 개입과 효과도 구체적이며 성과가 좋다. 목표달성에는 중간목표를 설정하여 효과적으로 단계적 점검이 가능하도록 하며 내담자의 증상 뿐 아니라 사회적인 맥락에서 내담자의 가족을 둘러싼 사회적 관계망까지 치료과정에 포함하는 것이 바람직하다. 예를 들면, 청소년의 경우 학교 선생님이 될 수 있으며 성인의 경우에는 지인 등이 포함될 수 있다.

3 주요 용어

증상의 처방, 고된 체험기법, 위장기법, 은유기법 등이 전략적 치료에서 쓰이는 용어이다. 각 용어에 대하여 살펴보면 다음과 같다.

A. 증상의 처방

증상의 처방은 내담자에게 증상을 보이는 행동을 자발적으로 지속하도록 격려하는 것으로 역설적 개입의 일종으로 그러한 맥락에서의 지시나 과제를 주는 기법이다. 그에 대한 기대 결과로는 내담자가 가족치료상담사의 지시에 순종하여 증상이 본인의 통제하에 있음을 인정하도록 하거나, 혹은 지시를 거부하고 증상을 버리거나 하는 효과를 거두는 것이라고 할 수 있다.

B. 고된 체험기법

고된 체험기법은 문제의 증상이 있을 때마다 내담자가 하기 어려운 일을 수행하도록 지시하여 증상을 포기하도록 하는 것이다. 이것은 내담자로 하여금 증상을 유지하는 것이 더욱 고통스럽게 지각하도록 하여 증상을 포기하도록 한다는 전제를 가지고 있다. 증상이 있을 때마다 수행해야 하는 고된 체험과제로는 다이어트, 운동, 대청소 등 다양하게 적용할 수 있는데, 습관적 관계갈등이나 고착된 습관이 나타날 때마다, 그 상대방에게 값비싼 선물을 하게 하거나 고된 등산을 하게 하거나 하는 것으로 내담자가 증상을 포기하는 것이 더 나은 것임을 체험하도록 한다.

이러한 방법은 내담자가 치료적 희망을 가지고 변화에 대한 헌신이 강한 경우에 성공확률이 높으며 고된 체험 역시 바람직한 행동이라면, 임무를 수행하는 과정에서 바람직한 습관의 형성이 가능하다.

C. 위장기법

이것은 자발적인 상황의 통제를 통하여 이중적인 위계구조를 재구조화하도록 하고 궁극적으로는 가족의 증상유지의 연쇄과정을 포기하도록 하는 것을 목적으로 한다. 이것은 정확하게는 메더네스가 고안한 것으로 부드럽고 덜 위협적인 방식이다. 즉, 일명 '척하기'의 연극을 활용한 기법인데, 역기능적 기능을 유머와 놀이에 기초하여 저항을 극복하며 감정을 처리하고 치료에 접근할 수 있도록 하였다. 예를 들면, 분노조절을 못하는 아이에게 정해진 시간에 상대방과 헐크놀이를 하여, 마치 분노가 일어나는 척하고, 이에 대하여 상대방이 걱정으로 도와주는 척을 하도록 하여 분노와 도움 모두 연기를 하는 놀이이므로, 긴장되거나 심각한 싸움이 아니라 즐거운 놀이로 가상적인 게임이 되어 저항에 대한 우회의 감정을 가지고 제어하며 서로 그러한 과정이 일어났을 때 소통과 여유를 가질 수 있도록 하였다.

밀란은 이와 같이 가족 안에서 진행되는 가족 내의 상호작용은 오랫동안 유지되어 온 의사소통 규칙과 관계 규칙이므로 이를 일종의 가족게임이라고 하였다. 역기능적 가족은 승자도 패자도 없는 이 게임을 순환적인 연쇄과정으로 원인과 결과를 정확히 구분할 수 없는 상태에서조차 힘을 얻기 위해서 끊임없이 게임을 하므로 이에 대한 다른 방식의 인식이나 행동이 내면화될 수 있는 개입전략이 필요하다.

따라서 성인가족의 경우나 의사소통이 가능한 가족에서는 본격적인 개입 이전에 순환질문을 통하여 가족관계에 대한 이야기를 하는 대화기법을 활용한다. 순환질문을 통한 대화기법은 밀란 모델이 가지는 독특한 대화기법으로 자리하였으며, 이를 통하여 거둘 수 있는 효과는 내담자 가족이 개별 가족원의 반응을 경청할 수 있으며 상호 구성원에 대하여 새롭게 인식할 수 있다.

이를 통하여 내담자는 스스로 자신을 관계적인 맥락에서 바라볼 수 있으므로 관계질문의 기법에 해당하는 방법이다. 이때 가족치료상담사는 중립적인 태도를 가져야 하는데, 이는 치료사로서 내담자에 대한 편견을 가지지 않고 내담자를 알고자 하는 순수성에 기반한 호기심과 가족의 체계 및 가설에 대한 개방적인 태도를 가지도록 해주는 효과가 있다. 또한 밀란 모델의 기법에서는 문제행동과 체계에 대하여 부정적인 정상행동을 긍정적 동기로 설명하여 가족의 응집성을 촉진하며, 긍정적인 결과로 체계의 균형점을 찾으며 파괴적인 가족의 게임에 대하여 무력화시키고자 하였다.

D. 치료사의 태도에 관한 치료의 예시

"이번 상담의 내용은 지금부터 비밀로 진행됩니다. 이번에는 부부간의 즐거운 외출을 계획하기로 합니다. 그러나 그 외출에 대하여 자녀에게 알리지 말고 그냥 부부끼리의 외출이라고 이야기하시기 바랍니다. 그리고 각자의 일지에 날짜와 둘만의 일에 대한 긍정적인 느낌만 기록하도록 하세요. 이것은 부부에게 드리는 과제이니 부지런히 충실히 임하고 임무의 소홀이나 기록의 생략이 있지 않도록 합니다. 다음의 치료에 올 때에는 일지를 가지고 오셔서 읽어 주시면 됩니다."

효과

부부가 함께 행동하며 유지하는 비밀은 부부의 동맹을 형성하는 반면, 이전에 존재하던 동맹과 연합을 약하게 한다. 이것은 기존에 행하던 가족게임을 약하게 하고 가족 간의 상호작용 유형을 바꿀 수 있게 되며 치료가 종결될 즈음에 안정된 동맹관계를 가지도록 하고 문제가 있는 구성원의 안정된 동맹관계를 가능하게 한다. 이러한 치료의 목적은 기존의 경직되고 파괴적이었던 가족게임에 대하여 개입하여 새롭고 융통성 있는 생활양식을 함께 형성해 나가도록 하는 기법이다.

4 치료사 역할

전략적 모델에서 치료사의 역할은 단적으로 '전략가'라고 할 수 있다. 전략적 모델에서 치료사가 사용하는 기술과 방법은 다음과 같다.

A. 전략적 기술

전략적 가족치료상담자는 내담자의 문제해결을 위해 합리적인 전략을 세울 수 있는 기술을 지니고 있어야 한다. 치료과정에 들어가면 가족치료상담사는 내담자와 가족에게 구체적인 치료계획을 가지고 지시적으로 접근하며 지시에 잘 따라 줄 것을 내담자와 가족들에게 요구하게 된다. 그러나 치료의 방법에 있어서는 직접적 방법과 우회적인 방법을 선택할 수 있는데, 내담자의 특성이나 저항의 크기 그리고 치료사의 권위 등을 고려하여 접근법을 선택 및 적용할 수 있다.

B. 재명명 및 반전

치료사는 재명명을 통하여 가족원이 문제에 대하여 여유를 가지고 서로에 대하여 긍정적인 신뢰의식을 가지도록 돕는다. 기존의 역기능에 대한 문제를 낙관적이거나 좋은 의도로 해석하게 된다면 상호 신뢰의식을 가지고 문제를 개선하고자 하는 것에 도움이 될 수 있다.

5 치료의 예

부모의 관심을 갖고자 하는 자녀의 결석증상이 있다고 하자. 이때 치료를 받는 가족에게 이러한 증상은 가족을 보호하는 기능을 갖고 있다고 설명한다. 그 이유로 결석증상으로 어머니는 문제를 가진 내담자(IP)에게 더 관심을 가지고, 아버지는 관심이 없다는 이유로 어머니를 비난하며 가족의 체계가 유지되기 때문이다. 이때 가족치료상담사는 역설적으로 내담자로 하여금 계속 결석을 하고 어머니는 계속 관심을 가지며, 아버지는 계속 어머니를 비난하도록 한다. 이를 통하여 내담자에게는 변화의 소망을 가지지만 나머지 가족은 변화할 의도를 갖게 하지 않는다.

그에 대한 효과는 결국 긍정적인 의미를 부여하여 가족이 가족의 게임에 대한 의도와 인식을 증가시키고 증상은 자발적이며 좋은 의도임을 알도록 도와준다. 한편 구성원 간의 동기를 상호 이해하고 긍정적으로 생각하여 치료사나 상호구성원이 이해받고 있다고 느끼게 될 때 변화에 대한 저항도 줄어들게 된다. 이를 통하여 가족의 변화의 새로운 동기를 강화시키고 새로운 각도로 미래의 치료적 변화에 대하여 스스로 구상하게 하며 가족의 이해와 응집은 유지되면서 증상을 포기하고 상호촉진적인 상태를 선택하게 된다.

이와 같이 치료사들은 가족원 서로가 관계 맺는 방식을 변화시키기 위해 고안된 지시기법을 선호하는데, 저항을 직접적으로 다루는 것보다 흔히 우회하는 것을 잘 활용하여 역설적인 전략으로 치료전략에 접근한다.

CHAPTER

10

해결중심 단기치료

(Solution-Focused Brief Theraphy)

1절 해결중심 단기치료

1 해결중심 단기치료의 이론적 배경

해결중심 단기가족치료는 비교적 단기간 문제해결을 통한 변화를 성취하기 위한 방법을 지향하고 있다. 해결중심 단기가족치료의 특징은 치료의 정형화보다 융통성의 발휘가 가능하여 치료의 전후단계를 문제해결의 효과성을 기준으로 비교적 용이하게 활용할 수 있다는 것이다. 해결중심 단기치료는 문제해결 모델을 실제 상황에 적용하게 되면 활용할 수 있는 다양한 단계에 필요한 모든 정보를 다 소화하는 것이 오히려 힘들다는 관점을 지향하고 있다. 최선의 해결보다 만족스러운 해결법을 선택한다는 것이다.

해결중심의 개념으로 초기 개념화 작업의 시기에 펄만(Perlman)은 존 듀이(John Dewey)의 영향으로, '문제해결은 목표보다 과정을 중심'으로 이해하여 과정을 통하여 내담자를 인정해 주고 호소하는 문제에 관해 주인의식을 갖게 하는 활동적 관여가 중요하다고 보았다. 그는 병리적 측면보다는 건강과 이상적 상태에 대해 더 관심을 가지고 문제에 식견하는 클라이언트의 강점에 중심을 두어 개입한다고 하였다.

이러한 관점에서 펄만은 문제를 내담자의 정신적이거나 내적인 것으로 보기보다는 단순한 문제로 접근하거나, 일상 속에서 경험하는 만족의 수준을 방해하는 일상의 문제로 보는 관점을 취하였다. 문제해결의 과정은 일상생활 속에서 일어나는 문제들을 해결하는 도구인 것이었다. 따라서 문제의 해결은 내담자와 내담자의 가족이 도움을 청하고자 동기부여되었을 그때가 가장 변화하기에 효과적인 시기라는 것을 강조하였다. 그리고 홀리스(Hollis)도 내담자와 그의 가족이 처한 바로 그 지점에서 같이 출발해야 한다고 하면서 과거보다는 현재를 중요시하였다.

2 해결중심 단기치료의 적용

해결중심 단기치료의 적용에 있어서 펄만은 각 개입에서 시작, 중간, 끝의 과정에 대한 개념을 중요하다고 보았다. 그에게 있어서 시간의 중요성은 문제해결의 과정에 있어서 제한된 시간 안에 개입을 한다는 것은 중요한 개념이었다. 즉, 한정된 시간 내에 수행되는 과업의 중요성은 이후 구조화된 단기요법을 통하여 효과성이 입증되었으며 그 개념을 더욱 구체화하여 실천적 방법으로 적용한다.

1) 문제해결 모델

문제해결 모델은 효과적인 개입을 위하여 다른 상담법과 마찬가지로 구조화된 방식으로 상담에 개입하게 된다. 이는 접촉단계, 사정 및 개입 단계, 종결 및 평가 단계, 추수상담 등으로 진행된다.

(1) 접촉단계

접촉단계는 문제확인, 목표확인, 계약의 단계로 다음과 같은 단계를 거치게 된다.

① 문제확인 단계: 문제확인 단계에서는 라포형성을 통하여 클라이언트의 특성 및 동기, 능력, 자원 등을 확인하고 탐색함으로써 실천을 위한 문제를 정의하는 단계로, 올바른 해석은 올바른 상담의 개입계획을 세우는 것에 도움이 된다.

② 목표확인 단계: 목표확인 단계에서는 상담에 있어서 단기 · 장기의 목표를 설정하고 그에 대한 내용을 클라이언트에게 확인한다.

③ 계약의 단계: 계약단계에서는 기관의 연구 내용 등을 정리하여 클라이언트와 계약의 관계를 통하여 전문적 관계를 형성한다.

(2) 사정 및 개입

사정과 평가 단계는 본격적인 개입의 단계라고 할 수 있다. 이러한 개입을 통하여 활동계획을 세우고 계획을 실행하고 평가하게 된다.

① 사정계획

- 문제들이 클라이언트의 어떠한 체계 및 욕구에 관련하여 발생하고 있는가?
- 문제의 발생 및 촉발과 진행에 연관되는 요인은 무엇인가?
- 클라이언트의 대응방식과 자원에는 어떠한 것들이 있는가?
- 클라이언트에게 개입하기 위하여 어떠한 방식을 개입할 수 있는가?
- 문제의 해결을 위하여 개입방식을 어떻게 효과적으로 구조화할 수 있는가?
- 사정에 동원할 수 있는 자원에는 어떠한 것이 있을까?

② 활동계획 세우기

- 활동계획 세우기의 단계에서 달성하고자 하는 목표와 계획을 세운다.
- 목표의 달성에 대한 성과나 혹은 대안을 세우며 성과의 측정방식을 구상한다.
- 활동계획에서 구상되는 방법이 클라이언트에게 적절한 방법인지 점검한다.
- 클라이언트의 변화과정에 있어서의 성과의 달성이 적절한지 살펴본다.
- 가족치료상담사와 클라이언트와의 전문적 관계를 점검한다.

③ 개입을 통한 계획실행

- 개입의 시점과 방법을 실행한다.
- 자원과 사용될 서비스를 적용한다.
- 누가 무엇을 언제 어떻게 실행하고 있는지 점검한다.

(3) 종결 및 평가

- 클라이언트가 변화한 정도를 가족상담치료사와 함께 점검해 본다.
- 달성한 부분과 그렇지 못한 부분에 대하여 점검하고 그 이유를 살펴본다.
- 성과를 거두었다면 이를 유지할 수 있는 방법에 대한 계획을 세운다.
- 관계의 종결 후에 이어질 수 있는 사회적 자원 및 지지체계를 점검한다.
- 상담의 과정을 마치고 추수상담을 계획한다.

2) 개입에 활용되는 방법들

(1) 개입을 위한 방법–부분화(partialization)

개입을 위하여 부분화의 방법이 적용될 수 있다. 부분화는 문제가 복합적이거나 클라이언트의 유사 문제 및 대응양식 등을 몇 개의 부분으로 나누어 클라이언트의 개입방법을 보다 구조화하기 위하여 구상될 수 있다. 따라서 보편적이며 복합적인 문제를 가진 가족이나 위기에 놓인 클라이언트에게 접근할 때 바람직하다. 이러한 방식은 체계성을 높이고 클라이언트의 두려움이나 반감을 줄이고 에너지를 긍정적으로 변화시켜 부분에 그 초점을 두고 문제해결에 집중한다.

(2) 사회력(social history)

해결중심 단기치료는 사회력의 개념을 적용하여 클라이언트의 활용자원을 효과적으로 살펴보며 자원들을 통하여 클라이언트를 원조할 수 있도록 활용한다. 예를 들면, 환경을 통하여 사회력을 살펴보는 것은 우울, 각종 중독 등 질환과 관련된 경우 클라이언트의 개인적인 대처능력을 배가하기 위하여 점검한다.

(3) 문제해결 및 개입에서 유의할 점

문제해결에서 고려되어야 하는 것은 클라이언트의 동기를 북돋아 새로운 기회에 접근하도록 하는 데 있어서 가족치료상담사가 원조의 역할을 하는 것이 중요하며 개인의 무능한 부분을 지적하는 것이 아님을 숙지하여야 한다. 문제해결요법에서는 클라이언트나 과거의 문제를 현재중심의 현실 중심적으로 실천하는 것이 중요하다. 이를 위하여 클라이언트가 도움을 요청할 때 개입방법을 더욱 구체화하여 클라이언트가 환경에 적합한 상호작용을 할 수 있도록 생활모델의 관점에서 접근하는 것까지 범위가 확대되고 있다.

문제해결 접근방식에서 현재에 초점을 두는 방식은 클라이언트의 저항이나 양가감정 및 전이의 무의식적 영향을 최소화하면서 클라이언트가 자신의 능력을 가지고 기회에 접근하도록 하는 것에 있어 동기를 함양하여 보다 현재의 문제에 집중할 수 있도록 하는 방식을 취한다.

(4) 행동하며 돌아보기(reflecting(knowing)-in-action)

'행동하며 돌아보는 과정'은 펄만이 제시한 것으로 클라이언트나 가족치료상담사가 과정에 집중하여 현재의 성취 정도를 점검하는 것에 의의가 있다. 해결중심 단기치료는 행동하면서 돌아보는 과정에서 의식적인 생각을 통하여 클라이언트의 행동이 가져다주는 효과에 대하여 스스로 점검할 수 있으며, 시행착오에 신속하게 대응하는 것이 가능할 뿐 아니라 원하는 결과를 얻고 있는지에 대해서도 점검할 수 있는 장점이 있다. 이와 같은 과정은 클라이언트 당사자뿐 아니라 이를 둘러싸고 있는 가족을 대상으로도 효과적으로 실시할 수 있는 장점이 있다. '행동하면서 아는 것'은 유능한 가족치료상담사에게 적용되어 개입을 실천하면서 클라이언트의 상태를 점검하는 과정에서 적용될 수 있다. 가족치료상담사는 클라이언트와 가족이 처한 위험에 대하여 인지하고 개입에서 이를 적용하는 것에 적절히 활용한다.

2절 | 해결중심 단기치료의 상담 적용

1 해결지향적 질문의 초점과 상담의 관심

1) 질문의 초점

해결지향적 질문의 초점으로 치료사 및 원조자가 효과적으로 치료의 목표를 달성하기 위하여 클라이언트의 다양한 변화에 대한 질문방식을 활용하고 있는데, 대표적인 것들은 다음과 같다.

첫째, 클라이언트의 변화에 관련한 질문

클라이언트는 문제의 증상과 변화의 해결을 위하여 상담사를 찾게 된다. 즉, 상담을 통하여 고민하고 많은 개인적인 대처방식을 시도해 보다가 최종적으로 문제의 해결을 받기 위해 상담사를 방문하는 경우가 많다. 이때 해결방안의 기대가 있다면 희망이 있고 그런 환자는 상담에 적극성을 가질 수 있으므로 효과가 높을 수 있다. 그러므로 상담자는 치료의 과정을 통하여 클라이언트와 함께 그동안의 문제의 심각도가 어느 정도 완화되었는지에 대하여 질문을 통하여 그동안 본인의 상태와 증상이 어떻게 좋아지고 해결되고 있었는지의 정도를 확인하고 변화에 관하여 인정해 주고 지지해 주는 것이 필요하다.

둘째, 척도를 통한 질문

척도를 통한 질문은 클라이언트로 하여금 문제해결에 앞서서 중압감을 줄이고 가능성의 타진과 변화의 방향에 관하여 객관적 인식에 도움을 주며 스스로 문제의 경중을 평가함으로써 치료목표의 성취 정도를 스스로 체험하도록 한다. 즉, 척도를 통한 문제의 동기화와 함께 궁극적인 문제해결과 치료에 도움을 줄 뿐 아니라 결과의 평가에도 도움을 준다. 비록 문제에 대한 체감 자체는 주관적인 것이지만 이를 객관화하여 인식하는 것은 현재의 변화 상태의 방향을 확인할 수 있을 뿐 아니라 현재 상황에서 어느 정도의 변화를 통해 문제를 해결할 수 있는가에 대한 주관적인 자신감의 형성에 도움이 될 수 있다.

셋째, 관계성의 질문

관계에 대한 질문으로는 클라이언트의 어려운 상황에서 도움을 줄 수 있거나 받았던 대상의 탐색을 통하여 클라이언트의 환경적 자원에 대하여 파악할 수 있다. 뿐만 아니라 클라이언트의 변화에 대하여 주위사람들이 이에 대하여 인지할 수 있다.

가족들의 변화는 어떠한가 등에 대한 관계성에 대하여 질문하는 것은 클라이언트의 변화를 통하여 일어날 수 있는 체계의 변화와 그에 대한 클라이언트의 인지 정도 등을 확인하고 살펴볼 수 있게 된다.

넷째, 예외상황의 질문

상담사는 클라이언트에게 있어서 증상의 예외상황에 대한 질문을 통하여 증상보다는 문제의 해결에 대하여 보다 초점을 두고 긍정적으로 예외상황의 공통점에 대하여 탐색한다. 예외상황의 존재는 내담자의 변화의 성공에 대한 가능성을 의미하며 이를 통하여 클라이언트는 안도 내지는 희망을 가지며 스스로 변화의 가능성에 대하여 인식하고 변화에 대한 부담감을 줄일 수 있게 된다.

다섯째, 대처방안에 관련한 질문

문제의 발생과 대처방안에 관련하여 클라이언트가 그동안 어떻게 대처하여 왔는지 그리고 상황에 대한 클라이언트의 태도에 대하여 지지해 주는 것으로 활용된다. '어떻게 그렇게 힘들고 어려운 상황을 극복하였나요?'라는 질문만으로 클라이언트는 힘을 얻고 변화의 원천을 스스로에게서 찾을 수 있게 된다.

상담사는 변화에 대한 힘의 원천이 어디에 있었는지 등을 확인하는 작업을 통해 클라이언트가 향후에도 일을 잘 해결할 수 있으리라는 낙관성을 가질 수 있도록 지지해 준다. 즉, 지내온 상황에 대한 지지는 클라이언트로 하여금 상황에 관하여 문제에 도전할 수 있는 주체성과 독립심을 스스로 인지하면서 내적인 자원의 힘을 발견하도록 도움을 주는 질문으로 활용된다.

여섯째, 기적질문

기적질문은 해결중심 단기치료의 대표적이며 예외상황과 같이 문제의 해결상황을 보다 구체화하며 현실적으로 클라이언트가 인지하도록 하는 것에 목적이 있다. 문제로 인한 강한 스트레스 상황에서 보지 못하는 문제가 의외로 해결 가능성이 클라이언트의 가까운 곳에 있었다는 것을 클라이언트 스스로 인정함으로써 변화에 대한 현실감각을 높이고 변화에 대한 희망의 가능성을 갖도록 하는 데 활용된다.

2) 클라이언트의 특성에 관련한 관찰

첫째, 방문형 클라이언트

방문형 클라이언트는 타인의 의뢰에 의하여 상담에 왔을지라도 상담에 대한 부담을 줄이고 관심과 동기의식을 가질 수 있도록 격려하는 것이 중요하다. 이때 상담사로부터의 긍정적인 피드백이 중요하며 지지적인 태도를 보여 주는 것이 바람직하다. 또한 이러한 경우는 다음 회기의 상담에 참여하는 것 자체가 과제가 되어 이를 통하여 클라이언트는 상담사로부터 관심과 지지를 받음으로써 문제의 해결에 보다 적극성을 띠면서 더욱 주체적이 될 수 있다.

둘째, 불평형 클라이언트

불평형 클라이언트는 스스로 문제를 파악하고 있지만 문제의 원인을 타인이나 다른 곳으로 전가함으로써 문제해결에 대한 주체적인 태도를 보이지 않아 정작 문제의 해결이 어려운 경우이다. 따라서 상담사는 클라이언트가 스스로를 희생자로 보지 않고 문제에 대하여 보다 적극적인 주인의식을 가지고 인지할 수 있도록 하는 것이 필요하다. 따라서 상담자는 클라이언트가 인생과 자신의 문제에 대하여 주인임을 자각할 수 있도록 한다.

셋째, 소비자형 클라이언트

소비자형 클라이언트는 문제해결에 대하여 가장 적극적인 태도를 보이는 경우이다. 즉, 클라이언트 스스로 변화에 대한 자발적 동기를 가지고 있으므로 전문가로서 개입하여 효과적인 치료목표와 해결책을 제시하고 협력적 태도를 보여 주는 것이 중요하다.

클라이언트가 문제를 명확하게 인식하고 있는지 확인하고 상담사와 협력적이며 전문적 관계로 클라이언트의 변화가 단계적으로 일어날 수 있도록 하여야 한다.

2 상담의 종결 및 평가

상담의 종결 및 평가는 클라이언트가 스스로 문제를 구조화할 수 있으며 해결의 범위에 자발성을 보이며 스스로 자신감을 보이게 되면 서서히 종결을 준비할 시기이다. 이 시기는 클라이언트가 스스로 변화에 대하여 평가하며 탐색 등에 주도적인 시기이다. 이때 클라이언트의 목표를 클라이언트 스스로 설정하며 그 목표에 대하여 클라이언트가 자신감을 가지고 현실적이며 구체적 노력을 하고 있다면 성공적이다.

CHAPTER

11

이야기 가족치료

(Story Telling Family Therapy)

1절 이야기치료

1 이야기치료의 개요

이야기치료(narrative therapy)는 사람들의 일상생활에서 이야기의 중요성을 강조하고 심리학적으로 이러한 과정이 가지는 의미를 활용하여 치료에 접목한 비교적 최근의 개입 방법이라 할 수 있다. 이야기치료의 기초는 언어를 매개로 한 치료과정을 통하여 자신을 이해하는 가운데 삶의 이야기를 이해하는 방법과 연관된다.

이야기치료는 다양한 관점으로 접근되고 있으며 오스트레일리아와 뉴질랜드 출신의 가족치료사 화이트(Michael White)와 엡스턴(David Epston) 등의 견해에 따른 것이지만, 심리학자 부르너(Jerome Bruner)뿐 아니라 프랑스의 구조주의 사회학자 푸코(Michel Foucault)같이 언어 안에 담긴 심리 및 관념을 연구하는 학자들의 관점이 영향을 주고 있다.

이야기치료의 핵심은 이야기는 치료적 효과를 지니고 있다는 것이다. 이야기를 하면서 내재적인 감정의 구속하에 억압되어 있던 사건으로부터 자유로움을 얻을 수 있다는 것이다. 또한 살아온 삶에 있어서 어떤 주제나 삶의 방식에 고착되어 병적으로 이야기를 상실한 상태에서는 이야기가 삶에서 역할을 할 수 없게 되며 삶의 목적과 의미를 상실하기도 한다. 따라서 이야기치료는 내담자, 즉 클라이언트로 하여금 자신에게 의미 있거나 문제가 되는 사건의 경험을 자신의 이야기로 의식을 통해 그에 대한 감정 등을 이야기하고, 그 이야기를 재구성하여 치료를 진행하게 된다.

이야기치료의 장점은 이야기를 통하여 접근함으로써 기존의 분석적이거나 논리적이거나 구조화된 접근 방식의 정형화된 한계를 극복하는 것에 도움이 될 수 있다. 또한 이야기는 개인이나 집단이 사람들과 살아가는 일상생활의 관계 속에서, 역사적인 자신의 삶의 흐름이나 삶의 문화 속에서 의미를 발견해 내도록 하는 특별한 방식을 취할 수 있는 장점이 있다. '이야기를 통해 접하는 세계'에 부여되는 의미는 의미 있는 방향성을 제시하며, 이야기를 통해 자신과 이웃, 세계, 문화 등을 발견하게 된다. 따라서 이야기 속에서 통찰과 치유를 얻게 되는 의미 있고 독특한 경험을 할 수 있다.

2 이야기치료의 특성

내러티브를 활용하는 치료적 접근은 이야기, 즉 내러티브를 세분화하고 그에 대한 의미를 재분석하는 구성주의의 구성 원리를 적용한다. 현실의 의미란 개인으로 하여금 타인이나 사회적 신념과의 상호작용 속에서 형성되는 개인의 마음에서 구성되는 것이라는 견해로 사회구성주의[1)]에서 온 것이다. 구성주의가 지향하는 치료는 인지치료의 맥락과 크게 다르지 않으며 차이점은 현대사회의 포스트모더니즘적인 접근으로 객관성보다는 개인의 해석과 주관성에 보다 중점을 두고 경청한다는 특징이 있다. 또한 개인이 해석하는 의미를 보다 강조한다는 점에서 실존적 접근과도 연관이 있다.

이야기치료의 장점으로는 인간의 변화의 과정을 바라보는 새로운 패러다임의 속성이 있으며 다른 실천적 방법과 유사하나 내담자 이론과 같이 내담자 중심의 세계가 가지고 있는 독특성을 인정하고 있다는 점에서 차이가 있다고 할 수 있다. 이야기치료에서 활용되는 방법은 치료의 과정에서 내담자가 이야기하는 등장인물과 줄거리 구성을 위한 이야기의 해체와 재구성을 통하여 기존에 내재화되었던 의미가 사정을 통하여 재해석되고 다른 각도에서의 의미가 부여된다는 점에서 현대사회의 포스트모더니즘적 성향을 지니고 있다.

---

1) 구성주의(constructivism): 네이마르(Neimeyer)는 "인간이 가지고 있는 대처의 목적을 염두에 두고 자율적으로 지식체계를 조직하는 특성을 강조하는 메타이론"이자 인간을 "의미창출의 존재"로 규정하였다.

3 이야기치료의 활용 및 전제

[화이트]

[엡스턴]

이야기치료의 기본 전제는 인간은 삶을 통하여 이야기적 존재로 살아가며, 스스로 자신의 이야기가 가지는 주체가 되고, 그 이야기는 삶의 주제를 지니고 있는 역사적 기록이라는 실존적 의미를 지니고 있다. 내담자 또는 클라이언트와 그의 가족의 이야기는 단지 살아가고 있음에 그치지 않으며 내면의 세계를 재구성해 주는 중요한 단서가 된다는 특징이 있다. 인간은 자신을 둘러싸고 있는 세계와의 상호작용에서 이야기를 통하여 경험을 조직하며 이해하고 기억하게 된다. 중요한 사건에서 맥락적으로 경험한 의미를 연결하여 이야기를 만들고 그를 통하여 자신의 가치, 신념, 욕구 등을 표현하게 된다.

따라서 인간은 삶을 여정과 이야기로 이해하고, 경험을 이야기를 통하여 삶을 이해하기 위한 스토리로 표현할 수 있는 것이다. 그 이야기 속에는 의미부여를 위해 일어난 순서나 지배적인 줄거리가 있게 되는데, 이때 지배적인 줄거리에 부합하는 내용이나 사건 및 의미는 기억하며 부합하지 않는 생애경험들은 망각하게 된다(화이트와 엡스턴은 이에 대하여 망각 대신 "예속"[2]이라 표현하였다). 이러한 관점에서 볼 때 내담자나 그의 가족들이 제시하고 있는 문제들은 지배적인 이야기의 맥락 속에 있는 것이라고 할 수 있다.

2) 예속된 지식(subjugated knowledge)은 무의식(unconscious)이라는 정신역동적 개념과 유사하다. 그러나 정신역동의 무의식은 고통스러우므로 억압된 기억을 지칭하는 반면, "예속된 지식"이란 지배적인 이야기에 부합하지 않으므로 기억에 남지 않은 경험들을 지칭한다. 즉, 맥락상 망각된 자료를 지칭한다. 그밖의 사건들은 이야기 속에 존재하는 공백을 메우면서 상상되거나 과장되기도 한다.

2절 이야기치료와 가족치료

1 가족치료상담사의 역할

이야기치료의 목적은 클라이언트나 가족으로 하여금 기존의 해석을 보다 넓은 시각에서 바라볼 수 있도록 하여 문제를 겪고 있는 그들에게 여러 가지 대안을 제시하는 것에 있다. 즉, 이야기치료는 클라이언트로 하여금 문제나 사건에 대하여 다른 각도의 가능한 해석을 깨닫는 과정에서 자신의 삶을 새로 구성(re-author)할 수 있는 가능성을 접하면서 문제의 재인식 그 자체가 문제의 해결방안의 접근이 됨을 깨닫는다. 그러므로 치료사의 역할은 최대한 경청하면서 반영적인 질문들(reflective question)을 하는 것이라 할 수 있다. 이러한 맥락에서 내담자와 가족을 스토리의 맥락 속의 구성적 존재로 보면서 자신의 생각이 사회 문화적 규범과 상호작용 속에 함께 구성되는 문화적 총체의 일부가 되며 때로는 외부로부터의 강요된 것임을 인식시킬 수 있어야 한다.[3)]

내러티브 접근방법들을 사용하게 되는 목적은 일차적으로 클라이언트로 하여금 자신의 삶을 조직하는 데 중심적 역할을 했던 이야기들을 깨닫도록 하는 데 있으며, 그 이야기들을 확장시키고 변화시키는 데 있다. 이러한 목적은 클라이언트로 하여금 문제의 지배적인 이야기가 유일한 진실이라는 생각에 도전하고, 그 이외에도 진실일 수 있는 삶의 다른 측면을 발견하도록 도와주는 일을 포함한다.

이에 따라 가족치료사는 내담자(클라이언트)와 그의 문제가 있는 가족 구성원으로 하여금 그 동안 비판 없이 갖고 있던 신념에 대하여 비판적으로 생각해 보도록 기회를 제공

3) 사회적 소수자나 피해자의 경우 많은 부분이 사회적 권력 혹은 가해자의 의식으로부터 온 것일 수 있으므로 분별력을 가지고 이야기를 재구성할 수 있도록 돕는 것이 중요하다.

한다.[4] 그 단계의 구성은 다음과 같다.

첫째, 클라이언트 스스로 본인이 경험하거나 처한 현실을 다른 각도에서 바라보게 한다.

둘째, 클라이언트 스스로 답을 찾아갈 수 있도록 반영적인 다양한 질문을 통하여 클라이언트 스스로의 재해석과 대안적 방안을 통해 삶을 새로운 측면에서 바라볼 수 있게 한다.

이와 같은 과정에 관하여 이야기치료의 화이트와 엡스턴은 내러티브 접근방식을 "해체"(deconstruction)단계와 "재구성"(reconstruction)단계로 구조화하여 제시하고 있다. 이때 문제의 외연화(externalization)는 내러티브 접근방식의 핵심개념으로, 합류단계로부터 시작되어 치료과정 중에 계속된다. 외현화가 지니고 있는 목적은 문제와 사람의 융합에서 분리하는 것으로, 문제는 그 사람의 본질이 아니며 삶에 있어서 도전해야 하는 어떤 것으로 받아들이도록 하는 것에 있다.

1) 해체의 단계

헤체의 단계에서 이루어져야 하는 과업은 클라이언트의 이야기가 경청되는 가운데 초기 단계에서 클라이언트가 받게 되는 반영적 질문을 통하여 클라이언트가 내재화한 문제에 대한 견해의 초점을 바꿀 수 있도록 돕는 것이다. 이러한 해체단계의 처음 부분은 클라이언트의 생각이 경청되고 이해되며 인정된 이후에, 치료사는 요약과 지속적 질문의 과정을 통하여 클라이언트의 지배적인 이야기를 재구성하기 위해 해체하도록 돕는다(해체는 재구성의 전 단계에서 요구되는 작업이다).

4) 문제에 대한 성찰로 인한 재명명은 현대사회에서 역량강화(임파워먼트)의 첫 번째 단계의 작업이기도 하다. 즉, 스스로에게 낙인화되고 있는 부분을 찾아서 그에 대한 관점을 바꾸는 작업이 가지는 의미이다.

2) 재구성 단계

재구성 단계에서는 클라이언트의 이야기 속에서 진실됨에도 불구하고 지배적인 이야기 주제에 부합하지 않으므로 예속된 다른 진실들이 발견되는 단계로 이것이 재구성의 부분을 이루게 된다. 이 작업의 과업은 클라이언트가 가지고 있는 지식을 변화시키는 수준을 넘어 지식을 확장할 수 있는 경험을 제공하게 된다. 클라이언트에게 예속당한 지식은 클라이언트가 말하는 이야기 중에서 "독특한 결과"[5]를 발견하도록 하는 주의 깊은 경청을 통해 변화의 실마리를 찾게 되기도 한다. 그러므로 재구성 단계에서 클라이언트는 현실에 대한 자신의 견해를 재구성함에 있어서 기존에 가지고 있던 견해를 폭넓게 할 수 있다.

따라서 가족상담사는 클라이언트의 이야기에 대한 단순 경청자가 아니라 클라이언트를 원조하여 이야기를 재창조할 수 있어야 한다. 또한 문화인 지성 차원에서 클라이언트의 존재방식에 특정한 개념을 적용하기보다, 성(gender), 문화, 사회 및 경제적 맥락이 클라이언트의 세계관 형성에 미치는 영향을 함께 바라보면서 클라이언트의 이해에 보다 초점을 둔다.

2 치료의 실제

이야기치료의 화이트와 엡스턴은 내러티브 접근에 있어서 상담횟수를 규정하지는 않았으나 단기치료적 성격을 갖는 6~7회로 상담 횟수를 많이 할애하고 있지는 않았다.[6] 그러나 내러티브 접근이 비록 상담회기의 횟수는 적지만, 가족들에게 새로운 변화를 위

5) 지배적인 이야기에 의해 설명될 수 없었던 사건이나 결과들을 의미한다.
6) 일반적으로 클라이언트는 상담사로부터 매 회기의 종료 때 다음에 다시 오겠는가, 오겠다면 얼마 후에 올 것인지에 대한 질문을 받게 된다.

한 계획들에 관하여 생각하고 시도해 볼 수 있는 시간을 주기 위해서 회기 간의 간격은 대략 일주일 이상의 간격을 두고 시행하였다. 또한 화이트는 상담회기의 수를 줄이는 동시에 그 영향력을 증대시키기 위한 목적으로 편지나 문서를 활용하는 것 외에도, 문제의 승리를 축하하기 위한 "재정의 예식"(ceremonies of redefinition)을 활용하기도 하였다.

3 문제의 외재화와 이야기의 확장

이야기치료는 문제에 대한 재해석과 외재화 기법이 특징으로, 고착화되고 내면화된 상태의 병리적인 현상을 다른 각도에서 재해석할 수 있는 기회를 제공하는 효과성이 확인되었다. 외재화 기법은 시각의 전환을 유도하는 기능이 있기 때문에 각종 아동 학대, 부부 폭력, 외상(trauma) 등으로 인한 불합리한 사고구조에 대한 성찰을 이끌어 내는 데에 유용하다.

이야기의 활용은 객관성을 중요시하는 실증주의적 배경과는 달리 현대의 포스트모더니즘의 영향으로 객관성에 대한 존재 가능성을 부인하고, 구성주의자들의 입장에 따라 변수들 간의 단선적 관계(linear relationship)가 아님을 인정하는 것이다. 이로 인하여 내담자의 이야기에 대하여 판단이 아닌 존중의 태도를 갖게 된다. 이와 같이 편견을 내려놓는 작업은 각종 질적 연구에서 매우 중요한 것이기도 하며 클라이언트의 내적인 세계에 대한 주관성을 인정하는 태도를 견지하는 것이다.

내러티브 접근방식의 궁극적 목적은 클라이언트를 맥락적 관점에서 개별화하여 이해하는 방식으로 이야기 확장의 방식을 통하여 보다 근접할 수 있다. 이야기의 확장은 이미 잘 알며 친숙한 이야기로부터 원하는 이야기로 발전시켜 클라이언트가 선호하는 방식으로 특정 기법에 국한하지 않고 이야기 확장을 목표로 하여 내담자의 이야기를 경청하므로 이야기하기 이상의 것을 포함하고 있다. 따라서 강도 높은 경청과 특정 방식의 질문을 통하여 클라이언트를 변화시킨다.

그에 대한 사례로, 낮은 자아개념을 지니고 폭력의 피해경험이 있는 우울 성향을 지닌 청소년을 대상으로 이야기치료를 실시하여 청소년의 자아개념을 변화시키기 위해 문제와 자신과의 분리인 외현화 작업을 실시하였다. 즉, 본인의 잘못으로 인한 부분과 외부의 불합리성을 구분한 이후에 자기수용의 수준을 높이고 대안적 문제해결에 능동적으로 참여하도록 한다. 이러한 과정을 통하여 자아와 관련한 이야기가 긍정적으로 변화하며 우울 수준이 감소하게 되는 효과를 가지게 된다. 이러한 접근은 외상을 가지는 각종 사건에 대하여 접근하여 내재적인 내현화뿐 아니라 외현화에 있어서 다른 각도에서 문제를 바라보도록 돕는다.

CHAPTER

12

교류분석

(Transactional Analysis)

1절 교류분석

1 교류분석의 개념

[번]

교류분석은 1950년대에 에릭 번(Eric Berne, 1910~1970)에 의하여 창시되었는데, 에릭슨의 영향을 받았으나 자신만의 독특한 학문적 세계를 구축하였으며 무의식 과정에서 일어나는 일보다 기억할 수 있는 사건과 현실의 생활에서 일어나는 일에 더 많은 관심을 가졌다.

기본 전제는 인간이 자신의 운명에 대한 책임을 위하여 적절한 지지와 격려 및 안내를 제공한다면 인간이 보다 충만하고 창조적인 삶을 살 수 있다는 것이며, 매우 다양한 현장에서 실천현장의 사람들에게 적용된다.

기본 개념으로 인간은 세 가지 자아상태를 가지고 있는데, 이는 각각 부모자아, 성인자아, 아동자아라고 하였다. 그리고 교류분석은 사회적 관계를 중요시하면서 사람들 사이에의 '스트로크'(Stroke)[1]의 형태를 중요시하였다. 스트로크는 신체적이나 언어적 형태를 띠기도 하며 다른 사람의 존재를 인정하는 것을 의미하기도 하는데, 스트로크의 교환이 교류를 구성하게 되며 이것이 사회적 관계를 형성한다고 보았다. 교류분석에서는 인간관계에 대하여 다음과 같이 관계를 설정하고 있다.

---

1) 스트로크의 원 의미는 '어루만지다, 쓰다듬다' 등의 의미로 타인의 존재를 인정하는 행위이면서 자신의 존재를 인정받는 자극이기도 하다. 예를 들어, 어린시절 머리를 쓰다듬거나 안아 주는 스트로크는 적절한 자극과 반응으로 심신의 발달을 촉진시키며, 스트로크는 같은 맥락으로 칭찬, 격려 등의 감성적인 접촉까지 포함한다. 오늘날 스토리텔링은 사물의 표상에 따른 심리적인 스트로크의 형성을 통하여 억눌린 감정의 표출과 정서적인 공감과 소통을 가능하게 하는 활동이다.

2 교류분석의 기본 가정

교류분석의 세 가지 가정을 통하여 사람들에게 적절한 지원과 긍정적 스트로크를 제공해 준다면 사람은 충만하고 생산적인 삶을 살 수 있다고 가정하고 있다. 세 가지 기본 가정은 다음과 같다.

① 자기긍정+타인긍정: 교류분석의 기본 전제로 사람의 건강과 성장을 촉진하거나 발달을 저해하거나 하는 것은 환경이 결정하며, 여기에는 성장과정에서 부모의 역할이 크다고 하였다.

② 능동적 존재: 사람들은 문제해결에 관하여 능동적인 참여자이므로 치료사는 클라이언트를 문제해결에 능동적으로 참여시킬 필요가 있다.

③ 선천적으로 선한 존재: 기본적으로 인간은 선하며 타인의 삶을 침범하지 않는 건강하고 만족하는 삶을 살아 나갈 수 있다고 가정하며, 문제가 치유될 수 없는 것으로 보인다면 그것은 해결책을 발견하지 못하였거나 지식의 부족 때문이라고 하였다.

이상의 세 가지 가정을 종합하면 교류분석은 사람들은 자신의 운명에 책임질 수 있으며, 책임질 수 있다는 것을 전제로 삶을 통하여 적절한 지원과 긍정적 스트로크의 제공이 충만되고 생산적인 삶을 가능하게 한다고 가정하게 된다.

3 자신과 타인에 대한 네 가지 태도

교류분석에서는 자신과 타인에 대하여 취하는 인생의 태도를 네 가지로 구분하였다. 이는 자기부정－타인긍정, 자기부정－타인부정, 자기긍정－타인부정, 자기긍정－타인긍정의 태도를 보인다고 가정한다.

1) 자기부정-타인긍정

인간의 성장에 있어서 아동의 성장은 부모에게 달려 있으며 자녀에게 성장에 필요한 자양분을 주고 적절한 스트로크를 제공해 주면 자녀는 건강한 자존심과 안녕감을 지닌 성인으로 성장하게 된다. 반면 적절한 스트로크를 주지 않는 경우나 혹은 일관성이 없이 주게 된다면 '괜찮지 않다'라는 느낌을 가지고 성장하여 성인기 대인관계에 어려움을 겪게 될 수 있다. 이러한 '괜찮지 않다'는 신호는 정신건강의 연속선상에 있어서 양극단에서 나타날 수 있다.

① 스트로크(각주 1 참조)를 받게 될 것이라는 기대를 갖는 성인은 '괜찮지 않다'는 현실보다 유쾌한 환상을 통해서 '괜찮다'는 스트로크를 추구함으로써 확신을 하는 '인생각본'을 형성해 나가면서 이러한 태도로 인생을 사는 경우가 있다.

② 또 다른 경우는 사람들을 화나게 하는 행동을 통해 부정적인 스트로크를 추구하는 '각본'을 가지고 있는 경우이며, '괜찮지 않다'라는 태도를 해소하는 궁극적인 해결책은 완전히 포기하는 행위로, 심한 정신질환에서의 극단적 퇴행이나 자살의 절망적 행동에서 이와 같은 현상을 보게 된다고 보았다.

2) 자기부정-타인부정

자기부정-타인부정의 태도는 자신이 괜찮지 않다면 타인도 괜찮지 않다고 가정하고 있다. 이러한 경우는 다음과 같은 태도를 형성하게 된다.

① '나'인 본인에게 문제가 있을 뿐 아니라, 다른 사람인 상대에게도 잘못된 것이 있다고 보는 태도이다.

② 이러한 태도를 가지고 성장한 성인들은 친밀감을 형성하여 애정을 주고받는 데 있어서 기쁨을 나누거나 느끼는 데에 문제를 가질 수 있다.

교류분석에서 인간은 아동기 때 부족했던 스트로크를 받기 위해서 퇴행적으로 행동하면서 정신적 혼란을 느끼거나 인생이 절망적이라는 생각이 우세하게 된다고 보았다.

3) 자기긍정 – 타인부정

이 경우는 아동기 학대의 희생자라고 전제할 수 있다고 본다.

① 잔인하거나 가혹한 성향의 부모에게 양육되어 스스로에게 스트로크를 주면서 성장하면서 스스로를 위로하는 방식을 배웠다고 할 수 있다.

② 자기긍정 – 타인부정의 사람들은 타인이 언제나 잘못하고 있다고 생각하기 쉽다.

③ 이러한 태도에서 타인들은 자신에 대해 제대로 인식하지 못하는 것으로 보이며 따라서 잘못을 다른 사람에게 투사하게 된다. 즉, 자기긍정 – 타인부정 태도의 극단적인 행동은 타살이라고 할 수 있다.

4) 자기긍정 – 타인긍정

자기긍정 – 타인긍정은 감정뿐 아니라 사고와 행동을 포함하는 것이다. 사람들은 각 태도의 기저에 깔린 아동기의 감정을 표출하고 긍정적이지 못한 행동을 스스로 검토하고 변화하고자 하는 의식적 결정을 내리는 것을 통하여 점차 긍정적인 성향으로 나아갈 수 있다(결정론과는 다른 시각). 자신과 타인에 대한 바람직한 상태이다.

4 교류분석의 주요 개념

1) 자아상태

교류분석에서 자아상태는 '일련의 행동패턴에 동반되는 감정체계'라고 보았다. 부모 자아상태는 정신역동이론의 초자아와 흡사하며, 사람이 살아나가는 방식에 대한 당위성이나 규칙, 비판 및 처방 등에 관련하여 작동되는 자아의 상태라고 할 수 있다. '성인 자아의 상태'는 정신역동이론의 자아와 비슷하며 현실을 지향하는 성격의 부분이라고 할 수 있다.

반면 '아동 자아상태'는 아동처럼 행동하는 데 정신역동이론의 이드(id)와 같은 역할을 하며, 선천적이며 자연적인 감정, 행동, 감각, 욕구 등이 포함된다. 그런데 교류분석에서는 이러한 아동의 자아상태는 창의성의 근원이며 쾌락과 자유 등 가치가 있으며 사회적 존재의 핵심으로 묘사하고 있다. 그러나 아동자아는 자유롭게 기능하기도 하지만 부모의 명령에 의하여 지배되기도 하는 면을 가지고 있다.

2) 대인 간의 교류

교류의 개념은 두 사람의 자아상태 사이에서 일어나는 사회적인 관계이나 교류는 사회적 수준과 심리적 수준 모두에서 일어나게 된다. 사회적 수준의 교류는 공적으로 일어날 수 있으며 심리적 수준의 교류는 내면적인 역동으로 일어나는 경우가 많은 측면이 있다. 사회적인 교류는 개인의 세 가지 자아상태를 가지고 다른 개인의 세 가지 자아상태와의 교류가 되며 따라서 경우의 수는 여섯 가지의 수준에서 의사소통이 일어나게 되는 특징이 있다.

3) 스트로크

스트로크의 개념은 교류분석의 중심개념으로 인간은 사회적인 인정이나 피드백으로 스트로크를 받고자 하는 지속적 욕구를 가지고 있는데, 스트로크란 사회 및 교류분석 이론에서 다른 사람의 존재를 인정하는 행위를 뜻한다. 즉, 누군가에게 자신이 특별한 사람이며 괜찮으며 귀한 사람임을 인정받고자 하는데, 이는 모든 사람들이 전체 인생 동안 필요로 하는 긍정적 스트로크라고 할 수 있다.

4) 각본

교류분석에 있어서 각본이란 자신의 인생 초기에 만드는 인생계획에 따른 실존상의 지도라고 할 수 있다. 일반적으로 자신이 괜찮은지 그렇지 않은지에 대한 각본을 5세까지 만들 수 있으나, 교류분석에서는 부정적 각본을 긍정적 각본으로 바꿀 수 있다는 믿음을 가지고 있는 것이 교류분석이 추구하는 것으로 정신분석이론과 다른 점이다.

5) 라켓

라켓(racket)감정이란 아동기에 생성되어 남겨진 만성적인 나쁜 감정들을 의미한다. 라켓의 예로는, 분노감, 우울감, 불안감 및 혼란 같은 것이 될 수 있으며, 라켓은 각본을 지지하여 세 가지의 구성요소로, ① 각본 신념과 감정, ② 라켓의 표현, ③ 강화하는 기억이라고 할 수 있다.

따라서 라켓의 기능을 멈추게 하기 위해서 타인으로부터 긍정적인 스트로크를 받게 하는 것으로써 기존의 각본을 놓을 수 있으며, 이를 통하여 새로운 대안적인 사고와 감정을 가지게 된다. 이러한 점에서 교류분석은 인간 대 인간의 모든 사회적 상호작용을

CHAPTER

13

현대사회와 구성주의 및 여성주의

(Modern Society, Social Constructionism and Feminism)

1절 게슈탈트 치료

1 게슈탈트 이론의 개요

게슈탈트(Gestalt) 모델은 실존철학에 그 기반을 두고 있으며, 독일어로 인간경험의 '전체적 본질'을 의미한다. 이는 개체로서의 개별적인 경험에 초점을 두지만, 과거의 배경만큼 현재도 중요하게 고려하고 있다는 의미로 '지금－여기'를 강조하고 있다. 클라이언트가 현재 상황에 대한 이해의 폭을 넓히기 위해서 현재에서 과거의 경험과 관계를 다루는 것은 가능하다.

게슈탈트는 현재의 '클라이언트의 상황이 어떠한가'로부터 출발하는 것이다. 게슈탈트 치료사들은 전체성을 보는 생태학적 관점에서 인간을 이해하고자 한다. 이들은 자아를 긍정적으로 활용할수록 자기지각이 증가한다고 강조하고 있다.

2 역사적인 기원 및 본질적 지향

[펄스]

게슈탈트 이론과 치료의 창시자인 프레드릭 펄스(Frederick Perls)는 프로이드 학파의 과거성 강조와 클라이언트의 치료사 의존 및 개인 병리의 초점에 동의하지 않았다. 따라서 개인의 경험은 개인에게 책임이 있다는 실존주의적 철학 및 게슈탈트 심리학을 받아들였다. 이후 1940년대 말부터 전성기였던 1960년대에 이르기까지 성격, 인간발달 및 치료의 본질에 관하여 정신분석이론의 대안으로 등장하였으며, 이후 현대에 이르기까지 다양한 영역에서 탁월한 치료방법으로 활용되고 있다.

게슈탈트 치료사들은 성격의 다양성을 강조하면서 통일성, 성격의 전체 게슈탈트를 강조하고, 정신분석 이론과 대조적으로 인간의 기본적 욕구에 대하여 자기 행동화의 욕구라고 정의하였다. 게슈탈트 치료는 과거에 기준을 두는 정신분석과 달리 지금 – 여기의 경험의 방법들에 초점을 두고 있다. 게슈탈트 치료는 개인에게 있어서 변화를 빠르게 일으키도록 고안한 드라마틱한 기법의 집합으로 이러한 철학적 세계관은 1990년대 이후 지속적으로 타당성 있는 치료방법으로 인정을 받았다. 또한 게슈탈트 이론은 환경적 자원들보다 클라이언트 개인에 더욱 초점을 맞추고 있고 개인의 심리적 자원뿐 아니라 환경적 자원까지 포함하는 클라이언트의 경험의 총체적 중요성을 강조한다. 이와 같이 게슈탈트 치료집단은 환경 내에서 개인에게 초점을 맞추었던 것으로부터 변화하여 환경과 클라이언트 간의 상호작용을 증진시키는 데 중점을 두고 있다.

3 경험적 토대

게슈탈트 치료는 전통적으로 과거로부터 억눌러 온 억압된 감정과 현재 복잡한 생각이 많은 사람들, 회피성 대인관계를 보이는 소극적인 사람들, 의사결정을 미루는 우유부단한 사람들, 막연한 불안 증상자들, 신체화 경향의 신경증 환자들, 공포증 환자들 및 과사회화된 집단 등에 효과적으로 적용되어 왔다. 또한 각종 신체화 증상을 보이는 환자들과 각종 성격장애 및 가족치료에 활용되기도 했다.

최근에는 경계성 정신이상 환자, 우울증 환자, 강박증 환자, 약물중독자 등의 환자 집단을 대상으로 게슈탈트 치료가 행해지고 있다. 게슈탈트 치료가 적용될 수 있는 범위는 광범위하다. 게슈탈트 치료는 현상학적인 이론배경을 갖고 있으므로 환자들뿐 아니라 일반인들의 자기실현과 성장에 매우 유용하게 쓰이는 기법으로 상담기관, 공공 복지시설, 직장, 학교에서 게슈탈트 기법이 많이 활용되고 있으며, 이에 대한 워크숍도 활발히 개최되고 있다.

게슈탈트 치료는 개인과 환경 간의 접촉을 강조하면서 환경 속의 인간을 강조하는 관점으로 자기인식과 자아를 중요하게 다루고 클라이언트의 강점에 초점을 두고 개입 목표를 설정하여 자아실현을 돕는다. 심각한 정신적 문제를 가진 경우에는 적합하지 않으나 단기치료, 문제해결, 위기개입 등과 같은 다양한 치료방법과 병행하여 활용될 수 있으며, 치료적 변화로는 하나의 통일된 전체로서 자신 내면의 자아와 외부 자아에 대한 인식을 증진시키는 것을 목적으로 한다.

게슈탈트 치료의 입장에서 클라이언트는 변화 및 성장하고 자기 실현할 수 있는 역량이 있으며, 치료사는 이러한 과정을 돕는 촉진자의 역할을 한다. 또한 게슈탈트 부부치료의 적용에 있어서는 부부 각각에게 '지금-여기' 상황에서 자신에게 영향을 주는 상대방에 관한 자기인식을 보다 잘 할 수 있도록 권고하고 있다.

4 주요 개념

게슈탈트 이론에서 강조하는 것으로는 인간경험의 전체성과 개인적 가치에 관한 신뢰로 주요 용어로는 전체성, 자각, 접촉, 장, 지금-여기, 미해결 과제, 전경과 배경, 알아차림과 접촉 등 다양하다. 각 용어에 대하여 알아보면 다음과 같다.

1) 전체성

전체성의 개념으로 게슈탈트 이론은 마음, 신체, 생각, 감정, 행동 사이에서 분리가 없는 인간의 전체성을 강조하고 있다. 따라서 클라이언트에게 나타나는 문제나 문제의 증상은 그들이 경험하는 전체를 구성하는 한 부분으로 이해된다.

2) 자각

클라이언트가 외부환경 만큼 민감하게 자신의 내부의 감정과 진행과정을 더 많이 자각할 수 있도록 돕는다. 사람들은 누구나 자각의 능력과 성장 능력을 가졌지만, 어떤 생각이나 행동에 있어서는 성장하지 못하거나 최소화하여 성장할 수 있다. 게슈탈트 치료사는 이런 경우에 과거 억제되거나 표현할 수 없던 분노의 감정을 스스로 자각할 수 있도록 도움으로써 클라이언트가 내부 및 외부의 경험을 자각하면서 지금 여기에서 더욱 적절한 행동을 발달시킬 수 있게 한다.

3) 접촉

게슈탈트 치료의 초점은 인간의 내부에 민감하도록 하고, 인간이 내부 및 외부의 자아와 환경의 접촉 범위를 확장하여 갈 수 있도록 하는 것이다. 즉, 게슈탈트 심리학의 개체 및 장의 개념은 환경 속의 인간의 개념을 지지하며 클라이언트가 외부와 내부의 접촉점에서 통합된 성격으로서 기능하는 개체로 인식되도록 돕는다.

4) 자기조절

자기조절의 개념으로 개인적 책임감을 강조하는 실존주의적인 관점에 의하여 게슈탈트 치료사들은 각 개인이 자신의 행동을 조절하는 능력을 지녔다고 믿고 있다. 또한 프로이드 학파의 공격성과 성의 역동이론에 반대하여 자기지지나 자기행동화의 개념처럼 인간은 자기의 욕구를 스스로 조절할 수 있다고 믿고 있다.

5) 지금-여기

게슈탈트 치료사의 '지금-여기' 개념의 강조는 정신분석 이론과의 가장 극명한 차이이다. 게슈탈트 치료사는 클라이언트와 외부환경과 현재 접촉부분에서 자기인식을 증진시킬 수 있도록 하는 현재의 것에 관심을 갖는다. 지금-여기의 상황에서 클라이언트로 하여금 과거 경험들이 지금 여기에 어떠한 영향을 주며 과거의 해결되지 않은 과제에 관하여 어떠한 작업을 할 수 있는지 살펴보게 한다.

6) 전경과 배경

우리는 대상을 인식하는 경우 관심 있는 부분을 지각의 중심부분에 떠올리지만 나머지는 배경으로 보낸다. 이와 같이 어느 한 순간의 초점이 되는 부분은 '전경'이라 할 수 있고, 관심의 밖에 놓여 있는 부분은 '배경'이라고 할 수 있다. 건강한 개체는 매 순간 자신에게 중요한 게슈탈트를 전경으로 떠올릴 수 있으나 그렇지 못한 경우는 전경을 배경에서부터 명확히 구분하지 못하는 경향이 있다. 개체가 전경으로 떠올렸던 게슈탈트를 해소하면 그것은 전경에서 사라져 다시 배경으로 물러나는 순환과정을 게슈탈트의 형성과 해소 혹은 전경과 배경의 교체라고 할 수 있을 것이다.

7) 미해결과제

미해결과제는 게슈탈트를 형성하지 못했거나, 게슈탈트를 형성하긴 했으나 해소하지 못했을 경우에 그것은 배경으로 사라지지 못하고 전경으로도 떠오르지도 못하게 되므로 중간층에 남아 있게 된다. 이와 같이 완결되지 않고 해소되지 않은 게슈탈트를 '미해결 게슈탈트'나 '미해결과제'라고 지칭한다. 미해결과제가 많을수록 현재의 성장과 심리적 상태에 영향을 미치기 쉬우므로 미해결과제의 처리는 매우 중요하다(미해결과제로 예를 들면 과거 충분히 애도하지 못하고 억눌렸던 과거로 돌아가 그 감정을 꺼내어 충분히 다루어 주며 애도함으로써 과거의 미해결되었던 과제를 다루게 된다).

8) 알아차림과 접촉

알아차림과 접촉은 개체인 자기 자신의 유기체적인 욕구나 감정을 지각한 이후에 게슈탈트를 형성하여 이를 전경으로 떠올리는 행위로 선천적인 능력이라 할 수 있겠다. 그러나 접촉경계의 혼란이 개입하고 있는 경우에 개체는 알아차림을 차단하여 게슈탈트의 형성에 실패하게 된다. 따라서 환경과 상호작용하는 행위는 중요하며 환경과 만나도록 접촉을 돕는다. 알아차림과 접촉은 게슈탈트를 형성하고 해소하는 일련의 순환과정을 돕는 역할을 한다.

5 이론적 기본 가치

1) 시간기준

게슈탈트 이론의 초점은 분명하게 현재인 지금-여기에 초점이 맞추어져 있다. 또한 과거의 경험이 현재 클라이언트의 인식이나 행동에 영향을 미친다는 것을 인정한다. 과거의 사건이 현재까지 해결할 수 없을 만큼 복잡하게 영향을 미친다는 결정론적인 프로이드의 신념과 다르게 게슈탈트 치료사의 입장은 클라이언트가 과거를 재방문하여 현재나 미래를 새롭게 설계시킬 수 있다고 믿으며 과거와 미래는 현재를 위해 존재하는 것이다. 현재의 실존적 순간, 즉 클라이언트가 자아인식을 확장하면서 세상을 경험하는 방식이 가장 중요하며 이것이 과거로부터 미래를 연결하는 지금-여기의 현재의 중요성이다. 또한 개인을 병리적으로 보지 않고 낙관적 견해를 제시하고 있으므로 사회나 심리적 부적응문제의 초점을 최소화한다.

2) 관계

게슈탈트 치료활동의 본질적인 특징은 치료의 핵심이 행동적 변화라기보다 감정적 경험에 있으며 클라이언트가 자신의 게슈탈트를 이해하도록 돕는 것이라고 할 수 있다. 게슈탈트 이론에서는 인간이 자연을 지배하거나 갈등을 일으키는 존재가 아니며 자연인 환경과 조화를 이루는 존재라고 본다.

3) 치료

게슈탈트 치료의 목표는 제한적인 행동양상을 보이는 클라이언트가 다양한 행동을 할 수 있도록 하며 따라서 클라이언트가 자신의 생활상황에서 다른 사람을 비난하기보다 클라이언트 스스로 자신의 게슈탈트를 형성하는 데 책임감 있는 역할을 하도록 한다. 이를 위하여 경험적 학습을 극대화하여 인식에 의존치 않고 감정이 수반된 사고유형으로 통합될 수 있도록 독려한다. 그리고 부정적 영향을 미치는 과거의 경험이 지금-여기로의 경험을 통해 재경험되고 재생산됨으로써 새로운 인생 경험에 좋은 영향을 줄 수 있도록 한다.

이때 클라이언트가 확실하게 느끼고 행동하는 기회를 확대하고 지지된 자아가 유능하게 변화할 수 있도록 책임감 있는 선택을 통한 유익한 접촉이 되도록 하는 것이 중요하다. 게슈탈트 치료에서 초점은 항상 클라이언트이다. 치료사는 클라이언트 행동에 영향을 미치는 기초의 과정을 탐색하도록 돕는 촉진자로서 기능하는 것이다. 이를 위하여 게슈탈트 치료사의 중요한 자질로는 긍정적 자아 인식과 개방적이며 정직하고 확신을 주는 치료사가 되어 클라이언트의 내면에 힘을 줄 수 있도록 친밀함을 도모하며 권위는 최소화하는 것이 바람직하다.

4) 치료단계에서의 혼란 다루기

인간의 상호 관계나 인간과 환경 간에 발생하는 네 가지 혼란은 다음과 같다.

① 합류(confluence)와 개별성: 인간의 상호 개별성의 차이에 대한 부인에 대한 인식이 필요하다. 예를 들면, 어떤 부부가 서로 간의 차이를 부인하고 두 사람의 결합이 잘못되었다는 생각에 집착한다. 이때 게슈탈트 치료는 부부의 양가감정이나 당위

성 및 기대의 감정을 탐색한다. 이때 부부는 서로의 연합된 관계에서 떨어져 나오고 싶은 개별적 욕구가 있음을 인식할 수 있게 된다.

② 투입(introjection)과 분화: 투입의 개념은 관계혼란의 개념과도 흡사하다. 즉, 과거의 중요한 타자로부터 얻은 정보를 부적절하게 적용하는 것 등이 이에 해당한다. 부모의 메시지나 스승의 메시지를 내재화하여 스스로의 당위성을 형성하게 된다. 이에 게슈탈트 치료사는 의미 있는 과거의 타자로부터 분리하여 스스로 자신의 목소리를 발견하게 하고 지금–여기에서 대화를 하도록 한다. 실연의 목적은 타자로부터의 투입에서 자신을 분화하도록 돕는 것에 있다.

③ 투사(projection)와 자기성찰: 투사는 다른 사람에게 자기 스스로에 대한 심리적 문제를 전가함으로써 발생한다. 자아심리학자는 자신의 인격 중 수용되지 못하는 부분에 대한 거절이거나, 원인을 다른 사람의 탓으로 돌리는 것을 방어기제의 현상으로 간주하고 있다. 따라서 게슈탈트 치료사는 투사를 사용하는 클라이언트가 자기 자신의 중요한 부분을 상실했다고 생각한다. 그러므로 클라이언트의 힘을 강화시키며 클라이언트로 하여금 환경을 통제하도록 도우며 상실된 부분을 회복할 수 있도록 돕는 것이 중요하다.

④ 역반영(retroflection)과 관계회복: 역반영의 예로는, 갈등의 상황에 대하여 직접적으로 대응하지 못하고 우회하는 것으로 남자친구에게 거절당한 여성이 외모를 바꾸거나 화가 난 대상이 아닌 다른 곳에 반응을 집중하는 현상을 들 수 있다. 이것은 남용되거나 지금–여기 시점에서 기능하지 못할 수 있다. 즉, 어린 시절 부모로부터 거절당한 경험이 있는 클라이언트가 성인이 되어 다른 사람에게 다가가지 않으며 지지받기 위해서 자기 스스로에게만 집중하는 경우도 있다. 게슈탈트 치료사들은

클라이언트의 건강한 기능을 회복하기 위하여 스스로 자신을 지지하기 위하여 자신의 현재 상황에서 다른 사람들과 건강한 관계를 맺도록 하여 지지받을 수 있다는 것을 이해시키고 실천할 수 있는 기회를 부여한다.

5) 구체적 기술 및 전략

게슈탈트 치료사들은 클라이언트의 개입에 있어서 다양한 전략과 기술을 사용한다. 게슈탈트 치료사는 촉진자 및 지시자의 역할을 한다. 이에 대한 몇 가지 보편적이며 전통적인 게슈탈트의 치료요법을 소개하면 다음과 같다.

① 빈 의자 기법: 게슈탈트 치료기술로 가장 잘 알려져 있는 대화의 방식이다. 프로이드는 빈 의자 기법을 최면이나 자유연상에 활용하였으나, 게슈탈트 치료에서는 억눌린 감정을 다루는 것에 많이 활용한다. 이 기법은 지나치게 극적이라는 비평을 받으나 그만큼 극적인 효과가 있으며, 특히 극단적인 갈등에 있는 많은 클라이언트의 감정을 해소하고 클라이언트의 성장을 촉진시키는 데 활용되었다.

갈등이 심화된 타자를 빈 의자에 있는 것으로 상상하고 자신의 내면에 있는 이야기들을 여과 없이 풀어내어 감정을 해소하는 방식으로 상대방은 이를 상담실 밖에서 특수유리를 통해 상담자와 관찰하여 상호 이해를 돕는다. 갈등은 심화되었으나 서로에 대한 관계회복의 의지가 있는 경우 효과적이며 직접적으로 대화할 수 없는 경우 용이하게 활용될 수 있다.

② 꿈의 실연: 게슈탈트 치료사들은 꿈을 클라이언트의 생활에서 현재 상황에 대한 반영으로 '실존적 메시지'로 간주한다. 꿈의 해석과 다른 관점으로 게슈탈트 치료사들은 클라이언트가 현재 자신의 게슈탈트를 표현하는 하나의 방법으로 꿈을 선

택하여 표현할 수 있도록 한다. 꿈속에 억압을 주는 존재나 해결되지 못한 상대와의 이야기를 대화를 통하여 풀어 나갈 수 있도록 한다.

③ 현재화 기법: 현재화 기법이란 클라이언트가 다루지 못한 사건 등에 대하여 과거 사건을 지금-여기에서 일어나는 사건으로 재현하여 다시 체험하게 해 줌으로써 클라이언트의 생각이나 감정, 욕구 등을 지금-여기에 일어나는 현상들로 다시 다룰 수 있도록 해 준다. 이것은 미완성된 상태로 남아 있던 과거를 완결시킴으로써 현재에 집중할 수 있도록 하는 기능을 가지고 있다.

④ 직면기법: 클라이언트들은 회피되는 문제가 많을수록 더 많은 갈등을 경험하게 된다. 클라이언트들은 자신의 욕구나 감정을 다루지 않고 회피하여 미해결과제들로 쌓아 놓으며 현재에 지속적인 영향을 미치는 잠재적 요인이 되도록 한다. 이러한 회피행동은 지속적인 문제의 원인이 될 수 있으며 클라이언트로 하여금 자신의 내면을 탐색하여 진정한 동기를 직면하게 해 주며 미해결된 과제를 해소할 수 있도록 돕는 것이 중요하다.

6) 상담의 적용

우울증, 공포증, 강박증 등을 호소하는 클라이언트를 치료하기 위해 개별적인 클라이언트 경험이 가지는 독특성과 가치를 강조하는 게슈탈트 치료는 실존주의적 초점을 두고 있다. 이를 통하여 경제, 사회, 문화, 인종적인 배경의 클라이언트를 다양하게 다루며 학대받는 여성 및 각종 중독 및 자살 시도자 등의 성인뿐 아니라 어린이 및 수술 후 변화된 신체 적응환자나 노인에게도 적용되어 치료가 이루어져 효과가 있다. 그러나 게슈탈트 치료는 심각한 인격 장애자나 심각한 정신병 증세를 보이는 경우에는 환상과 현실의 구별이 어려워, 실험적 환경도 많이 활용하는 게슈탈트 기법을 적용하는 것에 있어서는 부적절하므로 수정모델 적용이 권장된다. 현실인식에 어려움이 있거나 의식이 약한 경우 실험을 통한 환상에서부터 현실로 다시 돌아오는 것에 있어서 위험요인이 있기 때문이다.

예를 들어, 게슈탈트 상상기법은 내적 욕구나 충동 혹은 갈등들을 투사적으로 드러내어 미해결과제를 통합하여 무의식적 욕구나 감정, 고정된 행동이나 사고패턴을 발견하게 되는 데 있어서 클라이언트에 대한 고려가 필요하다. 게슈탈트 치료는 다음과 같은 차원에 활용될 수 있다.

(1) 개인 및 집단 상담

현대사회에서 상담분야에서의 활용도로 인하여 더욱 관심이 되고 있는 게슈탈트 치료 모델은 개인 및 집단의 상담에서 모두 효과적이며, 이 모델에서 치료사는 감독의 역할을 통하여 집단 구성원이 개입에 더 수용적이 되도록 기여한다. 개인 및 집단의 상호작용과 응집력 개발이 장려되기도 하며 접촉과 인식, 지금－여기에 대하여 강조하는 이 모델의 특징은 지금－여기에 대한 현재의 인식을 중요하게 활용한다.

(2) 가족 및 부부상담

가족치료 모델이 발전되기 이전부터 게슈탈트 이론은 가족치료에 많이 활용되었다. 빈 의자 기법 등의 실험적 요소는 사티어를 포함한 다른 가족치료사들에게 있어서도 유용하게 활용된다. 특히 의사소통과 갈등에 대하여 경험적이며 은유적 접근을 통하여 가족조각 및 가족원 자리 만들기(family posturing) 등의 가족치료 기법으로 발전시켰다. 그 밖에도 게슈탈트 치료는 부부의 체계로써 부부의 게슈탈트와 개인의 게슈탈트와의 조화를 통하여 상호 이해와 상호작용을 증진시키는 훈련으로 활용되었다.

(3) 지역사회 상담

본래 게슈탈트 치료는 개인, 부부, 가족, 집단 등과 같은 미시체계에 일차적으로 적용되는 것에 적합하였다. 그러나 개인 간의 상호작용은 보다 거시적인 지역사회에도 영향을 미친다고 볼 때, 지역사회의 조직으로 정신과 병동, 그룹 홈, 재활센터, 각종 쉼터 및 요양원 등과 같은 치료적 환경 세팅에서 활용될 수 있는 가능성이 있다.

2절 구성주의

1 구성주의의 개념

구성주의(constructivism)는 비교적 최근에 클라이언트의 내면세계를 이해하는 준거 틀로 인정을 받고 있으나, 역사적으로는 오랜 철학적 기반을 가지고 다양한 관점의 인정과 치료적 접근을 통하여 열린 이해의 장으로 활용되고 있다. 구성주의의 기본에는 현상학을 근간으로 하여 존재의 본질을 다루는 철학적이며 심리적인 독특한 사고 체계의 토대가 형성되어 있다. 구성주의는 인식적 접근에 있어서 존재의 본질적 접근을 통해 클라이언트의 심리내적인 역동성을 형성하고 구성하는 세계에 있어서 존재론적 접근자세를 취하고 있다.

1) 발달 과정

[비코]

구성주의는 고대철학에 뿌리를 두고 있다. 비코(Giambattista Vico, 1668~1744)는 인간의 지각과 인식[1)]에서 구성적 과정을 체계화하여 인간은 모종의 정신적 범주들을 기초로 자신의 경험을 배열한다는 중요한 언급을 하였다. 또한 순수이성 비판을 통하여 인간의 선험적 지식을 주장하였던 칸트(Immanuel Kant, 1724~1804)는

1) 인식(knowing)의 과정과 지적 활동을 강조하는 것에 있어서는 인지이론에 기초를 둔 접근법과 유사한 면이 있다. 피아제(Jean Piaget, 1896~1980)의 발달적 인식론(developmental epistemology)에 의하면 신생아가 시간의 경과에 따라 발전하는 속성의 정신적 조절기제(mental regulatory mechanisms)는 선천적인 것으로 보았다. 이러한 의미에서 인간의 이해에 대하여 개인의 내적 과정에 대하여 지각과 인지를 중시하는 이론은 구성주의와 연결성을 갖는다.

[칸트]

인간의 정신은 사고와 경험을 결정짓는 고유한 구조를 가지고 있으며 선험적(a priori) 지식으로써 인식론의 경험과 별개이거나 경험에 앞서 가지게 되는 지식은 존재 가능할 뿐 아니라 실제로 존재함을 주장하였다.

이를 바탕으로 구성주의의 철학적 기본 전제로 모든 인간에게 공통적으로 적용하는 보편적 진리는 존재하지 않으며 오히려 존재하는 것은 삼라만상에 대하여 해석하는 여러 가지 방식이라는 것이다. 따라서 인간의 각 개인이 지각하는 방식이 곧 존재의 구조라는 입장이다. 또한 지식이란 관찰자의 수만큼 많은 세계들로서 '현실들'을 만들어 내며 인식하는 사람, 즉 개인의 창조물이라는 입장이다. 이렇게 볼 때 살아 있는 체계는 조직적으로 폐쇄되어 있기 때문에 일반적으로 자가생성적(sutopoietic)이며 자가조직적(self-organizing) 실체로 간주되어 구조적인 연결(structural coupling)을 이룬다.

2) 가족치료 사정에 대한 시사점

가족치료사는 현대사회에서 지향하는 '다원주의 세계관'을 가지고 각 클라이언트의 사례에 개입해야 한다는 입장을 가지고 있다. 이러한 관점에서 클라이언트 각자가 가지고 있는 견해, 이해, 신념으로 클라이언트의 내면세계를 인정하고 존중하려는 자세를 가지는 것을 기본으로 한다. 즉, 구성주의에 근거를 둔 접근에서 본다면 사정의 내용은 근본적으로 클라이언트의 준거 틀임을 알 수 있다.

3) 진단의 시사점

기존의 결정론적 입장이나 의료모델에서 전문가가 사용하는 진단적 방식의 진단은 지지하지 않으며 클라이언트의 개별성 및 독특성을 인정하는 구성주의의 철학적 자세를 견지하여 클라이언트의 세계를 배우고자 한다. 이러한 배우고자 하는 자세는 클라이언트가 존중받고 인정받는다는 느낌을 갖게 하고 자기방어로부터 자유롭게 되며 문제 상황의 재구성과 새로운 해결책에 있어서 좀 더 열린 태도를 가지게 된다.

4) 개입에 대한 시사점

첫째, 개입의 초점으로 존재한다고 간주되는 진짜 문제는 그 어디에도 없는데, 문제 자체가 존재하지 않는다는 의미는 아니다. '심리사회적 문제'는 문제를 인식하고 있는 주체의 언어와 사고 속에서 존재한다는 의미이다. 그러므로 구성주의적 관점의 질문은 내담자가 가지고 있는 현재의 가정이나 전제를 바꾸려고 하는 것이 아니며 다만 확장을 추구하는 것이다. 또한 상대주의적인 입장으로 절대적이거나 불변하는 것을 거부하면서 객관적 세계의 존재는 세상에 대한 여러 가지의 해석을 나타낼 뿐이라는 입장을 취하고 있다. 따라서 지식은 세계나 '현실들'을 만들어 내어 인식하는 사람인 개인의 창조물이라고 할 수 있다.[2]

둘째, 클라이언트의 자기결정은 구성주의가 지향하는 기본가치인데 그 이유는 구조 결정적 본질에 따르자면 개인이란 스스로 결정을 내리는 자가 결정적 존재라는 것이며, 개인의 주관적 경험이 갖는 중요성을 강조하고 있다.

---

2) 급진적 구성주의적 입장은 가상적 현실을 포함하여 모든 현실이 개인의 경험을 초월하여 존재하는 것은 없으므로 현실이란 지각하는 사람의 개체만큼 수없이 존재하는 것이라고 보았다. 반면 비판적 구성주의는 세계를 직접적으로 인식하기보다 지각, 인지, 감정, 신념 등을 통해 간접적으로 인식하는 것이나 실재 세계의 존재는 인정하였다.

구성주의의 입장에 따르면 '현실'은 사회적으로 구성되는 것이며(푸코는 인간의 사고조차 사회로부터 구성되어 내재화된 것이라 비판하였다), 사람들 각자가 가지는 자신만의 현실은 다른 모든 현실들과 동등한 가치를 지닌다고 하는 여성주의와 유사한 측면이 있으며 인식론과도 공통점이 있다.

5) 주요 개념

(1) 구조결정론(structure determinism)

구조-결정적 체계 정보 측면에서 본다면 정보는 외부에서 이양되거나 처리될 수 있는 성질이라기보다는 '내부로부터 형성되는 것'(in formare)으로 라틴어의 어원에 담겨 있다. 즉, 정보는 내부로부터 '동요'(perturbations)의 결과로 나타난다는 개념이다. 이것은 피드백(feedback)의 정보처리 모델에 따른 구성주의 개념도 신경생물학적 부분과 관련이 있다. 따라서 인간이 '경험'을 이루는 요소들이 피드백 과정에서 정보 처리과정의 맥락에서 '내부로 이행하는 과정'(inside-in process)을 거치는 특징을 지니고 있다는 것을 주장하였다.

(2) 자가생성

살아 있는 체계는 구조-결정적이며 조직적이고 폐쇄적인 성격이 있으므로 자가생성적(autopoietic)이며 자가조직적(self-organizing)인 실체로 간주하게 된다. 자가생성적 실체는 자신이 만든 '자가규제'(self-law)의 과정을 통하여 생존하고 발전하며 소멸한다는 차원에서 자율적 존재로 간주된다. 따라서 구성주의적인 차원에서 볼 때 세계는 각 개인의 내부에서 형성되며 발전하고 처리되는 일종의 구성된 반영물로 해석될 수 있다. 따라서 구성주의는 진실이나 거짓, 기능과 역기능이라는 의료학적이며 규범적인 시각으로부터

'수많은 세계들'로 준거 틀을 옮겨 놓았다.

(3) 구조의 연결(structural coupling)

구조연결은 다른 실체와 상호작용을 가능하게 하는 원칙에 따라 유아론(solipsism)적인 완전한 자가지시(self-reference)의 상태에 빠지는 오류를 피할 수 있다. 전통적으로 지속적인 '관계'를 통한 '대인관계적인 상호작용'과 흡사하지만 구성주의에서의 상호작용은 개방되지 않은 폐쇄체계 간에 발생하는 구조라는 것에서 차이가 있다. 구조적 연결을 통하여 실제로 상호작용 하는 것은 실체들의 상대에 대한 동요 혹은 자극이라는 것이다. 의사소통을 본다면 청각적 상호작용을 통하여 자극이나 동요가 일어나며 이후 '구조적으로 분리하는' 상태로 자극과 동요를 마치는 시점에서 상호작용을 마치게 된다.

구조의 연결개념을 정리하면 실제로 상호작용이 일어나는 것은 개인과 환경 사이에 발생하는 상호 자극의 성질이나 형태이며, 개인이나 환경 각자의 구조는 아닌 외적인 현상이라 할 수 있다. 그러므로 환경적 자극 중에서 무엇이 개인에게 변화를 유발시킬 것인가를 선택하게 되는 것은 각 개인의 구조 혹은 내적 역동이므로 중요한 관점을 개인 각각의 내부의 구성적 특징에 옮겨 놓게 되는 원리이다.

6) 사정, 진단, 치료에 관한 시사점

(1) 사정에 대한 시사점

실증주의자의 입장에서 볼 때에 개인과 행동은 모두 규명이 가능한 '외부' 영향의 직접적 결과로 증거를 기반하는 보다 객관적인 증거기반 주의적인 개념을 선호한다. 그러나 구성주의자는 인간신경계와 환경 간의 관계에 관한 특정한 시각에 기초하여 인간의 신경계는 '동요'되거나 '부딪혀 튕겨 나갈' 뿐이며 외부 자극에 의해 '침투'당하는 것이 아닌 매우 주관적이고 선택적인 폐쇄체계임을 존중한다. 이러한 관점은 구성주의 이론으로 하여금 독특성을 인정하며 의료모델에서 전문가가 사용하는 객관적인 진단은 지지하지 않게 되는데, 이것은 외부로부터 주어진 이미 결정된 범주가 지니는 타당성을 부정하는 것이다.

(2) 개입에 대한 시사점

개입의 초점은 클라이언트가 생각하고 있는 문제의 현실이다. 특히 자신이 접하고 있는 매개물인 환경과 상호작용하는 실재로서 그 문제를 바라보는 자신의 지각, 이해 및 정의에 달려 있다고 할 수 있다. 이러한 관점은 전통적인 실천적 접근방법이나 정신역동적 접근에서 진짜 문제(real problem)로 객관적인 병리적 · 역기능적 상태를 규명하고자 하는 점과 차이가 있다고 할 것이다. 그러나 구성주의적 입장에서는 진짜 문제가 존재하는 것이 아니며 문제 자체가 존재하지 않는 것이 아니라 그것을 구성하는 개인의 내부 구조에 의한 상호작용의 산출물이 언어 및 사고 속에서 존재하는 것이라고 보았다. 따라서 구성주의에서는 문제를 해결하기보다 문제를 재구성하고 벗어 버리도록 하는데, 예를 들면 이야기치료에서 활용하는 문제 표출기법은 문제를 이야기함으로써 집착이 해소되는 현상을 상담에 활용하고 있다.

(3) 클라이언트의 자기결정

클라이언트의 자기결정은 구성주의의 가치로, 구조결정적 본질에 의하여 개인 스스로 결정을 내리는 자기결정적 존재의 역할을 하게 된다. 이러한 성질은 클라이언트의 자기결정력을 지지하며 상담사가 클라이언트의 반응을 '불러일으킬' 수는 있으나, 이를 결정하지는 않으며, '결정'은 클라이언트의 신경생리학적 구조 및 심리적 기질에 의하여 결정되는 것이라는 것을 지지하고 있다. 즉, 클라이언트의 자기결정에 관한 권리를 인정하며 인종차별, 가정폭력, 아동폭력, 학업중단, 가출 및 중독 청소년 등의 현실의 파괴적 상호작용 같은 현실에 변화를 주고자 노력한다. 그러나 기본적으로는 '수많은 세계들'의 관점에 관하여 포용하는 동시에 클라이언트의 문제를 공유하게 된다.

한편 구성주의자들은 실증주의자들[3]과 같이 자신의 치료적 접근의 효과성(일반화)을 입증하고자 하는 노력은 하지 않는다. 그럼에도 긍정적인 치료성과에 대한 기준을 만드는 작업 및 적용 절차에 대한 개발은 끊임없이 이루어지고 있다.

3) 자연과학 모델은 인과관계의 증명 및 보편적이며 객관적인 진리를 추구하는데, 이와 같은 방식의 적용은 실증주의적 특색이며 발견적 모델은 의미를 찾아내는 데 초점을 두고 특수한 지식의 생성에 보다 관심을 둔다.

3절 | 포스트모더니즘과 여성학

포스트모더니즘(postmodernism)은 1960년에 일어난 문화운동으로 사회의 모든 영역에 있어서 미국과 프랑스를 중심으로 각종 여성운동과 시민권운동을 중심으로 하는 제3 세계운동 및 사회운동으로써 1970년대 중반 점검 및 반성을 거쳐 오늘날에 이르고 있다. 근대 혹은 모던(modern) 시대는 존 로크(John Locke)의 18세기 계몽주의로부터 신 중심이 아닌 이성중심주의 시대를 통하여 외적인 힘보다 인간의 이성과 합리적 사고를 중시했으며 푸코 등을 통하여 사회적 억압을 부정하고 인종 간의 차별, 남성이 여성을 억압했는지 등에 관해 이분법을 해체시켜 개인이 사회 및 언어의 영향하에 있음을 주장하였다.

[로크]

따라서 개성과 자율성 및 다양성을 중시하는 포스트모더니즘은 절대적이며 객관적인 이념을 거부했기에 탈이념이라는 지적을 받았다. 기존의 산업사회는 분업 및 대량생산으로 개인의 맞춤형보다는 보편적 기준에 개인이 맞추던 시대로 개인의 도전의식이나 실험적이고 긍정적인 측면이 사회적으로 인정되지 않는 면이 존재했었다. 그러나 구성주의에서 학습한 바와 같이 '현실'은 사회적으로 구성되는 것이나 사람들 각자가 갖고 있는 자신만의 현실이 존재하며 이것은 다른 모든 현실과 동일한 가치를 갖고 있다고 주장하고 있어서 여성주의에도 많은 발전을 가져왔다.

[푸코]

여성주의(女性主義) 또는 여권주의(女權主義), 페미니즘(feminism)은 다양한 사회 이론을 지칭하는 용어이며, 정치적 움직임과 함께 도덕 철학을 기반으로 하여 여성의 경험과 입장에서 사회 · 정치 · 경제적 상황에 대한 불평등을 논하기 시작하였다. 페미니즘은 성 불평등으로부터 여성의 권리와 이익 및 사회 이슈를 논의의 장으로 이끌어내는 여성의 '여권 신장론'이나 '여성 해방운동'을 근거로 여성에게 가해지는 사회적 차별에 대하여 의식의 개혁과 사회 개혁을 논하는 계기가 되었다.

따라서 가족치료 및 상담에 있어서 여성의 모든 상황을 이해하고 변화를 이루어 내는 새로운 방식들도 논해지고 있다. 여성주의이론은 여성이 처하고 있는 다양한 경험을 반영하는 기존의 이론적 틀을 수정하거나 혹은 여성에 대한 새로운 이론들을 형성하여 기존의 전통적인 개념과 이론에 대하여 새로운 방향성을 제시하기에 이르렀다.

1) 여성주의 이론적 기본 틀

1970년대 여성운동은 인류의 인식이 성장하면서 자유주의, 사회주의, 급진주의적 여성주의 등의 용어로 설명되었고, 여성을 사회적 억압으로부터 해방하고 자유를 성취하기 위해 논의되기 시작하였다. 이러한 관점은 생물학적 성, 역할이나 이념적 젠더(gender), 인종, 계층의 이해에 관심을 두고, '여성'과 관련된 것을 차별화하여 담론화하는 것에 반대하고 있다.

2) 새로운 패러다임들

여성학은 여성이라는 이유로 관련되어 배제되거나 억압되는 모든 현상을 다루며 포스트구조주의[4]와 포스트모더니즘[5]을 중심으로 논의되었다. 따라서 여성의 사회적 배제에 대하여 사회현실에 대한 각종 타당성을 검토하고 여성이 가지는 복잡하고 다양한 경험을 통하여 일어나는 사회적 억압이나 부조리한 현상을 다루고자 하였다. 포스트모더니즘의 여성주의는 포스트구조주의, 포스트모더니즘 및 실존주의 철학 등에 영향을 받았으며 프랑스의 여성참정을 논의한 여성주의[6] 이론에 뿌리를 두고 있다. 이러한 여성주의 이론은 성 구분에서 자유로운 여성의 인격을 인권의 차원으로 끌어올리는 계기가 되었다.

3) 가치기반

성과 젠더를 확실히 구분 짓는 것은 여성을 신체적으로 특징화하여 부과하는 젠더적 의무나 당위성에 대항하는 기초가 된다. 젠더의 개념을 통하여 각종 부조리한 사회적 현상에 대하여 논하게 되었다. 즉, 여성과 남성에 대하여 젠더적이거나 문화적으로 결정되고 기대되는 태도나 신념체계를 점검하고 사회 구조적으로 힘을 얻은 계층의 심리적 과정, 사회적 힘에 의해 영향을 받았을 가능성을 제시하였다. 이에 대하여 임파워먼트의 개념 역시 사회적 소수자로서의 여성에게 변화의 추구를 위해 기본적으로 수정되어야 하는 개인의 성찰의 중요성과 의식의 변화 및 명명의 중요성 등의 개념을 도출한 바 있다.

---

4) 구조주의에 대한 반발로 구조주의가 인간 존재의 가치를 상대화(相對化)하여 모든 것을 비교하고 관계성(關係性)의 틀 안에서 보려는 것에 대해 포스트 구조주의는 인간 경시를 배척하고 다원결정(多元決定)의 역할을 중시하는 포스트모더니즘과 연관된 개념이다.

5) 포스트모더니즘(postmodernism; post-반대의 혹은 이후의, modernism-모더니즘)은 근본적인 회의를 내포하는 사상적 경향으로 이성에 대한 탈중심적 다원적 사고를 특징으로 하며 보드리야르(Jean Baudrillard) 등의 포스트모더니즘 철학자를 중심으로 활발히 논의되었다.

6) 프랑스에서는 1789년 프랑스 혁명이 일어난 해에 '정치상 남녀가 동권(同權)을 가져야 한다'는 건의가 되고, 1790년 구즈(Gouges)가 여성공민권의 승인에 대하여 당시 루이 16세의 왕비 마리 앙 투아네트에게 제출하였으나 이후 처형되었다. 1793년에는 여성의 집회가 금지되고, 모든 여성단체는 해체되었으며, 여성의 참정권을 주장하던 여성들이 프랑스 혁명에 참가하여 투옥되었다. 이후 19세기 말에 영국과 미국의 여성운동의 영향을 받아 1946년에 이르러서 법률상 여성참정권이 보장되었다.

여성주의에 기초한 연구는 여성의 삶의 조건에 영향을 미치는 사회적 힘에 주안점을 두고, 인간성이 '지배'나 통치의 억압에서가 아닌 독립적 방식으로 환경과 연계성을 가져야 한다고 주장한다. 따라서 권력에 따른 유형 및 무형의 다양한 학대의 가능성에 대한 인식을 촉구한다.

이것은 클라이언트 삶의 경험에서 여성이 독자적이며 인권적으로 주인이라는 것을 인정하는 것이며, 이들이 소수자일지라도 임파워하여 사회적으로 독립성이 인정되어야 함을 주장한다. 또한 통합성–다양성, 비합리적인 것의 발견과 같은 모든 억압적 체계에 대한 변화를 촉진하는 것이다. 이를 위하여 인지–행동적인 오류는 없는지 각종 심리역동적 · 심리사회적 문제를 해결하고 가족체계와 대인관계적 접근에 있어서 통념적인 오류는 없는지 점검한다. 또한 개인이 이를 의식하고 인권의 평등을 실현하기 위하여 현장의 치료모델에 도입하기도 하였다.

여성주의 관점을 사회적 맥락에서 재확인하고, 여성에게 규정된 지위를 재평가하는 것은 매우 중요하다. 물론 남성과 여성의 경험은 다를 수 있으나 이것은 다름의 의미이지 차별의 의미가 아니라는 것이다. 예를 들면, 권력의 역동성에 있어서 개인적인 것에서 가족이나 조직 및 정치적인 것에 있어서 미시에서 거시적인 정치에 이르기까지의 권력구조나 불균형적 문제에 관심을 기울여야 한다는 입장이다. 즉, 개인적 변화뿐 아니라 사회적 변화까지 중요시하는 것이다. 여성중심 실천활동[7] 등은 여성들도 사회적 통제력과 대처의 강화방안을 가지며 기존의 인식을 재구조화[8]하여 구조화된 변화를 이끌어 내었다.

7) 여성들도 여성만의 집단을 통하여 여성의 욕구를 수용하고 의사를 관철할 여성을 위한 자원을 증대시키는 것으로 여성을 기관의 의사결정이나 정책과정에 참여시키는 법적 제도화 등에 도움이 되는 활동을 할 수 있다.

8) 클라이언트의 감정의 흐름을 확인하고 이를 표현하여 파괴적인 건강하지 못한 신념을 재구조화하는 것이 필요하다.

4) 가족치료 사정 및 전망

그동안 사회는 남성중심인 경우가 많았고 가정 내에서도 가부장적 분위기로 가까운 과거나 현재를 통하여 여성의 삶에 대한 사회적 분위기는 여전히 남성적인 방식을 지향하는 경우가 많다. 따라서 여성의 치유는 상처가 발생한 아동기부터 전이에 대한 인식 등에서부터 다루어질 필요가 있다. 여성주의 관점에 비추어 볼 때 여성은 개별적으로 고려되어야 한다. 이것은 여성의 영역으로 양육 및 정서적 기능에 대하여 자기주장과 의사결정, 갈등해결에 있어서 인간으로서 충분한 역량이 있음을 개인적으로나 사회적으로 인지하는 것을 의미한다. 여성의 임파워먼트는 결국 편견을 극복하고 제도를 보완하고 변화시키는 원동력이 될 것이다.

거티어리즈(Gutierrez, 1992)는 소집단을 활용한 상담은 그 안에 다른 기법들을 통합할 수 있기 때문에 여성을 임파워먼트하고 제도를 변화시키는 가장 이상적인 모델로 제시하였다. 또한 여성의 어린 때부터 의사표현과 자존감을 키울 수 있는 자기주장 훈련, 분노의 표현, 감정 재정립, 폭력에 관한 정보의 제공 등의 예방활동과 사후 피해행동이나 우울 등에 대한 대처를 다루는 기술을 훈련하였다. 이러한 관점에서 여성의 임신, 가족계획, 유산, 임신 중 물실남용, 태아보호와 관련한 세미나 및 정책을 포함하여 다양한 부분이 향후 논의될 필요가 있을 것이다.

4절 인본주의 칼 로저스

1 칼 로저스

[로저스]

로저스는 상담사들에게 있어 가장 닮고 싶은 심리상담사에 뽑힐 만큼 인간의 창의적 능력에 대하여 인정하고, 내담자가 스스로 자신을 발견할 수 있도록 지지하는 역할을 강조하였다. 1950년대에는 용어에 있어서 비지시적 접근법으로 지칭되었다가 1960년대에는 클라이언트중심 접근법(내담자중심법)으로 발전하였고, 1970년대 이후부터 로저스와 연구진은 이러한 접근 방법이 인간의 가치를 잘 대변하고 있다고 믿음으로써 인간중심적 접근법이라고 하였다.

인간중심적 접근법은 인간의 성장과 변화에 대하여 인본주의적인 관점에서 진실성을 바탕으로 하므로 사회복지사와 클라이언트 간의 관계를 더욱 중시하였다. 로저스의 '인본주의'는 인간이 성장 지향적이며 스스로의 기본적 잠재능력을 충족시키는 데 대한 능력 및 신념이 있을 뿐 아니라 인간의 본성은 긍정적이며, 사회적으로 구조화된 형태로 강요되지 않고 있는 그대로 받아들여진다면 '선한' 존재로 나타날 것이므로 성장 가능성에 보다 초점을 두고 창의적인 인간의 능력이 발현될 수 있도록 돕는 것이 중요하다고 보았다.

2 내담자중심 이론

내담자중심 이론은 상담 및 임상심리의 영역에 지대한 영향을 주었고, 진단적 분석이나 엄격한 행동주의에 대한 바람직한 대안으로 환자나 피험자에 대한 용어를 지양하고 '내담자'라는 용어를 사용하여 인간의 적극적이고 자발적이며 책임감 있는 참여를 중요시하였다. 내담자중심 이론의 기본적인 목적은 인간이 잠재적으로 능력이 있는 선한 목적을 가지며 개인이 자아실현을 위해 이미 선천적으로 가지고 있는 능력을 나타내는 것을 전제로 한다.

즉, 로저스는 인간의 특성에 대하여 성장 지향적이며 긍정적이라고 보아, 부적응이 인간 개인의 문제보다는 환경의 문제라고 보았으므로 인간-환경의 조화를 통하여 성취되고 창조적인 인간으로 성장하는 것을 지지하였다. 이러한 맥락에서 본다면 기능주의적 접근과 매우 밀접하게 결부될 수 있다.

본 이론에 입각하여 접근하는 가족치료 상담사는 상호 신뢰를 바탕으로 하여 이해와 개방성을 전제로 한 개입을 통하여 내담자의 태도와 행동을 변환시킬 수 있도록 하는 것을 목적으로 한다. 물론 상담사의 자질은 몇몇 이론으로 한정할 수 없는 것이기는 하나, 이를 위하여 개인과 집단의 욕구에 보다 관심을 기울이고 주의 깊게 경청하는 것이 중요성과 자기인식의 촉진 및 인정과 격려를 통하여 개인과 집단에게 자율성을 주고, 책임감을 증진하며, 자신의 발견과 개선과 성취에 대한 지지를 한다. 이 이론은 상담의 과정에서 클라이언트를 가장 중요하게 강조하였으며 새로운 측면에서의 지각과 성격의 현상학적 초점으로 내담자를 존중하였다.

CHAPTER

14

가족치료 사례관리

(Case Work of Family Therapy)

가족치료 사례관리 1[1)]

1 사례개요

1) 클라이언트의 인적사항

성명	최하민(가명)	성별과 연령	남(만 4세)
학력	유치원 재원 중	종교	무교
거주지	경기도	연락처	X

2) 개인력

- 경기도에서 출생하였으며 엄마, 아빠와 함께 살고 있음.
- 엄마, 아빠가 함께 살고 있지만 엄마는 임신 상태이며, 아빠는 지방에서 일을 하시다가 주말에 집에 올라오는 상황
- 어린이집에서 재원하다가 유치원으로 옮겨 재원 중임.
- 엄마와 아빠가 클라이언트가 말썽을 피우면 최후의 방법으로, 매를 드신다고 상담 때 이야기를 하셨음.

1) 본 Chapter의 사례관리에 사용된 이름은 모두 가명임을 밝힌다.

3) 가계도

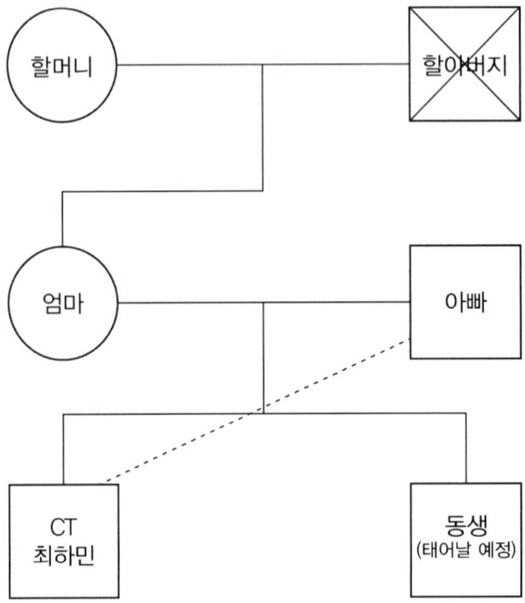

4) 가족력

- 클라이언트의 부: 지방에서 일을 하시느라 집에서 함께 지내지 못하고 주말에 집에 올라오거나 쉬는 날 집에 올라오심. 클라이언트와 친밀감 형성이 덜 이루어진 상태이며 말을 듣지 않을 때 매를 든다고 하심.
- 클라이언트의 모: 클라이언트와 함께 살고 있으며 클라이언트의 문제점에 대해 심각하게 생각하지 않고 클라이언트와 친밀한 모습을 잘 볼 수 없으며 임신 9개월 상태여서 병원에 있기 때문에 클라이언트와 생활하지 않고 있음.
- 클라이언트의 외조모: 클라이언트의 부모가 집에 없을 동안 클라이언트와 함께 지

내며 친밀감을 형성하려고 노력하는 모습을 보임.

- 클라이언트의 동생: 아직 태어나지 않았지만 클라이언트에게 동생 이야기를 하면 가끔 보고 싶지 않다거나 부정적인 이야기를 할 때가 조금 있음.

2 개입과정

1) 클라이언트의 욕구

- 자신에게 관심을 주고 친밀감을 표출할 수 있는 사람을 원하여 유치원에서도 자신이 관심을 받으려 수업시간에 손뼉을 치거나, 입으로 소리를 내며 장난을 치는 모습을 보임.
- 친구들과 친해지고 함께 놀고 싶어 하는 모습을 보이나 친구들과 함께 어울려 노는 법을 몰라 친구 것을 뺏거나 때리는 모습도 종종 보임.
- 유치원에 오면 교사에게 엄마가 이야기를 안 들어 준다거나 엄마, 아빠한테 혼났다는 이야기를 자주함. 엄마, 아빠가 자신에게 관심을 주고 함께 있길 원하며 자신의 이야기를 귀 기울여 들어주기를 원함.

2) 사회복지사의 소견

- 밝은 성격을 가지고 있지만 친구들과 어울려 놀다가도 친구를 괴롭히는 행동을 함. 친구의 장난감을 뺏어 버리거나 친구를 때리는 모습을 보이기도 하고, 점심시간에 친구의 숟가락, 젓가락을 빼앗아 친구가 곤란해 하는 상황을 만들기도 하여 또래 친구들이 교사에게 클라이언트의 행동을 이르는 모습이 자주 포착되며, 클라이언트를

싫어하는 또래 유아들이 많이 생김.

- 클라이언트의 아빠는 직장 때문에 지방에 계시다가 주말에만 집에 올라오는 상황이어서 아직 친밀감이 형성되지 않은 모습이 보이며, 클라이언트의 어머니는 아이가 태어날 날짜가 얼마 남지 않아서 병원에 있어 클라이언트와 함께 있는 시간을 갖지 못하고 있음. 클라이언트의 외할머니가 오셔서 클라이언트와 함께 지내고 있으나 클라이언트가 "엄마 보고 싶다, 엄마 빨리 왔으면 좋겠다, 동생 때문이야"라며 이야기를 할 때가 있음.
- 클라이언트의 엄마가 아이를 낳고 돌아오면 클라이언트의 상황을 세세하게 말씀을 드려 함께 놀이치료를 받을 수 있도록 권유해 드리며 부모와 함께 친밀감을 형성할 수 있는 프로그램이나, 가족치료를 진행하여 클라이언트가 또래 유아와 잘 지내는 법을 알 수 있도록 하며, 부모와 친밀 관계가 형성되어 안정적인 생활을 할 수 있도록 하는 것이 필요함.

3 사례관리 계획

1) 클라이언트의 주요 문제점

① 부모와 함께 지내는 시간이 없어 친밀감을 표현할 사람이 없고 집에 가면 엄마, 아빠가 없다는 불안감이 큰 상태임.

② 유치원에서 또래 유아와 함께 지내는 법을 잘 모르며, 함께 노는 방법을 잘 몰라 클라이언트를 싫어하는 친구들이 생겨 또래 유아와 함께 어울리는 방법을 알아야 할 필요가 있음.

③ 곧 태어날 동생에게 질투심과 미움이 아닌 동생을 보살피고 사랑해 주는 법을 알려 주어야 함.

2) 행동주의 요법의 적용

클라이언트는 친구를 때리거나 괴롭히는 행동, 수업시간에 방해하는 행동 등을 감소시키기 위해 행동주의 상담을 받기로 하였다. 그래서 바람직한 행동은 계속 유지·증진시키고, 바람직하지 않은 행동은 감소시켜 아동의 행동을 변화시켜야 할 것으로 판단된다.

또 왜 그런 행동이 나오게 됐는지 심리적인 원인을 찾기 위해서 정신분석 상담도 필요하다. 무의식에서 억압된 갈등을 찾아내서 그것을 내담자가 의식적으로 자각하도록 하는 것으로 무의식에 억압되었던 것이 일단 의식적 수준으로 표출되면 이것을 합리적으로 다룰 수 있도록 도움을 줄 수 있을 것이다.

그 밖에 행동주의상담 기법으로는 조작적 조건형성에 근거한 방법으로 정적강화, 토큰경제 기법을 사용하면 도움이 될 것이며 정신분석 상담기법으로는 자유연상, 정화 또 아동의 제한적인 언어능력을 대신할 수 있는 다양한 매체의 활용과 상담과정에 부모를 참여시키는 것이 반드시 고려되어야 한다.

3) 상담이론을 통한 도움

정적강화, 토큰 기법을 통한 도움에서, 첫째, 정적강화는 클라이언트의 바람직한 행동, 예를 들면 친구를 도와줬거나 정리를 잘했거나, 점심시간에 떠들지 않고 식사를 하는 행동에서 긍정적인 칭찬을 통해 목표행동의 빈도를 증가시켜 바람직한 행동을 할 수 있도록 할 수 있을 것이다. 수업시간에 입으로 소리를 내거나 손뼉을 치는 등 교사의 관심을 끌려는 행동을 할 때에는 관심을 주지 않고 시연 등을 통해 바람직한 형태로 유도해 준다. 그 아동이 바람직한 형태로 친구에게 다가가 사회적 행동을 보일 때 관심을 보여 준다면, 클라이언트가 또래와 사이좋게 지낼 수 있는 사회성을 길러 주는 것에 도움이 될 것이다. 둘째, 토큰 기법으로 바람직한 행동에 대해 인정하고, 칭찬해 주기, 혹은 칭찬 스티커로 보상해 주는 긍정적인 강화의 방법이 활용될 수 있다. 칭찬 스티커를 통해 클라이언트의 욕구를 즉각적으로 충족시켜 바람직한 행동 결과에 대해 즉각적인 보상의 욕구와 만족을 지연시킬 수 있는 성숙한 행동의 발달을 촉진시킬 수 있을 것이다.

자유연상기법과 정화기법을 통해 도움을 줄 수 있다. 첫째, 자유연상기법은 마음속에 떠오르는 것이면 그것이 어떤 것이든 상관없이 이야기하도록 하는 것이다. 말하는 과정 속에서 클라이언트의 행동과 말투를 관찰할 수 있다. 그리고 왜 이러한 행동을 보였는지 가정에서 또는 유치원에서 충족되지 않은 것들이 무엇인지 확인하여 무의식에 있던 불만을 의식적으로 이야기로 풀어내며 대화하고 이해하는 과정 중에서 거친 행동과 쌓여 있던 불만들이 어느 정도는 해소될 수 있을 것이다. 둘째, 정화기법은 억압된 생각과 경험을 이야기하여 억압되었던 강렬한 정서적 감정이 발산되는 것으로 클라이언트가 힘들어하는 기억을 이야기하거나 고백을 통하여 불안감을 감소시키고 정서적 안정을 찾게 하는 것이다. 엄마와의 관계 또는 아빠의 긴 부재 속에서 느끼는 감정에 대해 공감하면서 지지해 주는 가운데 심리적인 안정을 찾게 할 수 있을 것이다.

4 평가

마지막으로 아동의 문제는 대부분 부모-자녀 관계나 부모의 양육상 문제에서 기인되는 경우가 많아 클라이언트의 부모와 면담하여 부모와 클라이언트의 좋은 관계를 맺도록 부모의 협력이 필요함을 인식시켜야 한다. 클라이언트와 상담이 진행되는 중에 주 1회 1번씩 만나 가정에서 클라이언트 행동에 대해 의견을 나누고 가정에서 부모가 클라이언트와 의사소통하는 방법을 가르쳐 주어야 할 것이다. 훈육방법에서 아이에게 매를 드는 방법보다는 아이에게 사랑으로 다가갈 수 있도록 신체적 접촉, 예를 들면 안아 주기, 뽀뽀 해 주기, 놀아 주기 등 다양한 방법 등을 제시해 클라이언트가 사랑과 관심을 받고 있음을 확인시키고, 충족시켜 주며 스트레스를 풀어 주어야 할 것으로 보인다.

가족치료 사례관리 2

성 명	박소라(가명)	성 별	여	나 이	18세
학 력	고등학교 재학	전화번호	010-0000-0000	조 사 일	2017. 04. 13.
주 소	서울시 oo구 oo동 oo아파트 ooo호			작 성 일	2017. 04. 13.
직 업	학 생	경제상태	■ 일반 □ 저소득 □ 수급자		
의뢰과정	담임선생님과 상담 중 가족과의 심한 갈등을 알게 되었고, oo고등학교 담임선생님으로부터 의뢰받아 2017년 4월 13일부터 주 1회씩 총 7회 상담				

1 가계도

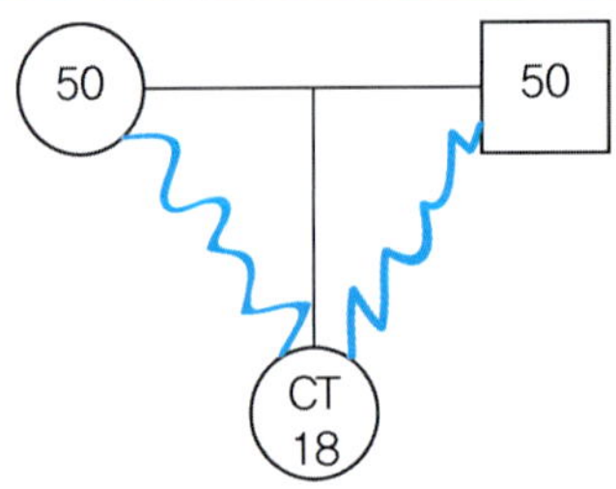

엄마	50 (가정주부)	부드러운 말투를 사용하지만 언성을 높이기도 함. 자식을 위한 일이라는 말을 자주 사용하신다. 결혼하고 경력이 끊겨 일을 하지 못하고 있기에 자식만큼은 안정적인 직업을 갖길 바란다.
아빠	50 (고등학교 교사)	박소라의 아빠는 권위적인 부모님 밑에서 자랐기에 표현 방식이 서툴렀음. 자식이 잘되길 바라는 자신의 뜻을 이해하지 못하는 것에 서운함을 표현한다.
박소라	18 (고등학생)	어렸을 때부터 부모님의 과도한 기대 속에 성장함. 부모님, 선생님과 같은 어른들에겐 약간 신경질적인 모습을 보인다. 자신은 헤어디자이너의 꿈을 갖고 있지만 자신의 이야기를 들어주지 않아 대화를 하지 않는다. “열심히 해 봤자 소용없어”라는 말을 자주하며 어려운 일이 있으면 쉽게 포기한다.

의뢰인이 제시한 문제
1학년 때는 공부도 열심히 하고 늘 상위권이었지만 항상 불안해하고 만족하지 못하는 모습을 보임. 1학년 2학기 때 성적이 점점 떨어지더니 2학년이 되어서는 학업에 집중하지 못하는 모습을 보이고 선생님에게 반항하는 모습을 보이기도 함. 부정적인 생각을 가지고 있음.
클라이언트가 제시한 문제
〈박소라가 제시한 문제〉 • 부모님이 자신의 의견을 들어주지 않고 무시한다. • 성적에 대해 과도한 기대를 하시고 조금만 떨어져도 화를 내시거나 폭언을 하신다. • 자신의 꿈을 무시하고 부모님이 원하시는 직업만 강요하신다. 〈부모님이 제시한 문제〉 • 철없는 이야기만 계속 한다. • 자기를 위한 일인데 이해해 주지 않는다.

2 사정

박소라의 문제와 상황검토
박소라는 어렸을 때부터 부모님의 과도한 기대로 인해 성적이 떨어지면 화를 내는 부모님의 모습에 성적에 대한 부담감을 넘어서 불안해하는 모습을 보였다. 고등학생이 되고 안정적인 직업을 갖길 바라는 부모님과 달리 헤어디자이너가 되고 싶지만 두려움에 이야기를 꺼내지 못한다. 안 될 거라는 부정적인 생각과 어른에 대한 부정적 인식으로 인해 반항적인 모습을 보여 주게 되었다.
박소라의 욕구파악을 위한 학술적 개입
행동주의-스키너에 의하면 인간은 자극-반응에 의해 조건형성된 산물로서 모든 인간행동은 강화에 의해 학습된 결과라고 보고 있다. 따라서 개인의 환경요인에서 바람직한 행동에 대해 강화와 소거를 통하여 환경에 적합한 인간으로 조화될 수 있도록 할 수 있으며, 어떤 행동을 할 것인지 예측할 수 있다고 하였다. 관찰 가능한 학습된 인간행동은 학습조건을 변화시키고 조정하는 과정을 통하여 수정될 수 있다고 보았다.

3 박소라의 개입방법

박소라는 계속된 좌절로 인해 부정적인 생각과 함께 대화를 시도하지 않는다. 이러한 요인을 파악하고 행동적 문제를 해결해 줌으로써 가족과의 신뢰 회복, 부정적인 인식을 개선할 수 있도록 한다.

회 차	상 담 내 용
1회 2017.04.13.목	클라이언트의 이야기를 들으며 편안한 분위기로 라포형성과 상담에 대한 협조를 구한다.
2회 2017.04.20.목	클라이언트가 흥미를 갖는 요소를 함께 나누며 긴장감을 완화하고 유대감을 쌓고, 문제에 대해 이야기를 나누며 함께 상담 목표를 정한다.
3회 2017.04.27.목	인형극 혹은 역할극을 통해 제3자의 입장에서 자신의 행동을 보고 문제점이 무엇인지 스스로 찾아볼 수 있도록 도와준다.
4회 2017.04.28.목	마인드맵을 이용해 행동의 원인을 알아보고 해결할 수 있도록 도와준다.
5회 2017.05.04.목	부모님과의 관계를 회복하기 위해 역할극을 통한 감정교류, 공감, 상호 이해할 수 있도록 하며 부모님과 대화를 시도할 수 있도록 한다.
6회 2017.05.11.목	2회 차에 함께 정한 상담 목표를 달성했는지 이야기를 나눈 후, 미래의 나는 어떤 모습일지 상상하고 로드맵과 그림을 그려 보고 실현하기 위한 이야기를 나눈다.
7회 2017.05.18.목	종합 평가와 사후 검사지를 작성한다.

4 부모님의 개입방법

자식을 하나의 인격체로 존중해 줄 수 있도록 하며 표현의 방법을 찾고, 행복한 가정을 꾸릴 수 있도록 한다.

회 차	상 담 내 용
1회 2017.04.13.목	클라이언트의 이야기를 들으며 편안한 분위기로 라포형성과 상담에 대한 협조를 구한다.
2회 2017.04.20.목	클라이언트가 흥미를 갖는 요소를 함께 나누며 긴장감을 완화하고 유대감을 쌓고, 문제에 대해 이야기를 나누며 상담 목표를 정한다.
3회 2017.04.27.목	클라이언트가 생각하는 가족의 역할, 그 이유를 들어보고 함께 이야기를 나눈다.
4회 2017.04.28.목	역할극을 통해 자신의 행동을 직접 경험해 보고 상대방의 입장을 헤아려 보는 시간을 갖으며 시연한다.
5회 2017.05.04.목	Story telling을 통해 자신의 행동을 제3자의 입장에서 보고 느낀 점을 이야기하고 개선방법을 찾아본다.
6회 2017.05.11.목	상담 후 클라이언트가 생각하는 가족의 역할에 대해 3회 차와 비교해 바뀐 점과 그 이유에 대해 이야기를 나눈다.
7회 2017.05.18.목	자녀에 대한 신뢰를 갖고 사랑의 표현 방법을 바꿀 수 있도록 종결 후에도 사후 관리를 한다.

가족치료 사례관리 3

1 자료수집

1) 의뢰과정

클라이언트 김가영(16세, 가명)은 항상 어두운 표정을 하며 혼자 학교생활을 하는데 최근 들어 급격히 성적이 떨어지고 있어 담임선생님이 상담을 하는 중 다른 심리적인 문제들이 감지되어 학교상담으로 해결될 일이 아니라고 판단해서 부모님과 여러 번 연락을 하였다. 이에 부모님과 상의 끝에 전문 상담기관에 의뢰하여 2017년 4월 1일부터 2017년 5월 13일까지 총 7회 상담을 진행하였다.

2) 클라이언트 소개

김가영(16세)은 학교에서 친구들과 어울리지 못하고 항상 혼자 있으며 최근 들어 수업에 대한 집중도와 성적도 현저히 떨어지고 있다. 여동생인 김지영(15세)은 언니 김가영과는 다르게 학교생활에 있어 뚜렷한 문제는 없으며, 우수한 성적을 받으며 학교생활을 하고 있다. 아버지는 3년 전 사업실패로 현재까지 무직상태이며, 어머니는 가사도우미 일을 하시며 유일하게 가족의 생계를 책임지고 있지만 그 소득이 적어 기초생활수급비를 받고 있다.

(1) 인적사항

관 계	나이	학력	직업	성장지역	종교	수급유형
본인	16세	중3 재학	중학생	서울	무교	수급권자
아빠	48세	고졸	무직	서울	무교	수급권자
엄마	46세	고졸	가사도우미	서울	무교	수급권자
동생	15세	중2 재학	중학생	서울	무교	수급권자

(2) 클라이언트 김가영 가족의 신체 및 행동특징

김가영: 짧은 단발머리에 앞머리로 눈을 덮고 있다. 사람들과 눈을 잘 마주치지 못하며 손톱을 물어뜯고 다리를 떠는 등 불안하고 초조한 자세를 보이고 있다.

아빠: 퀭한 눈빛을 띠고 있으며, 낮에는 집에서 주로 잠만 자며, 밤에는 매일 술을 마시며 필름도 자주 끊긴다.

임마: 아침부터 늦은 저녁까지 매일 반복되는 일로 인해 심신이 지쳐 있으며, 말할 때마다 말끝을 흐리는 문장들이 많다.

동생: 가족들 중 표정이 가장 밝은 편이며 상위권에 속하는 학교성적으로 인한 자신감이 보인다.

3) 제시된 문제

(1) 의뢰인이 제시한 문제

김가영은 상담 중 어두운 표정과 짧은 말투가 지속되었으며 공부에 대한 강한 집착을 보였다. 또한 부모님에 대한 얘기를 꺼려 했으며, "이제는 한계다"라는 말을 반복적으로 사용하며 불안한 자세를 보이고 있다.

(2) 클라이언트가 제시한 문제

① 김가영이 제시한 문제

- 공부도 잘하고 성격도 좋은 동생과 비교되는 자신이 한심하게 느껴진다.
- 아버지는 술만 먹으면 동생과 자신을 비교하며 지속적으로 신체적 · 언어적 폭력을 당해 왔다.
- 최근 들어 강한 자살충동을 느끼고 있다.
- 아무것도 하고 싶지 않다.

② 김가영 부모님이 제시한 문제

- 계속되는 생활고로 자녀들에게 신경을 쓸 힘이 없다.
- 아버지는 술을 끊기가 쉽지 않으며, 그로 인해 감정조절도 안 된다고 한다.
- 둘째 딸과 달리 김가영은 대인관계가 어려워 보이며 공부밖에 모르나 그만큼 성적은 안 나온다고 말한다.

▣ 가계도

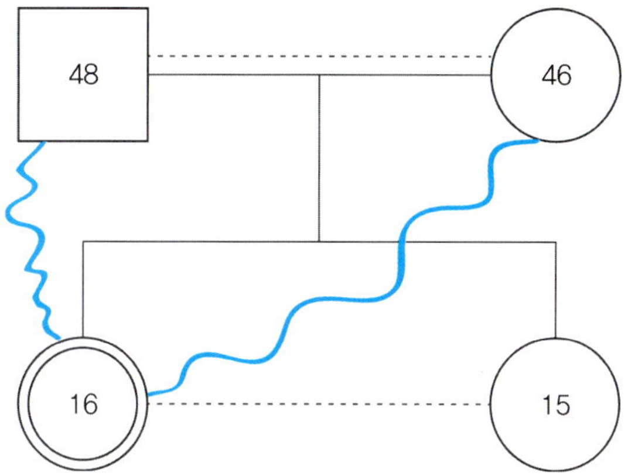

2 사정

1) 김가영의 문제와 상황검토

클라이언트 김가영은 3년 전 아버지의 사업실패 이후 학교생활의 부적응과 대인관계에 대한 어려움을 보이고 있다. 또한 김가영의 부모님은 무의식적으로 김가영보다 둘째 딸인 김지영을 편애하는 경향을 보이며 성격이 어둡고 동생보다 공부를 못하는 김가영에게 종종 폭언을 일삼는 것으로 보인다. 그로 인해 김가영은 공부에 대한 강한 집착과 심리적 압박감과 자책감 등으로 인한 우울증세로 자살충동을 느끼고 있어 상황에 대한 심각성을 알 수 있다.

2) 김가영의 욕구파악을 위한 학술적 개입

(1) 개인심리-아들러

개인심리학에서는 인간을 총체적, 사회적, 현상학적, 목적론적 존재로 보았다. 또한 인간은 사회 내에서 자신이 설정한 목표를 달성하기 위해 열등감을 극복하고 우월감을 추구하기 위해 노력하는 존재로, 사회 속에서 살아가기 위해 타인과 자신을 비교하면서 자신만의 생활양식을 습득하게 된다고 하였다.

〈상담기법〉

① 격려하기: 낙담하고 기가 꺾여 있는 무기력한 내담자에게 수용적이고 지지적인 격려를 해 주어 열등감과 낮은 자기개념을 극복할 수 있도록 해 준다.

② 가상행동하기: '마치~처럼 행동하기'이다. 그동안 감히 시도해 보지 못한 어떤 새로운 역할의 행동이나 태도를 마치 자신이 성취한 것으로 구상해 보도록 하여 클라이언트에게 새로운 감정과 자신감을 갖게 한다.

③ 과제 설정과 이행: 클라이언트가 성공할 수 있는 적절한 특별계획을 세워 수행하게 한다. 스스로 자신의 문제를 해결하도록 하는 동기를 부여해 준다.

(2) 이고그램 성격검사

한 개인의 관찰 가능한 언어와 행동, 즉 언어와 음성, 태도, 표정, 자세, 몸짓과 행동 등을 다섯 가지 자아의 기능에 따라 개인의 성격을 알아내는 것이다. 이고그램(Egogram)의 특징은 검사를 통해 클라이언트의 자기 인식을 증진시켜 주고, 타인에 대한 인식도를 높여 줌으로써 타인과의 바람직한 대인관계를 유지할 수 있도록 도와준다.

3) 김가영 부모님의 욕구파악을 위한 학술적 개입

(1) 인지 · 정서 · 행동상담 – 엘버트 앨리스

인지 · 정서 · 행동상담은 사건 그 자체가 아니라 생각이나 신념체계에 의해 사건을 어떻게 해석하느냐에 따라 다른 삶을 살게 된다는 이론이다. 인간을 자기의 인지, 정서, 행동 과정을 변화시킬 수 있는 능력을 지닌 존재로 보았다.

〈상담기법〉

① 유추의 기법(인지적 기법): 클라이언트가 드러내 보이는 문제행동이 자신의 어떤 특성 때문인지 유추해 보도록 한다. ABCD기법을 활용할 수 있다. 그로 인해 자신의 특성을 이해하고 나쁜 습관으로 인해 영향 받는 자신을 깨닫도록 하여 변화가 일어나게 한다.

② 역할 연기(정서적 기법): 클라이언트가 겪는 문제 상황에서 클라이언트가 갖는 정서가 무엇인지를 알아보거나 내면의 정서를 이끌어 내기 위해 사용한다. 상담자가 클라이언트의 상황을 재연하며 느낀 심리적 장애를 바탕으로 합리적인 언어적 진술과 행동을 해 주며 다시 역할 바꾸기를 해 줌으로써 클라이언트는 합리적인 말과 행동을 하며 자신의 상황에 대한 신념을 변화시키게 된다.

(2) 다세대 가족상담 – 보웬

상담자가 가족의 문제를 직접 다루기보다는 삼각관계의 밀착상황을 인식하고, 그 역기능을 깨닫게 하여 삼각관계를 해소시키며 불안을 경감시키고 개인의 자아분화에 따른 자주성을 높여 준다.

〈상담기법〉

① 가계도: 가족의 정서체계, 가족구성원에 관한 정보와 관계성을 도식으로 표시한 그림이다. 가계도를 그린 후 가족에 대한 각자의 견해와 느낌을 나누며 현재 상황을 이해시키며 긍정적인 해석을 해 준다.

② 코칭: 상담자가 가족에게 몇 가지 기본이 되는 원리를 가르치고 이를 통해 가족들이 스스로 행동하도록 한다.

③ 나－입장(I-position): 자기의 입장과 현재 감정 상태를 표현하는 것이다. 상대방에게 말하는 사람의 상태를 이해시킬 수 있으며 선순환적인 대화를 통하여 해결방법을 찾는 생각을 시작하게 한다.

3 계획 및 실행

1) 클라이언트의 개입방법

(1) 목표

클라이언트 김가영의 낮은 자존감을 회복시켜 주고 자아를 확립해 주어 원활한 대인관계를 맺을 수 있도록 해 준다. 또한 가족 간의 신뢰를 쌓아 주며 갈등을 해소시켜 주어 건강한 가족이 될 수 있도록 한다.

(2) 개입과정

회 차	상 담 내 용
1회 2020.04.01.토	클라이언트와 라포형성을 하며 문제를 파악한다.
2회 2020.04.08.토	김가영－개인심리치료(스토리텔링, 칼 로저스의 내담자중심 상담)
3회 2020.04.15.토	김가영－개인심리치료(인지치료 및 긍정심리)
4회 2020.04.22.토	김가영－이고그램 성격검사 부모님－인지 · 정서 · 행동상담
5회 2020.04.29.토	보웬의 가족치료
6회 2020.05.06.토	보웬의 가족치료
7회 2020.05.13.토	종합평가와 사후 검사지

(3) 가족서비스 자원 및 연계

① 정신건강증진센터 연계

② 알코올상담센터 연계

③ 부모교육프로그램－부모역할훈련(PET)

④ 집단가족 프로그램

⑤ 사후관리

4 평가

1) 상담분석 결과

구 분	김가영		부모님	
	초기	후기	초기	후기
감정 지각 분석	거의 표정 변화가 없으며 불안하고 초조해 함	학교 친구들이 많이 생겼으며 표정이 밝아짐	자신들의 문제점에 대한 인지가 부족하며 상황을 잘 받아들이지 못함	김가영을 전보다 존중해 주며 대화가 많아졌음
일치적 의사소통 분석	질문에 대해 일관적으로 대답이 짧거나 아예 회피함	긍정적인 대답이 많아지고 목소리 톤이 높아짐	김가영을 답답해 하며 이해하지 못하면 화를 냈음	김가영의 말을 경청해 주며 공감해 줌
자기 존중 분석	상대방의 눈을 잘 마주치지 못하며 자신감과 자존감이 현저하게 낮았음	자신에 대한 표현이 많이 늘었으며 결과에 대한 자신감이 생김	자신들의 얘기에 대해 자신감이 없고, 표현하지 않음	전보다 나아진 상황에 행복을 느끼며 가족에 대해 정적인 인식이 생김

가족치료 사례관리 4

1 자료수집

1) 클라이언트 소개

클라이언트 최나영(15세, 가명)은 학교 부적응으로 수업에 참여하지 못하고 결석률이 증가하고 있었다. 또한 집 안에 있으면서도 방문을 닫고 부모님과의 소통마저 단절해 버린 상황이다. 아버지는 3년 전 교통사고로 하지절단 수술을 하여 후천적 장애인이 되었고, 하던 일을 중단하고 재활치료를 감행하다가 작년에 장애인직업재활시설에 취업하게 되었다. 어머니는 밤낮으로 식당일을 하시며 생계를 근근이 이어오고 있지만 소득이 적어서 수급비를 받으며 매우 어려운 생활을 하고 있는 상태이다.

(1) 인적사항

관 계	나이	학력	직업	성장시역	종교	수급유형
본인	15세	중? 재학	중학생	인천	무교	수급권자
아빠	42세	고졸	장애인직업 재활시설	서울	무교	수급권자
엄마	40세	고졸	식당	경기도	무교	수급권자

(2) 클라이언트 최나영 가족의 신체 및 행동특징

① 최나영: 키가 작고 통통한 체격이며, 흘러내린 머리카락으로 얼굴을 반 이상 가리고 있다. 눈을 마주치지 않으며, 묻는 말에 단답형으로 짧게 대답한다. 이 상황이 불안한 듯 다리를 떨며 손을 만지작거린다.

② 아빠: 다리 한쪽이 절단된 상태로 휠체어를 타고 계신다. 자신의 상황과 가족의 소통 단절이 한없이 죄스럽기만 하다며 자책하는 모습을 보였다.

③ 엄마: 얼굴이 수척하며, 마른 체형이다. 힘들어진 상황을 받아들이려고 노력했지만 암담한 현실에 점점 힘이 들어 6개월 전부터 우울증 약을 복용 중이다.

2) 의뢰 과정 및 상담상황

최나영의 학교부적응과 잦은 결석으로 인하여 학교사회복지사가 상담을 통해 사태의 심각성을 감지하고, 최나영 어머니와의 연락 끝에 상담기관에 의뢰하여 2017년 6월 1일부터 2017년 7월 22일까지 총 7회 상담하였다.

3) 제시된 문제

(1) 의뢰인이 제시한 문제

최나영은 학교에서 어울리는 친구가 없으며, 항상 엎드려 있다가 가는 경우가 대다수이다. 얼마 전부터 결석률이 잦아지면서 학교사회복지사가 상담을 요청하여 어렵게 자리가 마련되었는데, 최나영은 상담 도중 울음을 터뜨리며 죽는 것이 낫겠다는 이야기를 반복하였다.

(2) 클라이언트가 제시한 문제

① 최나영이 제시한 문제

- 아버지의 사고 후, 집에서 혼자 지내는 시간이 많아졌다.
- 외로움에 익숙해지며 가족과 대화하지 않게 되었다.
- 초등학교 6학년 때, 여느 아이들처럼 깔끔히 단정된 모습이 아닌 누추한 자신의 모습을 발견하고 극도로 우울해지며 의기소침해졌다.
- 그 이후부터 학교 가는 것이 두렵고 죽기보다 싫다는 생각을 하게 되었다.

② 최나영 부모님이 제시한 문제

- 가족 내 소통이 단절되며 서로가 의지할 곳을 잃은 채 마음의 병만 커지는 상황이다.
- 늘 빚에 시달리며 하루를 근근이 살아가고 있는 현실이 너무 힘이 든다.
- 현실의 상황에서 딸의 양육을 소홀했던 것이 죄스럽다.
- 사고 후 맞벌이를 시작하며 더욱 함께하는 시간이 줄어들었다.

2 사정

1) 최나영의 문제와 상황검토

클라이언트 최나영은 현재 학교의 부적응, 가족과의 소통 단절 등 고립된 상태로 힘든 시간을 보내고 있다. 상담에서 극도로 의기소침한 모습을 보이다가 결국 울음을 터뜨리며 '죽는게 낫겠다'는 표현을 한 것으로 보아 내면의 상처가 큰 것으로 보이며, 자신의 아픔을 위로받을 곳이 없다고 생각한다.

2) 최나영의 욕구파악을 위한 학술적 개입

(1) 정신분석-프로이드

정신분석 치료는 불안을 야기하고 있는 억압된 충동을 내담자가 자각하게 하는 것이다. 즉, 무의식적인 동기를 의식화하는 것이다. 그러므로 신경증적 고통을 현실적 고통으로 변화시켜 갈등을 해결하고 정신건강을 회복시킬 수 있다.

① 상담과정

구 분	내 용
초기단계	치료동맹 및 자유연상을 통해 내담자와의 상담관계를 형성하여 클라이언트를 이해함
통찰단계	클라이언트에 대한 분석이 이루어지는 단계로 상담자와 소통하는 단계임
훈습단계	훈습을 통하여 바람직한 행동을 현실 생활 속에서 계속 유지하기 위해 노력하는 단계로 실천까지 포함함

(2) 애니어그램/MBTI

구 분	내 용
애니어그램	인간을 9가지 심리유형으로 분류하여 살펴보는 심리학이다. (조절형, 완벽형, 배품형, 성취형, 낭만형, 관찰형, 회의형, 공상형, 보스형)
MBTI	개인의 에너지 방향, 인식 기능, 판단 기능, 생활 양식 등을 조합하여 16가지 유형의 성격을 설명하고 있다. 검사를 통해 단점은 보완하고 장점은 살릴 수 있는 성장 방향성을 찾아 준다.

3) 최나영 부모님의 욕구파악을 위한 학술적 개입

상담을 통하여 클라이언트의 부모님은 가족 내 갈등상황을 잘 인지하고 있었지만, 현실적인 상황에 부딪혀 서로의 아픔을 외면하고 있었다. 현재 어머니의 우울증과 아버지의 자책과 죄책감이 수면으로 떠올랐다.

(1) 개인심리-아들러

개인심리는 인간을 총체적이고 사회적인 목표 지향적 존재로 보았다. 또한 잘못된 생활양식을 긍정적 관점으로 바꾸려고 하였다.

① 상담기법

구 분	내 용
격려하기	내담자의 열등기능과 낮은 자존감을 극복하도록 도와주는 것으로 활용
과제주기	치료회기 동안 충분히 해낼 수 있는 과제를 통하여 내담자가 스스로 문제를 해결하도록 돕는 것
자기모습의 파악	내담자기 자기모습을 있는 그대로 파악하도록 돕는 현실요법으로 활용
질문	내담자의 문제 원인이 무엇인지 알기 위해 다양하게 접근하여 질문하는 것
내담자의 수프에 침뱉기	내담자의 잘못된 행동을 반복하지 않도록 상담자가 개입하여 수정함
마치~처럼 행동하기	새로운 시도를 하도록 제안해 주고 본인이 해 보도록 하여 비전 형성

(2) 경험적 가족치료–사티어

가족의 특유한 갈등과 행동양식에 맞는 경험을 제공하려고 노력하며 경험을 통하여 개인과 가족이 성장하도록 돕고자 하는 가족치료모델이다.

① 상담기법

구 분	내 용
가족조각	어느 시점을 선택하여 그 시점에서의 가족관계, 타인에 대한 느낌과 감정을 동작과 공간을 사용하여 표현하는 비언어적인 기법으로 통찰에 도움을 준다.
역할극	다른 성원의 역할 및 특성을 맡도록 요청하여 새로운 행동을 시행하는 것
가족그림	자신이 느끼는 대로 자유롭게 가족에 대해 그림을 그리게 하는 기법으로 내담자의 의식을 확인하고 희망에 대해 탐색할 수 있다.

3 계획 및 실행

1) 클라이언트의 개입방법

(1) 목표

클라이언트의 심리적 불안요소를 파악하여 해결방법을 모색하고, 가족체계의 재확립 및 소통의 향상에 초점을 맞춰 건강하고 올바른 성장과 가족과의 신뢰를 회복할 수 있도록 한다.

(2) 개입과정

회 차	상 담 내 용
1회	라포형성을 통해 내담자와의 상담관계 형성
2회	정신분석치료 (치료동맹, 자유연상, 전이해석)
3회	최나영 – MBTI 부모님–개인심리치료 (격려, 마치~처럼 행동하기, 자기모습의 파악)
4회	최나영 – 애니어그램 부모님 – 개인심리치료 (질문, 내담자의 수프에 침뱉기, 숙제주기)
5회	사티어의 가족치료 (가족조각, 가족그림)
6회	사티어의 가족치료 (역할극, 역할반전)
7회	종합평가와 사후 검사지의 활용

(3) 서비스 자원 및 연계

① 가족관계회복프로그램
- 감정공유
- 역할 공감
- 감사하기

② 부모프로그램
- 부모심리치료
- 부모교육
- 가족관계 회복
- 사후관리

③ 청소년 활동 연계 및 상담 프로그램

④ 각종 장애인 재활 서비스 및 상담활동 연계(최나영 아버지)

⑤ 고용노동부 성공패키지 취업교육 연계(최나영 부모님)

4 평가

1) 상담분석 결과

구 분	최나영		부모님	
	초기	후기	초기	후기
감정 지각 분석	눈을 마주치지 않고, 손을 만지작거리며 다리를 떠는 등 불안한 행동을 보임	눈을 마주치기 시작했으며, 산만한 행동이 크게 줄었음	부모님 모두 얼굴이 무척 수척하며, 자신을 자책하며 낙담하심	주간 집안일도 이야기하며 자연스럽고 편안한 표정을 지음
일치적 의사소통 분석	질문에 단답형으로 대답하거나, 회피해 버림	답변 시간이 점차 길어지고 상담에 집중하는 모습을 보임	부모님은 갈등상황을 인지하고 있었으나, 각자의 심적 고통만을 강조하며 서로의 아픔을 외면하고 있음	상대방에게 의견을 묻기도 하고 고개를 끄떡이며 공감을 표현함
자기존중 분석	대답에 자신이 없고 목소리가 작았으며 자신에게 집중하는 것을 불안해함	좋아하는 것에 대해 적극적으로 표현하며 미션을 완성하면 성취함으로 즐거워함	가족들 앞에서 쉽게 자신의 감정을 드러내지 못하며 자신을 질책함	각종 서비스 연계와 프로그램, 가족관계 향상을 통해 표정이 한결 밝아지심

가족치료 사례관리 5

1 자료수집

1) 클라이언트 소개

(1) 김길선(가명) 가족

관 계	나이	학력	직업	결혼여부	성장지역	종교	가정유형	수급유형
본인	76세	대졸	과거: 작가	사별	서울 도봉구	천주교	독거	기초수급
아들	48세	고졸	X	X	X	X	혼자 거주	감경

(2) 김길선 및 가족에 대한 신체 및 행동특징

① 김길선: 현재 질병으로 고혈압, 치매, 당뇨가 있으시며 일반 사람들과 이사소통이 불가능하며 다른 이용수급자들과 잦은 마찰이 있고, 어르신께서 일상생활이 전혀 안 되심. 센터에서 요습 계속 배회하는 횟수가 늘었으며 어르신께서 다음 날 아침에는 소화가 되시 않아 가슴이 답답하다고 말씀하심.

② 아들: 현재 간암 말기로 인하여 병원에서 입원 중이며 치료를 받고 있음. 어머니에 대한 기억이 별로 없으며 20대 후반쯤 돼서야 어머니의 소식을 접하게 되어 한 달에 1번은 어르신과 직접 통화를 하며 어르신에게 있어서 유일한 보호자임.

2) 제시된 문제

(1) 의뢰인이 제시한 문제

OO주야간보호센터에서 김길선 어르신께서 며칠째 센터에서 배회하는 욕구가 강하여 자주 외출하시고 센터에 돌아오지 않으심. 그리고 다른 수급자와 의사소통이 되지 않아 잦은 마찰이 있으며 어르신께서 약 복용이 제대로 되지 않아 건강관리에 어려움이 있음. 또한 소화가 잘 되지 않는다며 가슴이 답답하다며 소리치심. 어르신의 상태를 지켜본 결과 정기적인 상담이 필요해 보여 2017년 05월 15일부터 2017년 05월 31일까지 총 9회 상담을 실시함.

(2) 클라이언트가 제시한 문제

① 김길선 어르신이 제시한 문제

- 소화가 잘 되지 않아서 가슴이 답답하다.
- 나가고 싶다.
- 아들 소식이 궁금하다.

② 김길선 아들이 제시한 문제

- 현재 치료를 받고 있어서 건강 악화로 인한 스트레스와 어머니께서 치매가 심하여 무슨 말씀을 하시는 것인지 이해가 안 되고 나중에 어머니를 모실 수 없을 거 같아서 힘들다.
- 어머니께서 약 복용을 꾸준히 잘 드실 수 있도록 센터에서 권유를 해 줬으면 좋겠다.

- 어머니께서 나가시려고 하시면 다른 이야기를 하여서 센터에 되도록 계실 수 있도록 했으면 좋겠다.

③ 문제의 내용과 발생 시기

OO주야간보호센터에서 김길선 어르신께서 평소에 나가고 싶다는 말씀을 자주 하신 적이 있으셨고 4월 중순 쯤 "잠시 집에 다녀올게"라고 말씀을 하시고는 센터에 돌아오지 않으시고 어르신께서 다음 날 센터에 오시면 소화가 되지 않는다고 가슴이 답답하다고 소리치심. 이를 알게 된 OO주야간보호센터 사회복지사가 어르신 집에 방문하던 도중 어르신께서 현재 집 안에서의 일상생활이 전혀 되지 않는다는 것을 알게 되었음.

3) 가족력

(1) 가족체계론적 평가

① 김길선

어르신께서 과거에 화려한 경력이 있고 국어국문학과에 졸업을 하여 초등학생 아이들에게 논술과 수필을 작성하는 방법도 가르친 기억이 있고, 수상한 경험도 많으셨음. 그리고 너무 젊은 나이에 빨리 자식들을 낳게 되어 과부가 된 자신의 삶이 원망스러워 일찍 자식을 내놓았다고 말씀을 해 주심. 그리고 세월이 지나 어떠한 큰 충격으로 인하여 다른 사람들과의 일반적인 의사소통을 할 수 없게 되었고 혼자서 살아온 세월이 많아 일상적인 생활을 하지 못하게 되었다가 가끔씩 친아들 사진을 바라보며 이름을 간신히 알고 계심.

② 아들

어렸을 시절 어머니에 대한 사랑과 관심을 받고 자란 기억이 없어서 모정에 대해 잘 알지 못했으며 직장을 그만두고 간암 말기라는 진단을 받게 되면서 스트레스를 받았고 현재 자신의 어머니를 모신다고 해도 병원에 장기적으로 치료를 해야 되기 때문에 어머니를 모시기에는 무리가 있어서 아픈 어머니를 어떻게 모셔야 될지 막막하고 많이 힘들다고 함.

2 사정

1) 김길선의 문제와 상황검토

김길선 어르신께서는 센터에서 나가시려고 하는 욕구가 강하여 자주 외출하시고 센터에 돌아오지 않으며 그 다음 날에는 소화가 되지 않아 가슴이 답답하다고 말씀을 하심. 또한 어르신 집에 방문하던 도중 집 안에서의 일상생활이 전혀 되지 않는다는 것을 알게 되었으며, 현재 질병으로 인하여 고혈압, 치매, 당뇨가 있으신데 약 복용이 제대로 되지 않아 건강관리에도 어려움이 있음.

2) 김길선의 욕구파악을 위한 학술적 개입

(1) 자기모습 파악하기, 즉시성 기법－아들러

① 자기모습 파악하기 기법이란?

현재 자신의 모습을 있는 그대로 파악할 때 도움이 된다고 보기 때문에 파괴적이고 비논리적인 지금 자신의 모습을 있는 그대로 알도록 하는 기법이다. 새로운 행동으로 옮

기기 전인 지금 자기의 모습을 파악하도록 하는 연습은 자신에 대한 통찰을 가능하게 하고, 새로운 행동으로의 변화를 가져올 수 있도록 한다.

② 즉시성 기법이란?

일상적인 의사소통을 이해하고 이를 개선하도록 조력하여 내담자가 자신의 생활양식의 변화를 가져올 수 있도록 조력하는 기법을 말한다.

현재 김길선 어르신은 센터에서 나가시려는 욕구가 강하며 다른 이용수급자와 의사소통이 되지 않아 잦은 마찰이 있고 나가면 센터에 돌아오지 않으며 다음 날 소화가 되지 않는다며 가슴이 답답하다며 말씀을 하심. 또한 집 안에서의 일상생활이 전혀 되지 않고 있고 약 복용 관리도 되지 않고 있음.

따라서 어르신께 아들러 기법을 통하여 자기모습을 파악하고 일상적인 의사소통을 이해하며 현재 문제점을 개선시킬 수 있도록 도움을 주는 것이 목적이다.

(2) 인지치료 및 인지행동치료 – 미술활동

예진부터 그림그리기를 좋아하신 어르신께 미술프로그램, 푸드아트 프로그램을 실시하여 심리적 안정과 인지능력을 향상시키고 어르신께서 표현을 할 수 있도록 하고 어르신께서 원하는 욕구 등을 파악하여 내담자의 행동 문제들을 해결해 나가는 치료법을 실시한다.

3) 아들과 어르신의 관계

김길선 어르신 아드님에게 어르신 현재 상태를 말씀드렸으나 처음에는 아드님께서 병원에 장기적으로 입원을 하고 있고 치료를 받고 있는 상태여서 상담을 받기가 어려울 것 같다며 거절을 하셨음. 그러나 어르신의 현재 건강상태, 일상생활이 불가능한 상태의 심각성 등 계속적인 설득을 통해 아드님께서 방문을 하지 못하겠지만 유선으로 전화상담을 통해 어머니의 문제를 같이 해결을 할 수 있도록 이야기가 됨.

(1) 구조적 가족상담

내담자(김길선)의 일상생활능력을 스스로 해결할 수 있도록 상담자가 적극적으로 관심을 가지고 개입하여 아드님에게 현재 어르신의 문제점 등 상태에 대해 앞으로의 생활이 계속 유지가 된다면 어떠한 영향을 미치는지 유선통화를 통해 알려 드리며, 어르신께도 충분한 설명을 드리며 행동변화로 고칠 수 있도록, 스스로 문제 상황에 잘 대처할 수 있도록 한다.

3 계획 및 실행

1) 김길선 어르신 개입방법

(1) 목표

김길선 어르신 같은 경우 일상생활이 전혀 되지 않아 복용하고 계신 약을 제대로 드시지 못하는 상황이며, 판단능력이 약하심. 또한 질병으로 고혈압, 치매, 당뇨가 있으시고 어르신께서 센터에서 나가고 싶은 욕구가 매우 강하심. 따라서 어르신께 의료적 서비스를 지원해 드리고 건강관리에 신경 쓸 수 있도록 지원을 해 드리며 어르신께서 센터에 나가고 싶은 욕구가 무엇인지 파악하며 문제를 해결해 줌으로써 속이 답답한 마음도 회복할 수 있도록 목표로 한다.

(2) 계약 내용

어르신께서 의사소통이 잘 되지 않아 주 1회 30분 동안 총 9회 정도 심리상담 및 치료를 하기로 하였고, 상항에 따라 일정을 조정할 수 있도록 하였다.

(3) 개입 과정

회 차	상 담 내 용
1회 2020.5.3.수	어르신과 이야기를 하면서 안정적 분위기에서 센터에서 나가고 싶은 이유가 무엇인지 파악한다.
2회 2020.5.5.금	현재의 어르신 마음이 어떤지 상태인지 파악하여 어르신과 대화를 천천히 나누며 스트레스 완화와 유대감을 증진시킨다.
3회 2020.5.10.수	의료지원팀에서 어르신께서 약을 복용을 어떻게 관리를 하고 계시는지 집에 방문하여 건강관리를 예방한다.
4회 2020.5.12.금	복지지원팀에서 어르신께서 답답함을 요구하실 때 산책활동을 권유해 드리며, 마음에 있는 스트레스를 해소하며 사회 구성원들과 유대관계 회복을 위한 사회적응 활동을 제시한다.
5회 2020.5.17.수	선문의와 상담을 실시하고 일상생활동작훈련을 교육하여 치매를 예방한다.
6회 2020.5.19.금	운영지원팀에서 어르신 집에 방문하여 일상생활동작이 가능할 수 있도록 청소 업체를 불러 깨끗한 환경에서 어르신이 지낼 수 있도록 제공할 방안을 생각한다.
7회 2020.5.24.수	복지지원팀에서 어르신께 미술활동, 푸드아트테라피 프로그램을 제공하여 어르신께서 답답한 심리적 스트레스를 표현을 할 수 있도록 프로그램을 제공한다.
8회 2020.5.26.금	생활지원팀에서 어르신께서 센터에 잘 적응할 수 있도록 어르신 자리배치를 조정하여 다른 어르신들과 잦은 마찰을 해결할 수 있는 방안을 생각하며 서비스를 제공한다.
9회 2020.5.31.수	종합평가와 사후 검사지

(4) 서비스 자원 및 연계

〈의료지원팀〉

- 어르신 약물 투약 관리
- 의료진료 서비스 동행
- 혈압, 체온, 혈당 수시로 체크

〈복지지원팀〉

- 어르신 산책 동행
- 미술치료
- 푸드아트테라피 및 색깔치료
- 상담치료
- 아들 전화상담

〈생활지원팀〉

- 말벗 도움
- 신체향상 프로그램 서비스 지원
- 다른 이용수급자와 친목 도모

〈운영지원팀〉

- 주거환경 서비스 지원
- 전문가 상담 서비스 지원

2) 아들 개입방법

(1) 목표

현재 아들은 간암 말기로 인하여 병원에서 입원 중이며 치료를 받고 있는 상태이다. 아들과 유선통화를 하면서 어르신의 상태 행동변화를 주기적으로 유선통화 상담을 실시하고 건강악화를 완화하며 정신적 스트레스를 해소시켜 드리는 것이 본 상담의 목적이며 아들에 대해서는 어르신에 대한 정확한 정보의 제공과 대처방안에 대해 논의하는 것을 주안점으로 하였다.

(2) 계약 내용

주 1회 10분 동안 총 9회 정도 유선통화 상담을 하기로 하였고 상황에 따라 통화가 불가능하다면 일정을 조정하여 할 수 있도록 하였다.

(3) 개입 과정

회 차	상 담 내 용
1회 2020.5.3.수	아들과 유선통화를 하며 현재 건강악화로 인한 아들의 심리상태와 가장 스트레스를 받는 것은 무엇인지 파악하며 상담을 실시한다.
2회 2020.5.5.금	의료지원팀에서 어르신께서 이용하셨던 의료기관에 대해 물어보며 현재 복용하고 계신 약에 대해 앞으로 투약관리를 어떻게 관리했으면 좋을지 상담을 실시한다.
3회 2020.5.10.수	복지지원팀에서 어르신과 같이 산책활동을 하는 것에 대한 보호자 동의를 얻으며 센터 내에서 생활하시는 일상을 간단히 유선통화를 하여 실시한다.
4회 2020.5.12.금	복지지원팀에서 어르신과 아들이 전화통화를 할 수 있도록 지원해 드리며 가족관계 회복을 시킬 수 있도록 한다.

5회 2020.5.17.수	아드님께 의료지원팀 1명, 복지지원팀 1명이 같이 어르신과 전문의와 상담을 통해 일상생활동작훈련을 교육받으며 치매 예방교육을 하는 것에 대한 동의를 얻는다.
6회 2020.5.19.금	운영지원팀에서 어르신 주거환경에 대해 변화를 주고자 한다며 아드님에게 충분한 설명을 드리고 청소업체를 두 달에 한 번 불러서 어르신께서 깨끗한 환경 속에 지낼 수 있도록 하는 것에 대한 서비스 동의를 얻는다.
7회 2020.5.24.수	복지지원팀에서 아드님께서 어르신께 바라는 점은 무엇인지 여쭈어 보며 각 지원 서비스를 연계할 수 있도록 협의한다.
8회 2020.5.26.금	종결 후에도 어르신의 일상생활에 지속적인 관리가 필요하기 때문에 각 업무팀에서 신경 쓰도록 하며 아들과 어르신의 관계가 유지될 수 있도록 적극적으로 지원을 한다.
9회 2020.5.31.수	종합평가와 사후 검사지

(4) 서비스 자원 및 연계

〈의료지원팀〉

- 어르신 약물 투약 관리
- 의료진료 서비스 동행
- 혈압, 체온, 혈당 수시로 체크

〈복지지원팀〉

- 어르신 산책 동행
- 어르신과의 전화 통화 지원
- 아들 전화상담

〈운영지원팀〉

- 주거환경 서비스 지원
- 전문가 상담 서비스 지원

4 평가

1) 상담분석 결과

구 분	김길선		아들	
	초기	후기	초기	후기
감정 지각 분석	센터에서 나가고 싶은 욕구가 강하며 다음 날 아침에는 어르신께서 가슴이 답답하다며 소리치심	나가고 싶은 욕구가 산책활동을 통해서 줄어들며 각 프로그램에 참여를 하니 다른 이용수급자들과 잘 지내심	어렸을 적 어머니에 대한 기억이 별로 없으며 현재 어머니께서 치매로 인하여 의사소통이 불가능하여 모시기에 어려움이 있고 현재 자신의 건강악화로 인한 스트레스가 많이 있으심	전화상담을 통해 각 운영 지원팀 서비스 제공에 대한 동의를 허락하며 어머니와 자주 전화통화를 하고 나서 어머니에게 관심을 가지심
의사 소통 분석	다른 이용수급자들과 의사소통이 불가능	어르신과 지속적인 상담을 통하여 원하는 욕구를 정확하게 말씀하시고 다른 이용수급자들과 간단한 말씀도 나누심	어머니와 한 달에 한 번씩 통화를 하면서 의사소통이 되지 않아서 도대체 무슨 말을 하시는 것인지 몰라서 전화통화 하시는 것을 어려워하심	어르신 이야기를 공감해 주면서 전화통화도 자주 하심
자기 존중 분석	어떠한 큰 충격으로 인하여 일반 사람들과 의사소통이 되지 않고 혼자 지낸 세월이 많아서 일상생활이 불가능한 채 방치하며 살아옴	어르신께서 스스로 청소도 하시려고 하며 투약관리도 계속적으로 꾸준히 드시면서 건강관리를 예방하심	건강 악화로 인한 스트레스와 치매로 인하여 일상생활이 불가능해진 어머니를 보고 앞으로 어떻게 모셔야 할지 막막하며 힘들다고 하심	행복해하심

2) 평가 및 사후 관리

■ 지속적인 관리가 어르신의 건강상태를 예방한다.

자기모습파악하기, 지속성을 통하여 김길선 어르신이 일상적인 의사소통을 이해하며 현재 문제점을 개선시킬 수 있도록 도움을 주려고 노력하였으며 어르신께서 배회하고 싶을 때 산책활동을 권유하면서 잠깐 산책활동을 다녀올 수 있도록 프로그램을 제공해 드림. 또한 어르신이 좋아하시는 미술활동 프로그램을 진행하면서 자유롭게 어르신 심리적 상태를 표현하도록 하며 어르신께서 원하는 욕구 등 파악하여 문제들을 해결해 나가도록 실시하였다.

그 결과 나가고 싶은 배회 횟수가 산책활동을 통해서 줄어들었고 프로그램에 참여를 하시니 다른 이용수급자들과 간단한 이야기를 하며 잦은 마찰도 사라지며 센터에 잘 지내시게 되었고, 어르신께 계속적인 일상생활 동작훈련을 실시하고 나서 스스로 청소도 하시려고 하고 가슴이 답답하시다는 말씀도 줄어들며 복용하는 약도 꾸준히 드시면서 건강관리가 가능하였다. 김길선 어르신은 앞으로도 계속 꾸준히 일상생활동작훈련을 반복하며 상담을 통해서 건강한 삶과 행복한 삶을 살아갈 수 있도록 지속적인 관심이 필요해 보인다.

가족치료 사례관리 6

1 자료수집

1) 클라이언트 소개

(1) 박미래 가족

관 계	나이	학력	직업	결혼여부	성장지역	종교	가정유형	수급유형
본인	12세	초4 재학	초등학생	–	경기도	무교	한부모	수급권자
엄마	39세	고졸	주부 (비정규직)	이혼 후 동거	경기도	무교	한부모	수급권자
큰딸	15세	중2 재학	중학생	–	경기도	무교	한부모	수급권자
막내아들	8세	초1 재학	초등학생	–	경기도	무교	한부모	수급권자
엄마의 남자친구	37세	고졸	비정규직	동거	경기도	무교	–	–

(2) 박미래 및 엄마에 대한 신체 및 행동특징

① 박미래: 키는 보통이고 약간 마른 체형이며 장난치듯 말을 빠르게 하여, 알아듣기 어려워하는 선생님의 표정이나 반응을 살핀다. 단둘이 있는 것이 불안한 듯 문을 자주 본다.

② 엄마: 몹시 피곤한 얼굴에 눈을 마주치지 않고 내려다보며 말하고 묻는 말 이외에 별다른 말을 하지 않는다.

③ 큰딸: 피부가 하얗고 짙은 입술 화장을 하고 있으며 의자에 가만히 앉아 있지 못하고 이것저것 만지며 산만하다. 질문을 던지면 다른 말을 하거나 "선생님은 몇 살이세요?"라며 다시 질문을 던진다.

④ 막내아들: 얼굴이 동그랗고 하얀 피부에 통통한 체격이며 앞니가 하나 빠져 있다. 질문을 하면 웃는 얼굴로 "잘 모르겠어요"라고 애교 섞인 목소리로 대답한다.

(3) 전 상담 경험에 대한 정보

없음

2) 의뢰 과정

○○지역아동센터에서 박미래의 정기상담 도중 엄마의 남자친구에게 성폭행을 당한 사실을 알게 되었고, 이 사건에 대하여 사실을 확인하고 즉각 관계기관에 통보하여 가해자에 대해 조치를 취하였다. 피해 아동과 가족들은 ○○지역아동센터 사회복지사로부터 의뢰되어 2017년 3월 2일부터 2017년 4월 13일까지 총 7회 상담하였다.

3) 제시된 문제

(1) 의뢰인이 제시한 문제

박미래는 ○○지역아동센터에서 사건 이후 또래들에게 화를 자주 내며 동생에게서 눈을 떼지 않는 등 동생에 대한 강한 집착을 보이고, 어른에 대한 부정적 인식과 불안감으로 인해 학습 선생님에게 분노와 적대감 등 반항적 행동을 나타내고 있다.

(2) 클라이언트가 제시한 문제

① 박미래가 제시한 문제

- 엄마가 내 말을 잘 들어주지 않는다.
- 센터에서 남자아이들이 내 동생을 자꾸 때린다.
- 집에 가기 싫다.
- 강아지를 키우고 싶다.

② 박미래 어머니가 제시한 문제

- 박미래가 말을 잘 안 듣고 자주 거짓말을 한다.
- 산만하고 시끄럽게 말을 많이 한다.
- 아이들 셋을 혼자서 양육하는 것이 너무 힘들고 자신의 건강도 좋지 않다.

③ 문제의 내용과 발생 시기

ㅇㅇ지역아동센터에서 평소 방과 후 수업을 받고 있는 박미래가 2달 전부터 밝고 명랑하던 모습은 사라지고 친구들과 다툼이 잦고 남동생의 행동에 강한 집착을 보이기 시작했다. 또한 여자아이들보다 남자아이들과 어울려 놀며 심한 욕설도 서슴없이 했다. 박미래를 관찰하던 아동센터의 사회복지사가 아이와 상담을 하던 중 아저씨와 엄마가 1여 년 동거를 하였는데 3개월 전쯤부터 집에 혼자 있을 때 여러 차례 성추행과 성폭행을 당하게 되었으며, 그 사실을 엄마에게 알렸지만 엄마는 거짓말 한다며 오히려 혼내고 아무에게도 말하지 말라고 하였다.

4) 가족력

(1) 가족체계론적 평가

① 박미래

엄마는 아빠랑 이혼한 후 오래전부터 나의 이야기는 잘 들어주지 않으셨고 나를 몹시 귀찮아 하셨으며 언니랑 다툴 때면 욕도 하시고 때리기도 하셨다. 그리고 자주 아저씨들과 술을 마시고 취해 늦게 들어오실 때가 많았다. 그때마다 막내만 안아 주며 예뻐하셨다. 아빠는 이혼 후 연락이 없었고 엄마에게 물어보면 화를 내셔서 아빠 얘긴 꺼내지 않았다.

② 엄마

박미래의 엄마는 아버님이 중학교 시절 돌아가시고 어머님께서 홀로 4남매를 키우셨는데 그중에 셋째 딸로 성장하였으며, 언니는 일찍 취업하여 식구들의 생활을 책임졌고 오빠는 공부를 잘하여 어머니의 자랑이었으며 막내는 막내로서 사랑을 받았지만 박미래의 엄마는 항상 부족한 자식으로 어머니의 사랑과 인정을 받지 못했다고 한다.

일찍 결혼하여 안정적인 삶을 살고 싶었지만 남편에 외도와 생활고로 인해 이혼하게 되었고 형제들은 모두 경제적으로 부유한 편이어서 때마다 자신을 무시하여 현재 친정쪽 가족들과 소원해진 상태이다.

③ 큰딸

어렸을 때 피아노학원, 영어학원, 발표학원 등 학원을 많이 다녔고 엄마가 성적에 관심이 많아 성적이 떨어지면 몹시 화내셨다. 엄마의 기대에 부응하고자 초등학교 때는 열심히 공부했지만 지금은 공부가 너무 어렵고 하기 싫다. 음악과 춤이 좋다.

④ 막내아들

엄마가 술을 드시면 자꾸 껴안아 힘들다. 누나랑 엄마랑 행복하게 살고 싶다.

5) 가계도

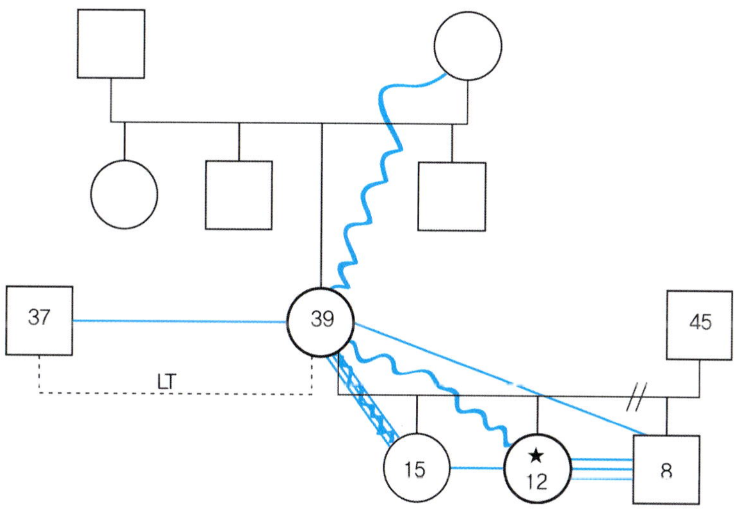

2 사정

1) 박미래의 문제와 상황검토

박미래는 아저씨의 행동에 대해 자신을 지켜 줄 것으로 믿었던 엄마로부터 외면을 당하면서 큰 상처를 입고 행동에 변화를 보여 준다.

화를 자주 내고 동생에 대한 강한 집착과 어른에 대한 부정적 인식, 불신, 낯선 사람으로부터 갖는 불안감으로 인해 분노와 적대감 등으로 반항적 행동이 나타나고 있었다.

2) 박미래의 욕구파악을 위한 학술적 개입

(1) 정신분석(불안)-프로이드

불안은 무엇을 하기 위해 동기를 유발하게 하는 긴장상태로서, 생체의 안전을 위협하는 모든 상황에 대해 불안을 일으킨다.

① 현실적 불안: 현실 세계의 위험에 대한 반응으로의 불안

② 신경증적 불안: 원초아(본능)의 충동이 의식 속에서 분출되어 나올 것에 대한 불안

③ 도덕적 불안: 죄책감과 수치심으로 표현되는 초자아(양심)의 처벌 위협에 대한 반응으로의 불안

(2) 인지치료 및 인지행동치료-아론 벡

내담자가 지닌 정서적 불안감 또는 행동 문제들과 관련된 역기능적 사고를 찾고 내담자와 협동

적으로 역기능적인 사고를 수정하여, 행동 문제들을 해결해 나가는 치료법(권정혜 · 이재우, 2001)

3) 엄마와 가족의 관계

엄마에 상담을 실시하여 이 사건에 대해 설명하였으나 처음에는 강하게 부정하였고 오히려 센터에서 아이의 거짓말을 조장하였다고 화를 냈다. 그러나 미래의 고통과 이 사건에 심각성, 가족의 문제 등을 계속적으로 설득하였고 엄마도 상황을 받아들여 빠른 조치와 해결에 동의하였다.

(1) 사티어의 경험적 가족치료

내담자(엄마)의 자아존중감을 회복시켜 자신의 가치를 인정하고 장점과 지원을 발견, 활용하도록 도와 스스로 문제 상황에 잘 대처할 수 있도록 한다.

또한 자기인생에 대한 선택권을 스스로 갖도록 하며 합리적, 현실적, 인간적으로 가족 규칙을 만들어 일치형의 의사소통을 통해 가족관계 개선을 이루도록 한다.

(2) 인간중심 치료(긍정적인 인간관) – 로저스

혼자서는 할 수 없는 것들을 할 수 있도록 도와주며 다른 사람과의 관계 속에서 대화를 통해 내면의 목소리를 구체화하여 변화의 욕구 및 확신을 구체화하고 심리 치료적 성장을 경험하고 그들의 관계에 의해 창조된 지금 여기의 경험에 초점을 맞추는 것이 중요하다(일치성, 공감적 이해, 무조건적 긍정적 존중, 유기체의 지혜를 신뢰하는 인간중심적 태도).

3 계획 및 실행

1) 박미래의 개입방법

(1) 목표

박미래의 경우 자아가 완전히 확립되지 않은 상태, 판단 능력이 약한 성장기에 속해 있기 때문에 이 사건을 충격으로 받아들일 경우 행동이나 정서상으로 심각한 후유증으로 남을 수 있다.

따라서 심리적 불안의 요소를 파악하고 행동적 문제를 해결해 줌으로써 건강하고 올바른 성장과 가족과의 신뢰를 회복할 수 있도록 한다.

(2) 계약 내용

주 1회씩 60분씩 총 7회 정도 심리상담 및 치료를 하기로 하였고 클라이언트의 상황에 따라 일정을 조정할 수 있도록 하였다.

(3) 개입 과정

회 차	상 담 내 용
1회 2020.3.2.목	클라이언트의 이야기를 들으면서 안정적 분위기로 라포형성과 미술치료를 통한 심리적 불안요소를 파악한다.
2회 2020.3.9.목	음악을 도구로 하여 현재의 마음 상태를 악기 소리를 통하여 전달하고 상대의 마음도 알아가면서 스트레스 완화와 유대감을 증진시킨다.
3회 2020.3.16.목	인형놀이를 통해 "내 잘못이 아냐" 심리적 불안요소를 제거하고 스스로의 문제를 극복할 수 있는 힘을 기른다.
4회 2020.3.23.목	1주간의 학교, 가정생활에 대해 듣고 또래관계와 가족들과의 유대관계 회복을 위한 방법을 제시한다.
5회 2020.3.30.목	엄마와 딸의 신뢰 회복과 관계 개선을 위하여 감정교류, 역할 공감, 감사하기 등을 실천한다.
6회 2020.4.6.목	인지행동치료(사건 → 감정 → 자동적 사고 → 인지적 오류 → 합리적 사고)를 실시한다. '요술램프요정 지니가 3가지 소원을 들어준다면?'을 기적질문으로 활용한다.
7회 2020.4.13.목	종합평가와 사후 검사지

(4) 서비스 자원 및 연계

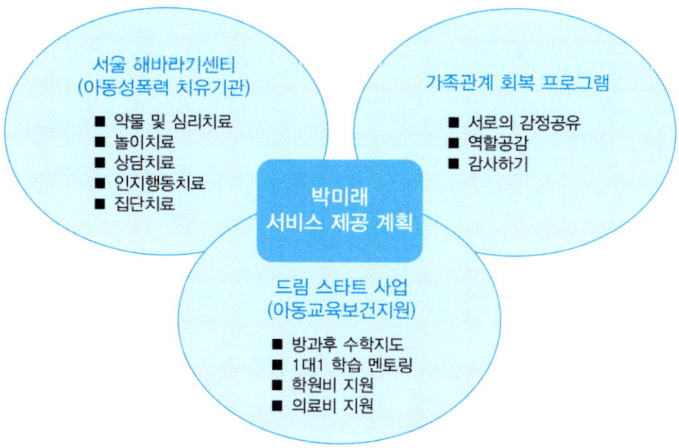

2) 엄마의 개입방법

(1) 목표

낮은 자존감을 향상시켜 자신의 삶이 실패할 것에 대한 두려움을 이겨 내고 가족의 소중함과 행복한 가정을 만들고자 하는 의지를 갖게 한다.

(2) 계약 내용

주 1회씩 60분씩 총 7회 정도 심리상담 및 치료를 하기로 하였고 클라이언트의 상황에 따라 일정을 조정할 수 있도록 하였다.

(3) 개입 과정

회 차	상 담 내 용
1회 2020.3.2.목	무의식의 빙산치료를 통해 내담자의 감정, 기대, 지각, 열망 등 경험을 표면화하고 변형함으로써 변화를 갖게 한다.
2회 2020.3.9.목	원가족 도표제시 및 설명으로 가족의 상호작용과 역할, 그리고 자신의 영향권을 이해하도록 한다.
3회 2020.3.16.목	가족조각치료기법을 시행하여 특정 시점에서 가족관계, 타인에 대한 느낌과 감정을 동작과 공간을 사용하여 표현한다.
4회 2020.3.23.목	박미래 엄마의 자아존중감 회복 과정을 체크하고 알코올 의존 빈도 그리고 가족과의 대화, 경청, 전달 등을 설명하고 교육한다.
5회 2020.3.30.목	엄마의 경제 활동을 위한 욕구, 문제, 의지를 확인하고 자립 기반 마련을 위한 방법을 제시한다.
6회 2020.4.6.목	엄마의 섬세한 성격에 강점과 자녀양육의 긍정적 태도를 확인한다.
7회 2020.4.13.목	어머니가 자녀에 대한 신뢰, 사랑 그리고 가족의 중요성을 확인하고 삶을 주도적으로 이끌 수 있는 자기실현의 기회를 갖도록 종결 후에도 사후 계속 관리가 필요하다.

4 평가

1) 상담분석 결과

구 분	박미래		엄마	
	초기	후기	초기	후기
감정 지각 분석	책상만 바라보며 눈을 마주치지 않고 거리를 두며 경계함	자연스럽게 인사를 건네며 질문도 하고 관심을 주기도 함	상담을 무척 어색해하며 잘 모르겠고 다소 무성의하게 대답함	주간 집안일도 이야기하며 자연스럽고 편안한 표정을 지음
일치적 의사 소통 분석	묻는 질문에 엉뚱한 대답을 하거나 자신이 회피하려고 함	생각해서 말하려는 노력이 보이며 상대의 기분을 살피기도 함	굳은 표정으로 본인과 생각이 다르면 이해를 하지 못하며 답답해함	상대방에게 의견을 묻기도 하고 고개를 끄떡이며 공감을 표현함
자기 존중 분석	대답에 자신이 없고 목소리가 작았으며 자신에게 집중하는 것을 불안해함	좋아하는 것에 대해 적극적으로 표현하며 미션을 완성하면 성취감으로 즐거워함	자신과 가족 이야기를 쉽게 꺼내지 못함	친구도 만들고 교육도 받아 즐거움을 느낀다며 목소리에 힘이 생김

2) 평가 및 사후 관리

(1) 미래의 환한 미소

편안하고 안정된 분위기 속에서 박미래의 심리적인 상태를 이해하기 위해 노력하였으며 비언어적(미술치료, 음악치료 등)으로 부담을 줄여 스스로 표현할 수 있을 때까지 지지하고 공감해 준 결과 아동의 불안감, 공포감, 우울감 등 심리적 어려움을 겪고 있는 문제를 파악하게 되었고, 정기적인 상담과 치료를 진행하면서 아동 자신이 극복하고자 하는 적극적인 의지를 발견할 수 있었다.

박미래 본연의 밝고 긍정적인 성격의 강점을 끌어내어 사건의 트라우마에서 벗어나 올바른 성장과 행복한 삶을 살아갈 수 있도록 상담 치료와 사회적 시스템 지원이 지속적으로 진행되어야 한다.

(2) 행복 삶을 위한 엄마의 용기 있는 첫걸음

엄마 개인의 심리적, 정서적 문제가 해결되지 못한 상태에서 낮은 자아존중감과 삶을 실패할 것에 대한 두려움 등으로 자녀의 고통을 이해하지 못하고 외면하게 됨으로써 엄마의 역할과 기능을 제대로 수행할 수 없었다.

엄마의 상처는 아이에게 그대로 전달되어 아이의 어려움을 가중시킬 가능성이 높기 때문에 엄마 또한 치료적 상담이 필요했으며 상담을 진행하면서 낮았던 자존감과 자기 표현 능력을 향상시킴으로써 자신의 장점과 변화된 삶으로 살아갈 수 있는 의지를 발견할 수 있었다.

엄마 또한 가족의 중요성과 행복한 가정을 만들기 위해 유능한 부모역할 훈련, 의사소통 방법 그리고 심리적 안정 등이 완전히 회복될 때까지 상담과 다양한 사회 시스템이 꾸준히 제공되어야 한다.

사례관리는 다양한 가족의 각 사례별로 학습한 이론적 바탕에 기초하여 다양한 상담기법을 적용하고 내담자와의 피드백을 반영하여 결과를 도출해 내게 된다.

상담 일지 (내방용)

일자	년 월 일 요일
상담자	

<table>
<tr><td rowspan="4">내담자</td><td>성 명</td><td></td><td>학년 반</td><td></td><td>성 별</td><td></td></tr>
<tr><td>생년월일</td><td></td><td>전화번호</td><td colspan="3"></td></tr>
<tr><td>내 용</td><td colspan="5">☐ 학업·진로 ☐ 친구 ☐ 가정 ☐ 성, 신체 ☐ 학교생활
☐ 기타 ( )</td></tr>
<tr><td>동거 가족</td><td colspan="5">☐ 부 ☐ 모 ☐ 형 ☐ 제 ☐ 기타 ( )</td></tr>
<tr><td colspan="2">상담 방법</td><td colspan="5">☐ 전화 ☐ 면담 ☐ 가정 방문 ☐ 기타(일기, 이메일, 학급 홈)</td></tr>
<tr><td colspan="2">상담 내용</td><td colspan="5"></td></tr>
<tr><td colspan="2">상담 결과</td><td colspan="5"></td></tr>
<tr><td colspan="2">기타 사항</td><td colspan="5"></td></tr>
</table>

가족상담 종결보고서

가족상담명 :	지도자 :	SUPERVISOR :
상담기간 : 2020-00-00 ~ 2020-00-00	참가자 : 명	수료자 : 명
총 회차 : 회기	상담대상 :	

1. 가족상담 목표	
2. 상담 과정상 특이사항	
3. 가족상담의 성과평가 (개별집단원 평가포함)	
4. 기타 차기집단상담의 고려할 점	

다음 각 항목들은 가정생활 건강성에 관한 척도이다(김경아, 2002).[2)]

번호	문 항	전혀 아니다	아니다	보통 이다	그렇다	매우 그렇다
1	우리 가족은 서로에게 친근감을 느낀다.					
2	우리 가족은 서로에게 의미 있는 존재이다.					
3	우리 가족은 서로에게 너그럽다.					
4	우리 가족은 서로에 대해 믿음을 가지고 있다.					
5	우리 가족은 화목하다.					
6	우리 가족은 가정에 충실하다.					
7	우리 가족은 서로의 인격을 존중해 준다.					
8	우리 가족을 생각하면 마음이 든든하다.					
9	우리 가족은 서로에게 도움이 되고자 노력한다.					
10	우리 가족은 서로에 대해 관심이 크다.					
11	우리 가족은 종종 여가를 함께 즐긴다.					
12	우리 가족은 가족단위의 여가활동이 있다.					
13	우리 가족은 여가계획을 짤 때 마음이 잘 맞는다.					
14	우리 가족의 관심사와 취미는 유사하다.					
15	우리 가족은 함께 모여 시간 보내기를 좋아한다.					
16	우리 가족은 함께하는 시간은 진솔하고 유익하다.					
17	우리 가족은 서로에게 설교나 훈계를 하기보다는 함께 상의를 하는 편이다.					
18	우리 가족은 서로 수용적인 태도로 대화한다.					
19	우리 가족은 숨김없이 모든 것을 털어놓는다.					

2) 김경아(2002). 청소년의 예절수행 세대전이 및 가정생활 건강성. 숙명여자대학교 대학원 박사학위논문.

번호	문 항	전혀 아니다	아니다	보통 이다	그렇다	매우 그렇다
20	우리 가족은 서로의 의견을 조정하여 타협할 수 있다.					
21	우리 가족은 한 사람의 견해에 따르기보다는 서로 의견을 나누어 협의한다.					
22	우리 가족은 싸우지 않고 이야기를 나눈다.					
23	우리 가족은 개인적인 문제를 가족들과 상의한다.					
24	우리 가족은 서로의 말을 주의 깊게 듣는다.					
25	우리 가족은 개방되고 솔직하게 대화를 나눈다.					
26	우리 가족은 서로 비난하거나 무시하는 말을 하지 않는다.					
27	우리 가족은 어떤 문제에 당면해도 이에 대처할 수 있다.					
28	우리 가족은 강인하다.					
29	우리 가족은 인내심이 있다.					
30	우리 가족은 위기가 닥치면 가족원 모두에게 최선의 해결이 되도록 노력한다.					
31	우리 가족은 위기를 통해 함께 성장한다.					
32	우리 가족은 문제를 여러 방법으로 해결하고자 노력한다.					
33	우리 가족은 위기가 닥쳤을 때 서로 갖고 있는 자원을 공유한다.					

다음은 삶의 질에 대한 척도[3]이다. 다음의 삶의 질의 측정도구는 민성길 등(2000)의 한국판 세계보건기구 삶의 질 간편형 척도(WHOQOL-BREF)에서 발췌하였으며 영역은 신체, 사회, 심리, 생활환경의 4개 영역에 대하여 24개의 하위척도와 전반적인 삶의 질을 묻는 2문항을 포함한 총 26문항으로 구성되어 있다.

번호	구 분	전혀 그렇지 않다	그렇지 않다	보통 이다	조금 그렇다	매우 그렇다
1	나의 삶의 질이 높다고 생각한다.					
2	나는 나의 건강상태에 대해 만족하고 있다.					
3	나는 일상생활로 인해 내가 해야 할 일들을 방해받고 있다.					
4	나는 일상생활을 잘하기 위해 시간이 필요하다.					
5	나는 인생을 즐긴다.					
6	나의 삶의 매우 의미가 있다.					
7	나는 정신을 잘 집중할 수 있다.					
8	나는 일상생활에서 안전하다고 느낀다.					
9	나는 일상생활을 하기에 좋은 주거환경에 실고 있다.					
10	나는 일상생활을 위한 에너지를 충분히 가지고 있다.					
11	나는 나의 신체적 외모에 만족한다.					
12	나는 나에게 필요한 충분한 경제력을 가지고 있다.					

3) 민성길 · 이창길 · 김광일 · 서신영 · 김동기(2000). 한국판 세계보건기구 삶의 질 간편형 척도(WHOQOL-BREF)의 개발. 신경정신의학, 39(3): 571-579.

번호	구 분	전혀 그렇지 않다	그렇지 않다	보통이다	조금 그렇다	매우 그렇다
13	나는 나의 삶에서 필요로 하는 정보를 쉽게 구할 수 있다.					
14	나는 가족과 여가활동을 위한 기회를 충분히 가지고 있다.					
15	나는 나의 수면에 충분히 만족한다.					
16	나는 나에게 필요한 일상생활을 수행하는 나의 능력에 대해 만족하고 있다.					
17	나는 내가 일할 수 있는 능력에 대해 만족하고 있다.					
18	나는 나 스스로에 대해 만족하고 있다.					
19	나는 나의 개인적 대인관계에 대해 만족하고 있다.					
20	나는 나의 성생활에 대해 만족하고 있다.					
21	나는 주위 친지나 친구들로부터 받고 있는 도움에 대해 만족하고 있다.					
22	나는 내가 살고 있는 집이나 주변환경에 대해 만족하고 있다.					
23	나는 치료 및 교육서비스를 쉽게 받을 수 있다는 점에 만족하고 있다.					
24	나는 내가 사용하는 교통수단에 대해 만족하고 있다.					
25	나는 신체적 활동을 잘할 수 있다.					
26	나는 우울함, 절망감, 불안감, 의기소침 등의 부정적인 기분을 자주 느낀다.					

부록
우리나라의 가족 관련 정책의 활용

1절 「건강가정기본법」 및 여성가족부 활동

1 「건강가정기본법」의 의의와 목적[1)]

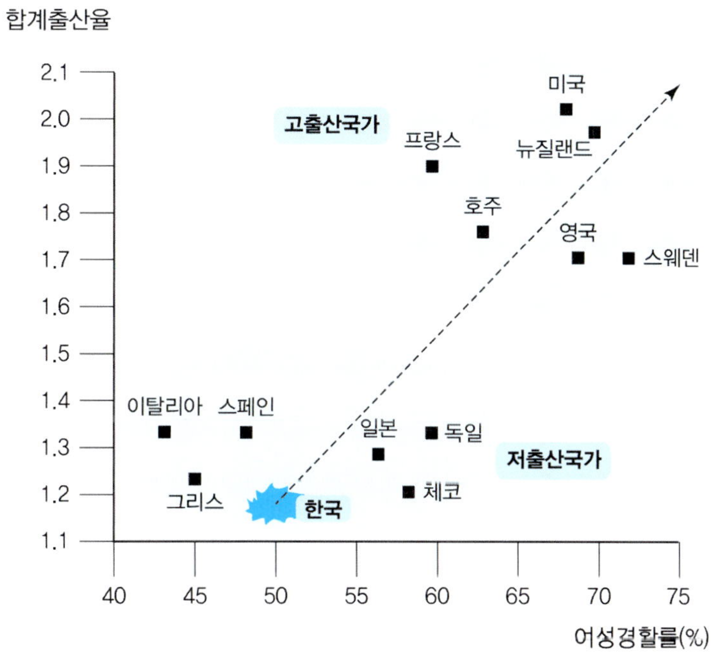

출처: 홍승아 외. '일가족양립정책의 국제비교연구'(2009)

[그림-1] 합계출산율과 여성의 경제활동참여율의 관계

「건강가정기본법」의 제4조에 의하면 모든 국민은 가정의 구성원으로 안정되고 인간다운 삶을 유지하며 가정생활을 영위할 권리가 있기 때문에 모든 국민은 가정의 중요성

1) 홍승아 외. '일가족양립정책의 국제비교연구' (2009) 참조

을 인식하고 복지의 향상을 위하여 노력하여야 한다고 제시하고 있다. 또한 동법 제5조에서는 국가 및 지방자치단체가 건강가정을 위하여 필요한 제도와 여건을 조성하고 이를 위한 시책을 추진하여야 하고 가족 구성원의 특성과 가정유형을 고려하여, 민주적 가정형성, 가정 친화적 환경조성, 양성평등한 가족가치실현과 가사노동의 정당한 가치평가를 위하여 노력하여야 한다고 하고 있다.

우리나라의 「건강가정기본법」 입법 기본취지는 가족복지 구성원의 복지증진이다. 「건강가정기본법」은 2004년 2월에 제정되어 2005년 1월 시행된 이래 2010년 3월 19일 개정되었다. 입법 목적은 동법 제1조에 다음과 같이 제시하고 있다. 건강한 가정생활의 영위와 가족의 유지 및 발전을 위한 국민의 권리·의무와 국가 및 지방자치단체 등의 책임을 명백히 하고, 가정문제의 적절한 해결방안을 강구하며 가족 구성원의 복지증진에 이바지할 수 있는 지원정책을 강화함으로써 건강가정 구현에 기여하고자 한다(동법 제1조).

「건강가정기본법」은 기존의 보건복지부에서보다 전문적이며 종합적 가족정책의 기능을 수행하기 위하여 여성가족부에서 업무를 담당하도록 하였다. 그러나 가족에 대한 기본정의에 있어서 가족, 가정, 건강가정에 대한 정의를 통하여 가족을 규정함으로써 많은 다양성을 인정하고자 하는 조직이나 단체를 통한 논란도 많았다.

특히 「건강가정기본법」에서 정의하는 가족이 혼인 및 혈연, 입양으로 이루어진 사회의 기본 단위를 의미하므로 전통적 가족의 정의의 테두리에 한정되어 가족을 정의하여 다양한 가족을 포용하지 못한다는 점이 지적되었다. 그 밖에 건강가정의 의미로 가족 구성원의 욕구가 충족된 인간다운 삶이 보장되는 상태로 규정한 것에 대한 논란도 있었다. 가족은 희노애락과 다양한 위기를 함께 겪어 내며 경험하는 결속체이다. 따라서 이러한 관점에서 건강가정을 한정하고 규정하는 것으로 인하여 그렇지 못한 가정에 대한 낙인감과 다양한 영역을 포괄하지 못한 채 단면만을 지향할 수 있다는 것이다. 그럼에도 건강가정이라는 기본 이념은 현재까지 하나의 기준이 되어 존립하고 있다.

2 여성가족부의 활동[2)]

우리나라는 저출산 고령화 사회로 접어들면서 전통적 가족구조와 역할이 변화하여 가족해체 문제 등이 발생함에 따라 이를 예방하고 다양한 형태의 가족이 가족공동체로서 역할을 할 수 있도록 지원하기 위해 정부조직법을 개정(2005. 3. 24.)하여 여성가족부가 수행하는 기능 이외에도 통합적인 가족정책을 수립하여 각 부처의 가족정책을 수립과 조정 및 지원하는 기능을 수행할 수 있도록 여성가족부로 개편되기에 이르렀다.

여성가족부의 업무는 기존의 여성특별위원회 업무와 보건복지부의 가정폭력, 성폭력 피해자 보호, 윤락행위의 방지업무 및 일제하 일본군 위안부에 관한 생활안정지원 사무를 이관받았고, 노동부에서 일하는 여성의 집 사무를 이관받아 수행하고 있다. 또한 2004년 6월 12일 보건복지부로부터 영유아 보육업무도 이관받아 수행하게 됨으로써 여성가족부는 여성정책의 기획에서부터 성차별 금지 등 여성의 지위와 권익뿐 아니라 여성의 성장을 통한 국가경쟁력 제고 및 양성 평등사회의 구현이라는 역할을 담당하고 있는 국가기구이다.

이에 보다 창의적으로 일하는 정부를 구축하기 위해 정부기능을 효율적으로 재배치하는 내용을 근간으로 정부조직법을 개정(2008. 2. 29.)하여 여성가족부가 기존에 수행했던 가족 및 보육정책 기능은 보건복지가족부로 이관되었고, 여성가족부는 현재 여성정책의 조정 · 종합, 여성의 권익증진 등 지위향상 기능을 수행할 수 있도록 개편되었다. 한편, 가족 해체와 다문화 가족 등의 새로운 현안에 적극 대응하기 위하여 보건복지가족

2) 여성가족부(2020) 참조.

부의 청소년 및 다문화 가족을 포함한 가족 기능을 여성가족부로 이관하는 내용으로 정부조직법이 개정(2010. 1. 18.)되었으며 "여성가족부"는 "여성가족부"로 개편되고, 여성·종합 및 여성의 권익증진 등 지위향상뿐만 아니라 가족정책, 건강가정사업을 위한 아동 업무 및 청소년의 육성·복지 및 보호 기능을 수행하게 되었다(여성가족부, 2020).

여성가족부의 주요 업무는 다음과 같다(여성가족부, 2020).

첫째, 여성정책의 기획·종합 및 여성의 사회참여를 확대한다.

둘째, 정책의 성별영향을 분석 및 평가한다.

셋째, 여성인력을 개발하고 활용한다.

넷째, 청소년정책을 협의 및 조정한다.

다섯째, 청소년 활동 진흥 및 역량을 개발한다.

여섯째, 유해환경으로부터 청소년을 보호한다.

일곱째, 위기청소년 등을 보호하고 지원한다.

여덟째, 가족 및 다문화 가족정책을 기획하고 종합한다.

아홉째, 양육·부양 등의 가족기능을 지원한다.

열째, 다문화가족의 사회통합을 지향한다.

열한째, 성폭력·가정폭력, 성매매 예방 및 피해자를 보호한다.

열두째, 결혼이주여성 및 여성장애인 등의 권익을 보호한다.

1) 여성가족부의 비전

비전: 모든 가족이 함께 행복한 사회 구현

정책 목표:
- 다양한 가족의 삶의 질 향상
- 남녀 모두 일 · 가정 양립 실현

정책과제

정책과제	세부과제
가족관계 증진을 위한 서비스 기반 조성	맞춤형 가족교육 지원 가족상담 활성화 가족여가활동 확대
가족유형별 맞춤형 서비스 지원 강화	맞벌이가족 지원 한부모가족 지원 다문화가족 지원 취약 · 위기 가족 지원
정부-가족-지역사회 연계를 통한 돌봄 지원 강화	아이 키우기 좋은 여건 조성 돌봄 부담 해소를 위한 지역사회 조성 가족돌봄 여건 조성
남성과 여성, 기업이 함께하는 일 · 가정 양립 실천	일 · 가정 양립 제도 정착 남성의 일 · 가정 양립 지원 강화 기업의 일 · 가정 양립 실천 촉진
생애주기별 출산친화적 사회문화 조성	고비용 결혼문화 개선 임산부 배려문화 조성 작은 육아문화 확산 양성평등 가족문화 조성
가족환경 변화에 대응한 정책 추진체계 강화	가족정책 법 · 제도 정비 가족정책 전달체계 강화 새로운 가족환경 변화에 선제적 대응

출처: 여성가족부(2020).

2) 여성가족부의 소관 법률현황(여성가족부, 2020)

표-1 여성가족부 소관 법률현황

구분	법률
여성(양성평등)정책 (3개)	• 양성평등기본법(2014.5.28. 전부개정) • 성별영향분석평가법(2011.9.15. 제정) • 경력단절여성등의 경제활동 촉진법(2008.6.5. 제정)
청소년정책 (7개)	• 청소년기본법(1991.12.31. 제정) • 청소년활동진흥법(2004.2.9. 제정) • 한국청소년연맹 육성에 관한 법률(1981.4.13. 제정) • 스카우트활동 육성에 관한 법률(1969.7.28. 제정) • 청소년보호법(1997.3.7. 제정) • 청소년복지지원법(2004.2.9. 제정) • 학교 밖 청소년 지원에 관한 법률(2014.5.28. 제정)
가족정책 (8개)	• 건전가정의례의 정착 및 지원에 관한 법률(1999.2.8. 제정) • 건강가정기본법(2004.2.9. 제정) • 가족친화 사회환경의 조성 촉진에 관한 법률(2007.12.14. 제정) • 한부모가족지원법(1989.4.1. 제정) • 양육비 이행확보 및 지원에 관한 법률(2014.3.24. 제정) • 결혼중개업의 관리에 관한 법률(2007.12.14. 제정) • 다문화가족지원법(2008.3.21. 제정) • 아이돌봄지원법(2012.2.1. 제정)
권익증진정책 (5개)	• 성매매방지 및 피해자보호 등에 관한 법률(2004.3.22. 제정) • 성폭력방지 및 피해자보호 등에 관한 법률(2010.4.15. 제정) • 아동 · 청소년의 성보호에 관한 법률(2000.2.3. 제정) • 가정폭력방지 및 피해자보호 등에 관한 법률(1997.12.31. 제정) • 일제하 일본군위안부 피해자에 대한 생활안정지원 및 기념사업 등에 관한 법률(1993.6.11. 제정)

3) 여성가족부의 서비스 전달체계

여성가족부는 건강가정지원센터, 다문화가족지원센터 기능의 다양화뿐 아니라 각 센터에서 상호 원활한 기능을 수행하여 다양한 수요에 선제적으로 대응하며 서비스 접근성을 제고하고 있다. 이에 관한 조직도는 다음과 같다.

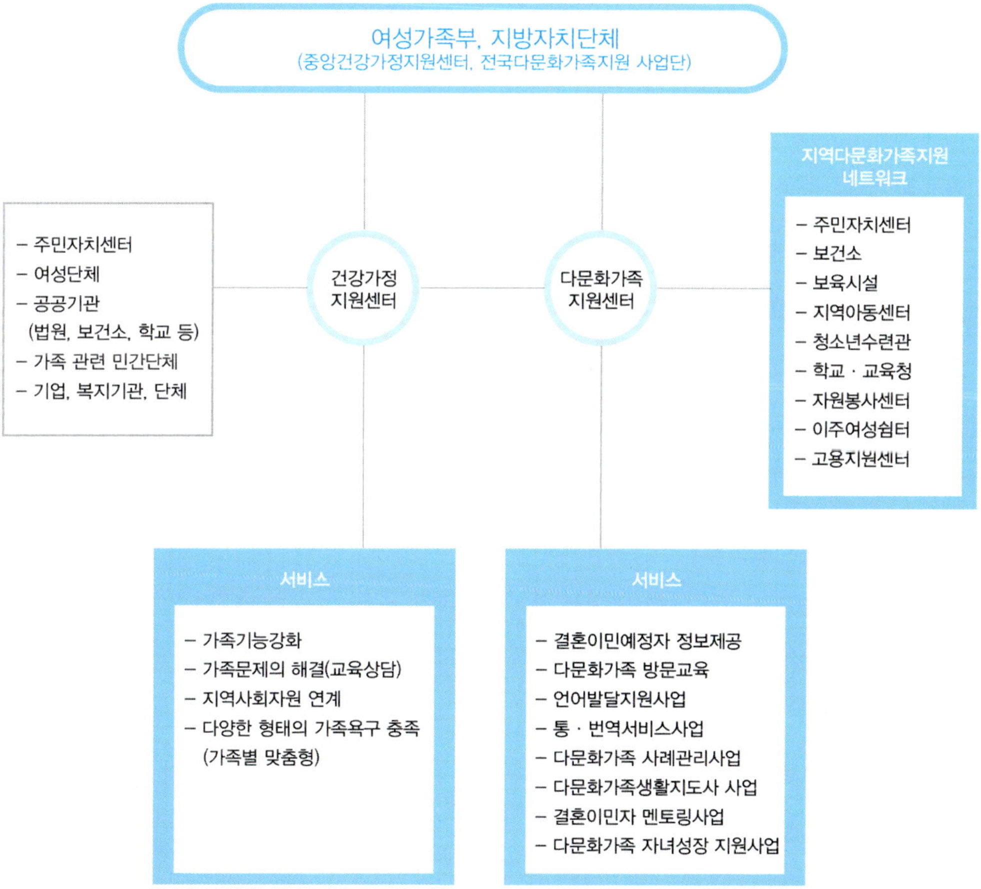

출처: 여성가족부(2020).

우리나라의 여성가족부에서 정책적으로 담당하고 있는 가족정책의 기본방향 및 추진 과제는 다음과 같다(여성가족부, 2020).

첫째, 생애주기별 · 가족유형별 수요에 따른 맞춤형 가족정책을 강화하여 보편적 가족서비스로서 가족교육 · 상담, 여가 활동 등을 지원하고 있다.

둘째, 가족규모의 축소, 맞벌이 가족, 한부모 가족 증가 등의 가족형태 다양화에 따라 유형별 가족에 맞춘 정책 및 서비스 지원을 강화한다.

셋째, 정부와 가족 그리고 지역사회 연계를 통한 돌봄지원 서비스를 강화하여 자녀 돌봄과 노인 돌봄에 대한 사회적 책임을 강조하는 동시에 가족 및 지역사회의 돌봄의 책임 분담과 연계를 강조하여 다양한 돌봄의 수요에 따른 지원방식의 다양화를 추구한다. 특히 지역사회를 기반으로 하는 돌봄 공동체 및 돌봄 인프라를 확충하여 이웃간 돌봄을 활성화하고 지역사회 중심의 자녀양육 친화환경을 조성한다.

넷째, 남성과 기업의 참여를 기반으로 일 · 가정양립 실천 강화로 배우자 출산휴가, 남성 육아휴직 활성화, 남성 대상 맞춤형 교육 등을 지원하여 남성의 일 · 가정 양립을 지원 및 강화한다.

다섯째, 가족친화인증제도 내실화 및 일 · 가정 양립 홍보 등을 통하여 기업에서 자발적으로 일 · 가정 양립문화를 실천하도록 유도하도록 한다.

여섯째, 가족정책 환경 변화에 대응한 추진체계의 강화로 가족구조 및 정책환경의 변화를 반영하고, 미래가족의 변화를 예측하여 가족정책의 패러다임의 전환 및 중장기 발전과제를 발굴 및 추진한다.

일곱째, 가족지원 서비스 전달체계의 접근성을 높이고 기능 재정비 등으로 보편적인 가족정책 전달체계로서의 위상 강화와 효율적 가족정책의 서비스를 추진한다.

여덟째, 아이돌봄 서비스를 통한 가족양육 지원부모의 야근 · 출장 · 질병 등으로 양육공백이 발생하는 취업부모 가정에 직접 아이돌보미가 찾아가 돌봄 서비스를 제공하고, 소득수준에 따라 이용요금을 차등 지원하도록 한다.3)

또한, 가족에 대한 상담, 교육, 문화사업을 확대하며 가족에 대해 상담한다. 즉, 실직 등으로 가족기능의 약화 등 위기가족에 대한 맞춤형 가족상담 등을 실시하여 가족보호지원시스템을 구축하고 운영한다. 이를 통해 가족상담 매뉴얼 개발 및 지역센터별 가족상담 연계망을 구축하는 등 가족을 보호하고 역량을 강화한다.

4) 가족생활 교육 및 가족친화 문화조성의 기능

① 생애주기별 가족생활교육을 실시한다. 이를 위하여 청소년기 자녀를 둔 가족생활교육, 중년기 가족생활교육, 노년기 생활교육, 아버지교육 등을 실시하며, 예비부부 및 신혼기 부부교육과 가정경영아카데미를 실시하고 있다.

② 가족친화문화 조성으로 가족문화캠페인, 가족여가 및 체험프로그램의 운영 그리고 가족봉사단 축제, 지역 내 이웃 간 나누기, 문화프로그램, 가족생활문화개선 캠페인, 지역축제 등을 실시하고 있다.

③ 삶의 질을 높이는 건강한 가족의 가치를 확산하고 민 · 관 협력으로 가족의 의미와 역할에 관한 긍정적 인식 확산 유도의 활동으로 매주 수요일에는 가족 사랑의 날의 일환으로 정시퇴근 실천운동을 활성화한다. 또한 양성 평등한 가정생활 참여를 위

---

3) 돌봄서비스는 아이돌봄 홈페이지를 통하여 만 12세 이하 아동을 필요한 시간만큼 돌보는 시간제 서비스와 영아를 하루 종일 돌보는 영아종일제 아이돌봄 서비스로 구분하여 2007년 시간제 시범 서비스를 38개 지역에서 운영한 이래 2009년 전국 시 · 군 · 구로 확대하고 2010년에는 영아 종일제 돌봄 서비스를 도입하였다. 이후 2012년에는 「아이돌봄 지원법」을 제정하고, 2013년에는 「아이돌봄 지원법」에 '아이돌봄 서비스 우선 제공'의 근거를 신설하였으며, 2014년에는 영아종일제 돌봄 지원의 연령을 확대하고 서비스의 다양화를 추진하여, 2015년에는 영아종일제 대기시스템 및 자격요건에 따른 가점제를 개편 · 운영하고 있다.

한 '부모교육'을 확대하고 가족단위의 여가활동의 확대로 가족 유대감을 강화하고 일과 가정이 조화로운 사회환경의 조성을 통하여 가족친화적 직장문화를 조성하여 가족친화기업의 인증을 활성화한다. 그 밖에 가족친화포럼 운영 등 민간의 자율적인 가족친화경영 확산을 지원하고 가족친화 사회환경조성의 실태조사를 통한 중장기 정책기반을 마련한다.

5) 지역사회 관련 기관 가족 돌봄 지원의 연대구축

첫째, 나눔과 통합의 가족친화마을을 조성하고 활성화한다. 이를 위한 1단계로는 이웃사촌 한 가족 관계 맺기 및 가족 역량 강화를 실시한다. 2단계로는 지역사회 내 한마음 가족친화마을을 조성하고 활성화하는 것을 목표로 하고 있다.

둘째, 지역공동체의 활성화와 지원의 구심점으로 건강가정지원센터 및 다문화가족지원센터의 역량을 강화한다.

셋째, 가족과 지역사회의 소통과 연대 강화를 위하여 마을 내 품앗이 등 상부상조 공동체 문화를 조성하여 다양한 가족에 대한 문화적 수용을 강화한다.

넷째, 포괄적 가족지원서비스를 실시하기 위하여 기본방향으로 가족의 유형별로 이원화되어 있던 가족지원서비스를 가족의 유형과 상관없이 한 곳에서 원스톱으로 다양한 가족에게 보편적이고 포괄적인 서비스를 제공할 수 있도록 한다. 또한 사업목적 소득수준과 가족유형에 상관없이 지역사회에 거주하는 가족이면 이용 가능한 보편적인 서비스와 가족 내 문제 상황이나 가족유형별 특성과 여건 등을 고려한 맞춤형 서비스를 제공하도록 한다. 주요 내용으로는 2016년 전국 78개소의 건강가정 및 다문화가족지원센터에서 서비스를 실시하며 통합서비스 지원 대상을 확대하여 다문화가족의 지원을 일반, 다문화가족, 맞벌이가정, 취약위기 가족 등 다양한 모든 가족으로 확대하였다. 그 밖에도 한부모, 조손가족 등 취약계층에 대한 지원을 강화하여 가족역량(family empowerment) 강화를 도모할 뿐 아니라 결혼이민자 중심의 지원을 모든 다문화가족 구성원과 자녀지원으로 확대하였다. 또한 지원시간을 확대하여 가족지원서비스 접근성 제고를 위하여 주간 · 주중의 중심에서 야간 · 주말 운영까지 확대하였으며, 서비스에 있어서도 지역여건 및 정책 수요자 특성에 맞는 맞춤형 서비스를 강화하였다.

그 밖에 워킹맘의 직장 내 고충 해소와 워킹 대디(working daddy)의 육아참여 활성화 지원 등 맞벌이 가정의 일 가정 양립 지원을 강화하였으며 결혼이민자, 다문화 자녀에 대한 지원확대 등 다문화가족에 대한 생애주기별 맞춤형 서비스를 강화하였다. 지원목적은 만 12세 이하 아동을 둔 맞벌이 가정 등에 아이 돌보미가 직접 방문하여 아동을 안전하게 돌봐 주는 서비스를 실시하여 가정의 아이돌봄을 지원하며 아동의 복지증진과 보호자의 일 · 가정 양립을 통한 가족 구성원의 삶의 질 향상과 양육 친화적인 사회 환경을 조성하는 것에 있다. 지원내용은 시간제 돌봄서비스는 맞벌이 가정, 다자녀 가정 등의 만 12세 이하 아동에게 아이돌보미가 집으로 찾아가 임시보육, 놀이 활동과 등 · 하원 동행 등의 돌봄 서비스를 제공하는데, 지원비용은 기준 중위소득 120% 이하 가정의 소득 수준에 따라 1,625원~4,875원을 차등 지원한다.4)

영아종일제 돌봄 서비스의 서비스 내용으로는 생후 3~24개월 영아를 대상으로 하여 이유식 먹이기, 젖병 소독하기, 기저귀 갈기, 목욕 등 종일 돌봄 서비스를 제공한다. 지원비용은 기준 중위소득 120% 이하 가정의 소득 수준에 따라 월 200시간을 기준으로

4) 시간당 6,500원으로 2008.12.31. 이전 출생 아동은 '가'형만 지원하며 지원시간은 연 480시간 이하로 1회 최소 2시간 이상 사용을 원칙으로 하고 있다. 그러나 정부지원 시간을 초과하는 경우 전액 본인 부담으로 서비스를 이용 가능하며 서비스 이용시간 및 적용기간은 예산 상황에 따라 조정될 수 있다. 그 밖에 종합형/가사추가형은 시간제 돌봄에 아동과 관련한 가사를 추가하여 돌봄을 제공하고 있다.

39~91만 원을 차등 지원한다. 지원시간은 월 120~200시간 이내로 1일 최소 4시간 이상 사용을 원칙으로 한다.5)

지원대상으로는 소득활동 및 다자녀 양육 등으로 양육공백이 발생하는 가정으로 취업한 부모, 장애부모, 맞벌이 가정, 다자녀 가정, 기타 양육부담 가정에 대해서 지원한다. 정부지원 대상에 해당하지 않는 가정은 전액을 본인부담으로 서비스 이용이 가능하다. 정부지원이 가능한 양육공백 가정은 취업한 부모로 맞벌이 가정, 장애부모 가정(가정에서 아동을 양육하는 부 또는 모가 「장애인복지법」 제2조의 규정에 의한 장애인인 경우), 다자녀 가정으로 만 12세 이하 아동이 3명 이상인 가정이나 만 36개월 이하 아동 2명 이상인 가정이다. 그 밖에는 중증(1~3급) 장애아 자녀를 포함하여 아동 2명 이상 양육(비장애아에게 돌봄 제공)하는 경우가 해당한다.

단, 부모 모두 비취업으로 가정에서 아동을 양육하는 경우는 정부지원 대상에서 제외한다. 기타 양육부담 가정으로는 부 또는 모의 입증 가능한 장기 입원 등의 질병 및 상해에 의한 양육공백과 부 또는 모가 학교에 재학 중이거나 취업준비(학원수강 등 입증할 수 있는 경우에 한함) 중인 경우, 혹은 모의 출산으로 출생 아동의 형제 · 자매에 돌봄 공백이 발생한 경우에 지원이 가능하다.

신청방법은 정부지원 신청 가정의 읍 · 면 · 동 주민센터나 복지로에 정부지원을 신청하면 정부지원 유형을 결정 후 통지를 받게 된다. 이후 아이 돌봄 홈페이지에 회원가입을 한 후 서비스 신청과 본인부담금 선입금 후 서비스 이용이 가능하다. 정부미지원 가정은 아이돌봄 홈페이지에 회원 가입을 한 후 서비스 신청 및 본인부담금 선입금 후 서비스 이용이 가능하다. 맞벌이부부 및 「한부모가족지원법」에 의해서 등록된 한부모 가

5) 정부지원 시간을 초과하는 경우는 전액 본인부담으로 서비스 이용이 가능하며 서비스 이용시간 및 적용기간은 예산 상황에 따라 조정될 수 있으며, 보육교사형으로 영아종일제 돌봄 시 보육교사 자격 아이돌보미가 돌봄을 제공한다.

구 중 직장건강보험 가입자인 경우에는 복지로(www.bokjiro.go.kr)에서 공인인증서를 통해 온라인 신청이 가능하다.

그리고 정부지원 대상이 아닌 가정은 읍 · 면 · 동 주민센터를 거치지 않고 곧바로 아이돌봄 홈페이지 회원 가입 후 서비스제공기관에서 정회원 승인을 받아 전액 본인부담으로 서비스 이용이 가능하다.

6) 부모학교의 운영

부모학교의 취지는 좋은 부모, 행복한 아이! 대한민국이 부모교육을 시작한다는 취지 아래 부모교육 활성화를 통하여 아동학대 예방 및 건강한 가정을 위한 가족가치를 확산하기 위해 부모학교를 운영한다. 부모학교는 생애주기별 맞춤형 부모교육 강화로 일회성이 아닌 지속적 교육을 받을 수 있는 시스템을 구축하는 것을 목표로 하고 있다. 이를 통하여 교육 사각지대에 놓여 있는 취약가정 부모를 중점 지원하여 자녀양육의 역량을 강화하며, 부모교육 필요성 및 효과성을 지속적으로 홍보하여 자발적인 부모교육의 참여를 유도하도록 한다.

주요 내용으로는 생애주기별 및 가족유형별로 다양한 부모교육 표준 프로그램 및 콘텐츠를 개발하여 활용한다. 한편 부모교육 전문가 관리를 위하여 부처별 · 기관별 관리되고 있던 부모교육 강사 자료를 통합하여 수요기관에 제공하고 찾아가는 부모교육으로 교육 접근성 및 부모교육 참여도의 제고를 위해 생활 속에서 쉽게 접근할 수 있는 직장, 어린이집, 유치원, 공동 육아 나눔터, 군부대 등 생활 속으로 '찾아가는 부모교육'을 실시한다. 또한 부모교육의 사회적 공감대의 확산을 위하여 부모교육의 필요성 및 효과성에 대한 긍정적 인식 및 사회적 공감대 확산에 주력하여 자발적인 교육 참여 분위기를 조성한다. 그 밖에도 부모교육을 받을 수 있는 곳은 건강가정지원센터와 육아종합지원센터, 학부모지원센터 등이 있다.

7) 건강가정지원센터의 운영

건강가정지원센터의 운영의 기본 방향은 가족문제 예방 및 해결을 위해 가족돌봄사업, 가족교육, 가족상담, 가족문화 활동 등 예방적 · 선제적 가족지원서비스를 제공하여 가족의 건강성을 증진할 뿐 아니라, 다양한 가족에게 맞춤형 서비스 지원 강화에 기본 방향을 두고 다음의 사업의 목적을 갖는다.

사업목적으로 건강가정지원센터를 통해 수요자 중심의 서비스 전달체계를 갖추고 지역 주민의 특성을 고려한 맞춤형 가족지원서비스를 제공함으로써 가족의 안정성 강화 및 가족관계를 증진한다. 주요 내용으로는 중앙건강가정지원센터를 통하여 가족서비스 전달체계의 중추기관으로서 지방건강가정지원센터 운영을 지원하고 강화하는 역할을 수행하여 다음과 같은 기능을 담당한다.

첫째, 다양한 가족지원 프로그램 개발 및 보급을 활성화한다. 둘째, 가족 관련 정보의 구축 및 보급, 전국단위의 대국민 홍보 및 센터 종사인력 등에 대한 교육을 실시하며 지방건강가정지원센터 사업을 운영 지원하고 평가를 실시한다. 그리고 지방건강가정지원센터의 운영을 통하여 지역주민의 가족생활과 관련한 문제를 종합적으로 상담하고 관련 서비스를 직접 제공하는 창구역할을 수행한다. 이를 통하여 다양한 가족형태에 맞는 가족교육 및 가족상담을 제공한다.[6] 그 밖에도 지역 주민 대상의 가족문화 개선 · 홍보 사업을 추진한다.[7] 이를 통하여 지역주민의 가족서비스 욕구조사, 지역사회 가족 관련 정

6) 결혼준비교육, 부부교육, 부모교육, 가족갈등 및 이혼 전 · 후 상담을 실시한다.
7) 가족사랑의 날, 전통문화체험교실 운영, 가족사랑 걷기 대회 등을 실시한다.

보를 제공하며 가족돌봄 기능지원 및 한부모와 조손가족 등에게 다양한 가족지원서비스를 제공한다.[8)]

8) 다문화가족 지원

다문화가족을 위하여 가족교육 · 상담 · 문화 프로그램 등의 서비스 제공을 통해 결혼이민자의 한국사회 조기적응 및 다문화가족의 안정적인 가족생활 지원을 기본방향으로 한다. 이를 위하여 1단계로는 입국 전 결혼준비기에 필요한 국제결혼 과정의 인권보호와 교육프로그램을 실시한다.[9)]

2단계로는 입국 초 가족관계 형성시기로 결혼이민자의 조기적응 및 안정적 생활지원을 위하여 한국어교육,[10)] 다문화가족통합교육, 다문화가족 취업연계 및 교육지원, 개인 · 가족상담 등 종합 서비스를 제공한다. 그리고 다국어판 생활 및 정책 정보 매거진(Rainbow+, 연 4회), 한국생활 가이드북을 제공할 뿐 아니라 다문화가족지원 포털 '다누리' 운영 등으로 한국생활의 다양한 정보를 제공하며 다문화에 대한 실태조사[11)]를 실시한다.

---

8) 가족봉사단, 모두가족품앗이, 토요 돌봄, 초등취학적응 돌봄 서비스, 방학 돌봄 서비스 등

9) 결혼중개업의 관리에 관한 법률을 제 · 개정하여 시행하였는데 이를 살펴보면, 국제결혼중개업 등록제 시행('08년), 결혼중개계약서 작성 및 중개업자의 신상정보 사전제공 의무화('10년), 18세 미만 및 집단맞선 소개 금지, 국제결혼중개업 등록 시 사본금 요건(1억 원 이상) 상향('12년) 국제결혼 중개행위 관련 외국 현지형사법령 등 위반 시 결혼중개업 운영 3년간 금지('13년) 등의 내용이 있다. 그 밖에 국제결혼 실태조사 3년 단위 실시('14년) 및 결혼중개업체에 표준약관(계약서 포함) 권장, 국제결혼중개업자의 자본금 상시 보유요건 명시('15년), 국제결혼중개 손해배상 입증책임을 국제결혼중개업자에게 부과('16년), 결혼중개업자 전문지식 및 윤리의식 향상교육 실시, 결혼중개업제도, 인권보호, 소비자보호, 상담실무 등을 교육, 결혼이민(예정)자 현지사전교육 운영의 내실화로 베트남, 몽골, 필리핀, 캄보디아 현지에서 표준교재(한국문화, 한국어 등)를 활용한 한국입국 전 정보제공(4개국 6개소 실시) 등의 내용이 있다.

10) 다양한 매체를 통한 한국어교육을 위하여 전국 시 · 군 · 구에서 집합 한국어교육을 실시한다(다문화가족지원센터 등에서 운영 실시). 이를 통하여 정규과정(1~4단계), 중도 입국 자녀반, 특별반(한국어 심화과정 등)을 운영하며 다문화가족지원센터에서 한국어 방문교육을 실시한다. 2015년 기준 한국어교육지도사(937명)가 다문화가족 6,648명을 지원한 바 있다.

11) 다문화가족 실태조사 실시 (「다문화가족지원법」 제4조)를 통하여 전국규모의 다문화가족 실태를 조사 · 분석해 정책수립에 필요한 기초통계자료 확보 및 맞춤형 서비스를 개발한다. 조사항목(「다문화가족지원법」 시행규칙 제2조제3항)으로는 성별, 연령, 학력, 취업상태 등 가족 구성원의 일반 특성에 관한 사항과 소득, 지출, 자산 등 가족의 경제 상태에 관한 사항 및 자녀양육, 가족부양 등 가족행태 및 가족관계에 관한 사항, 그리고 가족갈등 가족문제에 관한 사항 및 「다문화가족 지원 관련 교육 · 상담 등 서비스 수요에 관한 사항을 조사한다. 그 밖에 다문화가족의 현황 및 실태파악에 필요한 사항을 조사한다.

다문화가족의 지원센터의 기본 방향은 다음과 같다. 먼저 사업의 목적은 지역사회 다문화가족을 대상으로 한국어교육 · 가족통합교육, 자조모임 육성 등 종합 서비스를 제공하여 다문화가족의 조기 적응 및 사회 · 경제적 자립지원을 도모할 수 있는 서비스 전달체계를 운영 · 지원한다. 다문화 센터 기본 프로그램은 다음과 같다. 먼저 방문교육사업으로 지리적 여건 등으로 센터 이용이 어려운 다문화가족을 대상으로 '한국어교육' 및 '부모교육 · 자녀생활 서비스'를 제공하고 있다. 또한 결혼이민자에 대한 통 · 번역 서비스 사업으로 결혼이민자를 통역 및 번역 전문인력으로 채용하여 의사소통이 어려운 결혼이민자에게 통 · 번역 서비스를 제공하고 있다.

기본 사업내용으로는 가족생활 및 국가 간 문화 차이 등에 관하여 입국초기 상담을 실시하고 결혼이민자 정착지원 및 국적 · 체류 관련 정보제공 및 사업을 안내하고 있다. 기본 내용으로는 임신, 출산, 양육 등의 생활정보 안내와 상담 및 교육과정 통역뿐 아니라 가족 간 의사소통의 통역과 행정 · 사법기관, 병원, 학교 등 기관 이용 시 통 · 번역을 제공하고 있다. 그 밖에도 위기상황 시 긴급지원, 전화 및 이메일 통 · 번역의 업무 처리를 실시한다. 서비스 이용방법으로는 해당 다문화가족지원센터에 방문 및 전화 혹은 이메일로 신청이 가능하다.[12)]

이것은 다문화가족의 이중언어 가족환경 조성사업의 실시일환으로 다문화 가정 내에서 영유아기부터 자연스럽게 이중언어로 소통할 수 있는 환경을 조성하고 다문화가족자녀(영 · 유아기)의 정체성 확립 및 글로벌 인재로의 성장을 지원하기 위한 것이다. 사업내용으로는 부모-자녀 간의 이중언어의 상호작용 교육, 부모교육 및 사례관리, 자조모임

12) 2016년 통 · 번역 전담인력은 282명이 활동하고 있으며, 다문화가족 자녀의 언어발달지원사업을 실시하고 있다. 이를 통하여 다문화가족의 자녀에 대한 체계적이고 전문적인 언어발달지원을 제공하여 이들이 건강한 사회 구성원, 나아가 글로벌 인재로 성장할 수 있도록 지원한다. 사업내용으로는 다문화가족의 만 12세 이하 자녀에 대한 언어발달 진단 및 교육을 실시하고 센터에 언어발달지도사를 배치, 센터 내 자체프로그램 운영 및 인근 보육시설(어린이집,유치원 등)에 파견해 건강한 성장을 지원하는 데 2016년 언어발달지도사 300명이 활동하고 있다.

지원 등을 내용으로 하고 있다. 이에 대한 프로그램의 내용은 다음과 같다.

표-2 다문화가족의 이중언어 가족환경 조성사업

서비스	대 상	서비스 내용
한국어 교육	입국 5년 이하 결혼이민자, 중도입국자녀 (만 24세 이하, 1992.1.1. 이후 출생자)	• 한국어교육 1~4단계 • 어휘, 문법, 화용, 문화
부모교육 서비스	생애주기별 각 1회 지원 (최대 15개월, 총 3회 지원) ① 임신 · 신생아기(임신 중~생후 12개월 이하) ② 유아기(12개월 초과~48개월 이하) ③ 아동기(48개월 초과~만 12세 이하)	• 자녀양육 지원을 위한 부모교육 (부모성장, 부모-자녀관계 형성, 영양 · 건강관리, 학교 · 가정생활 지도) • 가족상담 및 정서지원서비스 • 기타 한국생활에 필요한 정보제공
자녀생활 서비스	만 3~12세 이하 다문화가족 자녀, 중도입국자녀	• 인지영역: 독서코칭, 숙제지도, 발표토론지도 • 자아 · 정서 · 사회 영역: 자아 · 정서 · 사회성 발달을 위한 지도 • 문화역량강화 영역: 문화인식, 정체성 확립, 공동체 인식 지도 • 시민교육 영역: 기본 생활습관, 건강 및 안전, 가정생활, 진로지도

출처: 여성가족부(2020).

표-3 우리나라의 다문화 정책에 따른 프로그램

사업영역	내 용	
가족	• 다문화가족 이중언어 환경조성 프로그램 • 가족의사소통 프로그램 • 가족관계향상 프로그램 • 결혼과 가족의 이해 • 가족의 의미와 역할	• 아버지교육 • 부모-자녀관계 및 자긍심향상 프로그램 • 자녀교육 프로그램 • 부모역할교육, 자녀건강지도 • 자녀생활지도 등
성평등	• 배우자부부교육 • 배우자이해 프로그램	• 예비 · 배우자교육 프로그램 • 부부갈등해결 프로그램 등
인권	• 다문화이해교육 • 인권감수성 향상교육	• 다문화가족 관련법과 제도 • 이주민과 인권
사회통합	• 취업기초소양교육 • 구직자 발굴 및 구직처 연계	• 새일센터, 고용센터 등 취업 관련 기관 연계
	• 다문화가족 나눔봉사단 소양교육 • 다문화가족 나눔봉사단 활동 • 한국사회적응교육 • 소비자 · 경제교육 • 학업지원반(검정고시반 등) 운영 및 연계	• 다문화가족 자조모임 • 다문화인식개선 • 결혼이민자 멘토링프로그램 등 • 결혼이민자 정착단계별 지원 패키지 (미래찾기, 길찾기 등 미래설계 프로그램 중 선택)
상담	• 가족상담 • 개인상담 · 집단상담 • 사례관리 · 심리검사	• 위기가족 긴급지원 • 외부상담기관 연계

출처: 여성가족부(2020).

9) 사회 취약가족의 지원

추진 배경으로는 이혼율의 증가와 가족가치관의 변화 등으로 저소득 한부모 가족이 지속적으로 증가함에 따라, 이들의 자립기반 조성을 위한 지원 필요성이 증대되었다.

표-4 전체가구 및 한부모가족

(단위: 천가구)

구분	2017	2018	2019	2020	2021
전체가구	20,168	20,500	20,891	21,485	22,023
한부모가구	1,533	1,539	1,529	1,533	1,510

출처: 2021년도 인구총조사(통계청), 장래가구추계(통계청).

이에 따라 사회 취약가족의 지원으로 저소득 한부모 가족, 미혼모 가족, 조손가족 등 사회취약가족이 가족의 기능을 유지하고 건강한 생활을 영위할 수 있도록 다양한 지원 사입을 수행함으로써 한부모 가족의 생활안정과 자립기반 조성 및 복지증진에 기여하도록 하였다.

주요 사업으로는 저소득 한부모가족 자녀 양육비 등 복지급여 지원, 청소년 한부모가족 자립지원, 저소득 한부모가족 주거지원 서비스 지원, 권역별 미혼모 · 부자 지원기관 운영, 가족역량강화지원사업, 한부모가족 법률 구조지원, 이혼위기가족 회복지원 사업 등이 있다.

이에 대한 근거법령은 「한부모가족지원법」, 「한부모가족지원법」 시행령, 「한부모가족지원법」 시행규칙 등이 있다.

10) 위기개입 및 가족통합교육의 실시

위기개입 및 가족통합교육의 실시를 위하여 가정폭력 피해 상담 및 보호를 위해 다누리 콜센터 및 전용쉼터, 법률구조기관 등 관련 기관 간 연계를 강화하여 다문화가족의 생활 적응과정에서 발생하는 각종 고충상담 및 생활정보 제공을 위해 다누리 콜센터를 2011년 6월부터 운영하였으며, 다문화가족과 이주여성에게 각종 한국생활정보 안내 및 폭력피해 접수 · 상담 지원을 위해 이주여성 긴급지원센터를 2014년부터 다누리콜센터로 통합운영하여 원스톱 서비스를 실시하였는데 다누리콜센터는 13개 언어로 365일, 24시간 지원하고 있다. 이주여성쉼터는 2016년 기준으로 24개소 운영되고 있으며 다문화가족(이혼가족 포함)의 개인 및 가족 상담을 위하여 다문화가족 구성원 간 가족 내 역할 및 가족문화에 대한 이해 향상을 위하여 가족통합교육을 추진하고 있다.

3단계는 자녀양육 및 정착기로 보아 다문화가족 자녀의 양육 및 교육을 지원하게 된다. 주요 내용으로는 부모의 자녀 양육 능력 향상을 위하여 부모교육서비스를 실시하여 학업성취가 낮고 자아 · 정서 · 사회성 발달에 어려움을 겪고 있는 다문화가족 자녀에게 자녀생활서비스를 제공하고 있다. 이는 다문화가족 자녀 언어발달을 지원하는 것으로 언어발달 진단, 교육 프로그램 제공(언어발달 지도사 300여 명)을 통하여 센터 내 다문화 언어교실 개설 및 보육시설 파견서비스를 제공하며 이중언어 가족환경조성사업을 지원하게 되는데, 다문화가족 자녀가 한국어와 함께 결혼이민자 부모의 언어를 자연스럽게 쓸 수 있도록 지원하는 것이다.

또한 '다문화가족 이중언어 가족조성사업'에서 다문화가족 학령기 자녀 및 부모 대상 자녀 성장 지원 프로그램 "多재多능" 실시('16년~, 81개소)를 통하여 다문화가족 자녀의 정체성 회복, 사회성 · 리더십 개발을 위한 프로그램을 제공하게 된다. 한편 4단계의 역량강화기를 통해서는 다문화가족의 경제 및 사회적 자립 지원을 실시하여 다문화가족 취업연계 및 취업 기초소양교육을 실시하고 결혼이민자 적합 직종개발 및 직업교육훈련을 실시한다. 그리고 통·번역사, 진료 코디네이터 등 결혼이민자 적합 직종을 개발하여 결혼이민여성 특성·선호 및 인력수요 등을 고려한 직업훈련 및 직장에 적응할 수 있는 인턴기회를 제공하며 각종 자조모임 및 봉사단 등의 운영을 지원하고 국가별 자조모임 및 일반가족과 함께하는 나눔 봉사단 등의 운영을 지원한다.[13]

11) 가족친화사업

가족친화사업으로 '가족친화 인증제'란, 가족친화제도를 모범적으로 운영하고 있는 기업, 공공기관에 대하여 심사를 통해 인증을 부여하는 제도로 법적근거는 「가족친화 사회환경의 조성 촉진에 관한 법률」 제15조(제정년도: 2007. 12. 14.) 이며, 자녀출산 및 양육지원, 유연근무제도, 가족친화직장문화의 조성 등을 목적으로 하고 있다.

인증주체는 여성가족부장관이며 인증대상은 기업, 공공기관, 중앙행정기관, 지방자치단체, 대학 등이 있다. 이에 대한 가족친화인증의 추진체계는 다음과 같다.

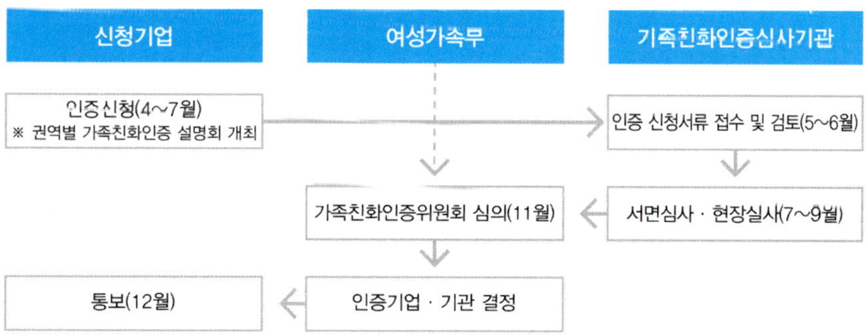

출처: 여성가족부(2020).

[그림-2] 가족친화인증 추진체계

13) 다문화가족지원 포털사이트 '다누리' 운영 지원하여 다문화 인식개선을 위한 콘텐츠를 개발 및 보급한다.

신청기업의 인증신청은 5~6월로 매년 초 권역별 가족친화인증 설명회를 개최한다. 그리고 가족친화인증심사기관을 통하여 인증 신청서류의 접수 및 검토(5~6월)를 실시하며, 서면심사와 현장실사(7~9월)를 통하여 여성가족부가 가족친화인증위원회 심의(10월)를 거쳐서 인증기업 및 기관을 결정하고 신청기업에 통보(11월)하게 된다.

인증의 기준은 최고경영층의 리더십, 가족친화실행제도, 가족친화경영 만족도 등을 평가하여 70점 이상을 (중소기업은 60점 이상) 획득한 경우 인증을 부여하게 된다. 점수의 배점기준은 최고경영층의 리더십으로 최고경영층의 관심 및 의지(20점), 가족친화 실행제도(60점)로 자녀출산 및 양육지원, 유연근무제, 정시퇴근제 등이 점수에 반영되며, 그 밖에도 가족친화경영 만족도(20점)의 점수로 가족친화실행제도에 대한 근로자의 만족도가 참조된다. 이러한 가족친화기업 등의 인증기준은 여성가족부 고시 제2015-18호에 명시되어 있다. 인증의 효력(3년, 2년 연장 가능)으로 인증마크를 상품 광고와 홍보 등에 활용하여 기업 이미지를 제고하고 인증을 통한 가족친화경영 도입 촉진으로 근로자와 가족구성원의 삶의 질 향상, 이직률 감소 등을 통하여 기업의 경쟁력 강화에 기여하게 된다.[14)]

---

14) 기업 및 공공기관에 대한 적용은 「가족친화 사회환경의 조성촉진에 관한 법률 시행규칙」 제7조와 관련하여 기본적으로 서로를 배려하며 사랑을 품고 있는 사람들이 정겹게 어울리는 모습을 형상화한 것으로, 그러한 배려와 사랑으로 서로 조화를 이룰 때, 비로소 하나의 완성된 꽃 '가족친화경영'을 피울 수 있다는 의미이며, 밝은 다홍색은 가족의 사랑을 상징하고 노란색은 기업의 배려와 열정, 초록색은 사회적 관심과 안정된 제도를 상징하고 있다. 가족친화인증기업에 대한 인센티브 지원으로 정부사업 참여 시 가점 · 우선권을 부여한다. 은행 금리우대 등(32개 기관, 104개 인센티브, '15년 12월 기준) 가족친화 우수기업 정부포상('11년~), 가족친화경영 대상('12년~) 등의 권장이 있다.

기업	공공기관
(「가족친화 사회환경의 조성촉진에 관한 법률 시행규칙」 제7조 관련)	

기본적으로 서로를 배려하며 사랑을 품고 있는 사람들이 정겹게 어울리는 모습을 형상화한 것으로서, 그러한 배려와 사랑으로 서로 조화를 이룰 때, 비로소 하나의 완성된 꽃 '가족친화경영'을 피울 수 있다는 의미

- 밝은 다홍색은 가족의 사랑,
- 노란색은 기업의 배려와 열정,
- 초록색은 사회적 관심과 안정된 제도 상징

출처: 여성가족부(2020).

[그림-3] 가족친화인증의 표시

표-5 가족친화인증기업 · 기관 현황(총 1,363개, 2015년 말 기준)

연도/구분	계	대기업	중소기업	공공기관
계	1,363	258	702	403
2008	9	3	0	6
2009	14	5	3	6
2010	20	6	4	10
2011	86	24	22	40
2012	84	24	13	47
2013	279	84	111	84
2014	444	77	257	110
2015	427	35	292	100

출처: 여성가족부(2020).* 2015년말 기준 인증이 유효한 기업 · 기관임.

12) 가족사랑의 날

'가족사랑의 날'은 매주 수요일은 가족과 함께하자는 날로, 바쁜 주중에 수요일 하루라도 가족과 함께 시간을 보내는 작은 실천이 가족 사랑의 첫걸음이 된다는 의미에서 시작되었다.

여성가족부는 기존의 **'매월 셋째 주 수요일을 Family day'**로
지정 · 운영하던 캠페인을 2010년부터 한글이름 공모전을 통해
대상을 수상한 명칭 **'가족사랑의 날'**로 변경,
매주 수요일로 확산 전개 추진 중

출처: 여성가족부(2020).

권장사항으로 직장에서는 '알찬 일과, 정시퇴근 일터 만들기'를 위하여 매주 수요일에 정시퇴근하여 가족과 함께하고 '가족사랑 약속을 실천'하여 가족 사랑을 키우고, 가족의 사랑이 이웃까지 확산되도록 하고 있다. 이에 대한 가족 사랑의 날 캠페인 내용은 다음과 같다.

• **가족의 실천사항: '나부터 시작하는' 우리 가족 실천약속**

하나. 대화, 놀이 등 매일 30분 이상 가족과 함께 시간을 갖는다.
하나. 매주 2회 이상 가족과 저녁 식사를 함께한다.
하나. 매월 1일 이상 가족과 함께 데이트한다.
하나. 매년 4회 이상 가족과 함께 지역사회에 봉사활동을 한다.

• **일터의 실천사항: '알찬 일과, 정시퇴근 일터 만들기' 실천약속**

하나. 알찬 일과로 정시퇴근을 실천한다.
하나. 매주 수요일에는 '가족사랑의 날'로 하여 정시퇴근 후 가족과 함께 하는 직장 분위기를 조성한다.
하나. 직장탐방, 가족친화 교육 등 가족까지 배려하는 활동을 마련한다.
하나. 사회공헌활동을 실시하여 나눔 문화를 확산한다.

13) 가족폭력방지

가정폭력의 방지를 위하여 여성긴급전화로는 1366을 운영하고 있으며 가정폭력 피해자의 보호와 지원 사무에 대한 정책정보를 제공하고 있다. 이를 통하여 긴급피난처의 제공, 의료복지 서비스, 긴급피난처, 법률구조서비스, 피해자보호시설의 제공, 검찰·경찰 서비스의 제공, 상담소의 운영 및 각종 사회복지서비스를 제공하고 있다. 이에 대한 근거법률로는 「가정폭력방지 및 피해자 보호 등에 관한 법률」이 있다.

출처: 여성가족부(2020).

[그림-4] 가정폭력방지 및 피해자 보호사업추진체계

2절 | 보건복지부와 건강가정지원센터

1 보건복지부의 활동[15] – 생애주기별 맞춤형 보육정책

보육정책으로 보건복지부(2016)는 영유아보육료 지원 사업을 다음과 같이 실시하고 있다(2016. 3월 기준).

첫째, 만 0~2세 보육료로 양육수당, 종일제 아이돌봄 서비스를 지원받지 않고 어린이집을 이용하는 만 0~2세 영유아에 대해 보육료를 지원하고 있다. 연령별 보육료 지원 단가는 0세는 418천 원, 1세는 368천 원, 2세는 304천 원이다.

둘째, 만 3~5세 보육료(누리공통과정)로 양육수당, 유아학비를 지원받지 않고 어린이집을 이용하는 만 3~5세 아동에 대해 보육료를 지원하고 있다(보육료 지원단가: 만 3~5세: 220천 원).

셋째, 다문화 보육료는 다음과 같이 지원하고 있다. 어린이집을 이용하는 만 0~5세 영유아 중 「다문화가족지원법」 제2조1호에 따른 다문화가구를 대상으로 소득 · 재산 수준과 무관하게 보육료를 지원하고 있다. 「다문화가족 지원법」 제2조1호에 따른 다문화가족의 결혼이민자(인지신고 또는 귀화허가를 받은 자 포함)와 「국적법」 제2조부터 제4조까지의 규정에 따라 대한민국 국적을 취득한 자 사이에서 출생한 자녀 및 「다문화가족 지원법」 제2조1호에 따른 다문화가족과 동일세대원으로 생계를 같이 하는 전처 또는 전남편의 사이에서 출생한 자녀(대한민국 국적인 아동에 한함)에게 지원한다.

장애아 보육료로는 어린이집을 이용하는 만 12세 이하의 장애아동에 대해 보육료를 지원하고 있다. 그리고 가구의 소득 · 재산 수준과 무관하며 장애인복지카드 또는 특수

15) 보건복지부(2016).

교육 대상자 진단 · 평가 결과 통지서를 미소지한 만 5세 이하 영유아도 장애소견이 있는 의사 진단서를 제출한 경우에는 지원이 가능하다. 장애아 보육료 지원 단가는 2016년 기준 0~5세 438천 원으로 지원되고 있다.

표-6 보육료 지원대상 및 지원수준 현황

구 분	지원대상(선정기준 소득액 참조)	지원금액
만 0~2세 보육료	전 계층(소득 · 재산 수준과 무관)	만 0세 418,000원 만 1세 368,000원 만 2세 304,000원
만 3~5세 보육료	전 계층(소득 · 재산 수준과 무관)	만 3~5세 220,000원
만 0~5세 장애아 보육료	장애아동(소득 · 재산 수준과 무관)	438,000원
다문화 보육료	다문화가구(소득 · 재산 수준과 무관)	만 0세 418,000원 만 1세 368,000원 만 2세 304,000원 만 3~5세 220,000원

출처: 보건복지부(2020).

보육료의 지원신청방법은 아동 주소지의 읍 · 면 · 동 주민센터를 직접 방문 또는 복지로에서 온라인 신청이 가능하다. 보육료, 양육수당 등 서비스는 신청일 기준으로 지원하므로, 지원신청을 하지 않을 경우 지원되지 않으며 읍 · 면 · 동 주민센터 또는 복지로를 통해 서비스 신청이 필요하다. 그 밖에 가정양육수당 지원 사업으로 어린이집 · 유치원 · 종일제 돌봄서비스를 이용하지 않는 취학 전 만 84개월 미만 가정양육 아동에게 양육수당을 지원하여 부모의 양육부담을 경감하고 보육료 지원아동과의 형평성을 제고한다. 지원대상은 취학 전 만 84개월 미만 전 계층 아동이며 소득재산 수준과 무관하게 지원하고 장애아동 양육수당으로 취학 전 만 84개월 미만의 등록 장애아동과 농어촌 양육수당(농식품부사업 이관)으로 취학 전 만 84개월 미만 아동으로 농어촌 지역에 거주하는 농어업인가구의 가정 양육 아동에게 농어촌 양육수당이 지원되며 그에 대한 지원금액은 다음과 같다.

표-7 가정양육 시 지원금액

<table>
<tr><th>연령(개월)</th><th>양육수당</th><th>연령(개월)</th><th>농어촌양육수당</th><th>연령(개월)</th><th>장애아동
양육수당</th></tr>
<tr><td>0~11</td><td>200,000원</td><td>0 ~ 11</td><td>200,000원</td><td rowspan="3">0~35</td><td rowspan="3">200,000원</td></tr>
<tr><td>12~23</td><td>150,000원</td><td>12 ~ 23</td><td>177,000원</td></tr>
<tr><td>24~35</td><td>100,000원</td><td>24 ~ 35</td><td>156,000원</td></tr>
<tr><td rowspan="4">36개월 이상
~84개월 미만</td><td>100,000원</td><td>36 ~ 47</td><td>129,000원</td><td rowspan="4">36개월 이상
~84개월 미만</td><td rowspan="4">100,000원</td></tr>
<tr><td>100,000원</td><td>48개월 이상</td><td>100,000원</td></tr>
<tr><td>100,000원</td><td rowspan="2">~84개월 미만</td><td>100,000원</td></tr>
<tr><td>100,000원</td><td>100,000원</td></tr>
</table>

출처: 보건복지부(2020).

이와 같은 지원은 수요자 욕구에 맞는 보육서비스를 제공하기 위한 것으로 다문화가정 영유아 보육서비스를 강화하여 다문화 특성화 보육시설 지정 및 한국어 교육 프로그램을 지원하고 보육교사를 대상으로 다문화 관련 교육을 강화하며 장애아동에 대한 보육환경 개선 및 법적 · 제도적 지원을 강화하게 된다. 지역별로는 균형 있는 장애아 보육시설 확충, 편의시설 · 장비비 등을 지원하며 장애아 어린이집의 특수교사 배치기준을 강화하고 다양한 시간유형의 보육서비스를 제공하게 된다.

어린이집 건강 · 영양 · 안전관리 강화사업으로는 어린이집 건강관리 효율화를 위하여 영유아의 예방접종 및 건강검진 정보를 보육통합정보시스템과 연계하여 어린이집에서의 아동의 체계적인 건강관리를 지원하게 된다. 이를 위하여 어린이집 CCTV 설치를 의무화하고 「영유아보육법」 개정을 통해 모든 어린이집 CCTV를 설치(2015.12.18.)하도록 하였다. 한편 어린이집 통학차량 안전관리의 강화를 위하여 통학차량을 운행할 경우 「도로교통법」에 의한 어린이통학버스 신고를 의무화('14년)하였으며 통학차량 운행 간 안전관리 강화를 위해 보육교직원 동승의무 위반에 대한 행정처분을 강화('15년)하였다. 또한 보육 교직원 동승 없이 어린이통학버스 운행 중 발생한 교통사고로 영유아 중상해 이상 시 시설폐쇄가 가능하도록 하였다. 그 밖에도 어린이집 보육교직원에 대한 아동학대 및 안전교육의 강화 일환으로 보육교직원의 보수교육과 연계하여 육아종합지원센터와 어린이집안전공제회가 주관하는 아동학대 예방 및 안전교육을 실시하도록 하였다.

그리고 아이행복카드(구. 아이사랑카드)를 통하여 2009년 9월부터 정부가 지원하는 보육료를 바우처 형태로 전자카드(아이행복카드)에 담아 부모가 직접 결제할 수 있도록 하여 정부지원금에 대한 수요자 체감도를 제고하고 부모가 직접 보육료를 결제함으로써 어린이집에 대한 관심, 신뢰도를 제고할 수 있도록 하였으며, 어린이집 및 지자체의 보육료 지원 관련 행정업무 전산화 및 절차의 간소화로 행정부담을 경감할 수 있도록 하였다.

또한 임신육아종합포털 아이사랑 홈페이지를 구축하여 임신, 출산, 육아, 어린이집·유치원 관련 종합정보제공과 복지서비스 검색·신청, 온라인 전문가 상담 등을 One-Stop으로 제공하는 종합포털 사이트를 구축('15.8월) 하고 국공립 어린이집 확충 등을 통하여 저소득 밀집지역, (국공립)어린이집 미설치 지역 등 취약지역에 국공립어린이집 확충하도록 하였다.[16)]

또한 저소득층 영아(0~12개월)에게는 기저귀·조제분유를 지원('15.10월~) 관할 시·군·구 보건소를 통하여 전달하도록 하여 부모의 양육 부담을 덜었다. 한편 만 0~5세 보육

16) 평가인증을 유지하고 있는 어린이집에는 교재 및 교구비를 지원할 수 있도록 하였으며 농어촌 소재 사회복지법인어린이집에 급간식비, 교직원 인건비 등의 운영비 일부를 지원하도록 하고 있다. 그리고 농어촌 소재 어린이집, 정부지원 장애전담 어린이집에 차량운영비를 지원하고 공공형 어린이집 확충을 통하여 우수한 민간, 가정 어린이집을 선정하여 운영비를 지원하고 지속적인 품질관리를 실시하도록 하였다.

료 또는 양육수당을 전 계층으로 확대('13.3월~)하여 어린이집이나 유치원을 이용하는 경우에는 보육료 또는 유아학비를 지원하고, 가정에서 양육하는 경우에는 양육수당을 소득과 관계없이 지원함으로써 영유아 보육 · 양육에 대한 국가 책임을 강화하였다.

신청처는 관할 읍 · 면 · 동 주민센터(해당 영유아 주민등록소재지)이다. 그 밖에 보건복지부는 만 0~12세 어린이 국가예방접종(14종)을 무료로 지원하도록 하여 거주지에 관계없이 총 14종의 국가예방접종비 전액을 지원하며 아이의 건강을 체계적으로 관리할 수 있게 되었다. 신청은 관할 보건소나 국가예방접종 지정 의료기관이다.

그 밖의 활동으로는 초등 돌봄교실을 운영하여 방과 후 돌봄이 필요한 맞벌이, 저소득층, 한부모 가정의 초등학생에게 질 높은 프로그램을 제공해 부모와 아이 모두 안심하고 즐겁게 지낼 수 있도록 지원하고 교육부에서는 전국 229개 시 · 군 · 구 드림스타트에서 0~12세 취약계층 아동에게 맞춤형 통합서비스를 지원하여 아이가 꿈과 희망을 갖고 행복한 사회 구성원으로 성장할 수 있도록 건강관리, 학습지원, 양육 부담 완화 등 아동발달 영역별 맞춤형 통합 서비스를 연계하고 있다.

이에 대한 신청은 시 · 군 · 구 드림스타트팀에 신청할 수 있다. 한편 보건복지부에서는 초 · 중 · 고등학생들에게 교육 급여를 확대 지원('15.7월~)하여 우리나라의 아이들이 열심히 공부할 수 있도록 공정한 교육기회를 제공하고자 입학금, 수업료, 학용품비, 부교재비, 교과서대 등을 지원하고 있는데, 이에 대한 신청은 읍 · 면 · 동 주민센터, 교육급여 콜센터로 할 수 있다. 또한 교육부에서는 저소득층 아동 방과 후 학교 자유수강권을 제공하여 저소득층 자녀가 자기계발과 학업성취도를 높이기 위해 방과 후 학교 프로그램을 수강할 경우 수강료를 지원해 주는 제도를 실시하고 있는데, 이에 대한 신청은 시 · 도교육청으로 할 수 있다.

교육부의 문화체육관광부에서는 초 · 중 · 고 예술 · 스포츠 강사파견으로 전인적 성장을 위해 체육, 예술 교육을 강화할 수 있도록 초 · 중 · 고등학교에 예술강사, 스포츠강사를 파견하여 예술 · 스포츠를 접할 수 있는 기회를 제공하고 있다. 그 밖에도 농어촌학교 ICT활용 확대를 위하여 총 4,000개 학교('15년)에 스마트 기기 보급, 스마트러닝을 도 · 농 간 교육격차 해소를 위하여 실시하고 있는데, 이를 위하여 농어촌 초 · 중학교 전체에 ICT 인프라를 구축하여 다양한 교육활동에 활용할 수 있도록 지원하도록 하고 있다. 또한 교육부는 위기학생의 학업중단 예방을 위한 학업중단 숙려제를 실시하여 학업중단위기 학생에게 2주 이상의 기간 동안 학업중단에 대해 신중하게 고민하는 기회를 제공하고 있으며, 상담, 진로체험, 예체능 등 맞춤형 프로그램에 참여할 수 있도록 지원하고 있다. 신청처는 일선 초 · 중 · 고교이며 지역사회 청소년 통합지원체계 구축을 통해서 학교 밖 청소년 지원센터 '꿈드림'을 통해 학력 취득, 직업체험, 자립, 건강관리, 상담, 멘토링 지원 등을 제공함으로써 성공적으로 사회에 진입하거나 학업에 복귀할 수 있도록 하고 있는데 신청은 꿈드림 홈페이지를 참조할 수 있다.

대학생 및 사회초년생에게는 맞춤형 장학금을 지원하여 등록금 부담을 줄이고 경제적 여건과 관계없이 누구나 의지와 능력에 따라 고등교육 기회를 가질 수 있도록 국가장학금 등을 한국장학재단에서 지원하고 있다. 그리고 행복공공기숙사, 행복연합기숙사 등의 운영은 열악한 대학생 정주여건 개선을 위해 정부에서 공공기금을 활용한 공공기숙사를 건립하여 기숙사를 확대하고 기숙사비를 인하하여 기숙사비(2인실 1인당 기준)로 월평균 24만 원 이하를 유지하도록 하고 있는데, 신청은 한국사학진흥재단에서 받고 있다. 뿐만 아니라 행복주택은 젊은층(대학생, 신혼부부, 사회초년생 등)의 주거안정을 위해 교통편리, 접근 쉬운 지역에 6년까지 거주 가능한 행복주택을 공급하는데 LH공사 홈페이지 등에서 신청이 가능하도록 하였다.

그 밖에도 만 44세 이하 난임부부 지원서비스로 (전국가구 월평균소득 150% 이하)인 경우 아이를 원하는 난임부부에게 체외수정 · 인공수정 등 큰 비용이 소요되는 시술비 중 일부를 지원해 경제적 부담을 덜 수 있도록 하였으며, 이는 관할 보건소에서 신청이 가능하며 3대 고위험 임산부의 의료비지원 (전국가구 월평균소득 150%이하)제도는 고위험 임신질환(조기진통, 분만 관련 출혈 및 중증 임신중독증)으로 진단받고 입원치료 받은 자에 대해 비급여 본인부담금 90%(300만 원 까지)를 지원하고 있다. 한편 직장인과 주부를 위해 주거급여를 확대 개편하여 주거비 부담능력이 취약한 저소득층에게 소득, 거주형태, 임대료 부담수준 등을 종합적으로 고려하여, 맞춤형 급여체계로 전환해 주거비를 지원하는 제도를 실시하고 있는데, 이는 읍 · 면 · 동 주민센터, 주거급여콜센터를 통해서 신청할 수 있다.

국토교통부에서는 공공임대주택 공급의 확대를 무주택 서민들이 안심하고 거주할 수 있는 공공임대주택을 공급하는 사업을 실시하고 있는데, 임대주택포털에서 내집마련 디딤돌 대출(금리 연 2.3~3.1%(최저 2.0), '15.4.27 기준)을 실시하여 보다 많은 이에게 저리로 대출을 지원하기 위하여 주택금융공사의 우대형 보금자리론 및 국민주택기금(현 주택도시기금)의 최초주택구입자금과 근로자서민구입자금 상품 3개를 하나로 통합한 상품을 운영하고 있다. 현재 6개 은행(우리, 국민, 신한, 하나, 농협, 기업)과 국토교통부 콜센터를 통하여 실시하고 있으며 임차보증금 버팀목 대출제도를 통하여 주택도시기금은 소득수준이 낮을수록, 보증금 규모가 작을수록 저리로 전세와 월세 임차보증금을 지원하고 있다(금리 연 2.5~3.1%(최저 1.5), '15.4.27 기준). 이를 위한 상품은 국민주택기금(현 주택도시기금)의 저소득가구 전세자금대출 및 근로자 서민 전세자금 대출 상품 2개를 하나로 통합한 상품이 있다. 기타 4대 중증질환 3대 비급여 보장성 강화를 위하여 (4대 중증질환) 암, 심장질환, 뇌혈관질환, 희귀 · 난치성질환 등 4대 중증질환 치료에 필요한 첨단검사 및 수술, 고가 항암제 등에 대한 건강보험 적용범위를 확대해 실질적인 의료비 부담을 줄이기 위한 노력을 하고 있으며 (3대 비급여) 선택진료비, 상급 병실료, 간병서비스에 건강보험을 적용하도록 하였다.

그 외에도 두루누리 사회보험에서는 영세사업장의 저임금근로자를 위해 국민연금 · 고용보험의 보험료를 50% 지원하는데 국민연금공단 각 지사, 근로복지공단 각 지사(1355)에 문의가 가능하다. 한편 여성가족부에서는 일 · 가정 양립제도를 활용하여 만 8세 이하 또는 초등학교 2학년의 자녀가 있는 부모는 누구나 육아휴직이나 육아기 근로시간 단축을 합하여 부모가 각각 최대 1년을 사용할 수 있도록 전국 고용센터(1350)에서 이를 실시하고 있다. 어르신을 위해서는 기초연금제도가 실시되어 그동안 국가의 발전과 자녀양육에 힘쓴 어르신들의 노후생활을 안정적으로 지원하고자 만 65세 이상, 소득하위 70%에 해당하는 어르신에게 매월 최대 20만 2,600원을 주소지 읍 · 면사무소 및 동주민센터, 국민연금공단지사에서 지급하도록 하였다.[17] 노인일자리 지원사업으로는 만 65세 이상의 어르신에게 다양한 사회활동 기회와 능력과 적성에 맞은 일자리를 제공해 어르신의 생활안정과 사회활동 참여를 돕는데 읍 · 면사무소 및 동주민센터, 노인사회활동 수행기관(노인복지관, 시니어클럽, 대한노인회 지회 등) 및 한국노인인력개발원에서 이를 담당한다.

한편 복지서비스 접근성이 떨어지는 도서벽지 등에 의료봉사, 문화예술공연 및 장수사진 등의 서비스를 원스톱으로 제공하는 제도의 운영은 (사)농촌사랑 범국민운동본부에서 실시한다. 그리고 장애인연금 확대는 만 18세 이상의 등록한 중증 장애인 중 본인과 배우자의 소득과 재산을 합산한 금액(소득인정액)이 선정기준액 이하인 소득하위 70%에게 지원하는 제도로 읍 · 면사무소 및 동주민센터에서 실시한다. 에너지 바우처 지급의 제도는 동절기 적정 난방이 필요한 노인, 영유아, 장애인을 포함하는 저소득 가구를 대상

17) 보건복지부에서는 틀니 임플란트 건강보험 확대로 어르신 구강건강을 위해 75세 이상 건강보험 적용되던 레진상 완전틀니, 금속상 부분틀니, 치과임플란트의 연령이 70세로 확대(15년 7월)되고, 금속상 완전틀니도 건강보험이 적용된다. 16년 7월부터는 65세로 적용 연령이 확대되는데 진료받을 치과, 국민건강보험공단 지사, 국민건강보험공단(1577-1000)에서 가능하며 보건복지부에서는 치매노인에게 장기요양서비스를 제공하여 치매로 인해 일상생활에 어려움을 겪고 있는 어르신들에게 인지기능 악화방지 및 잔존능력 유지를 위한 인지활동형 프로그램 등 장기요양서비스를 제공하고 있다.

으로 가구원수에 따라 전기, 도시가스, 지역난방, 연탄 등을 선택적으로 구입할 수 있는 에너지바우처를 신규로 지원하는 제도로 에너지 바우처 콜센터나 읍 · 면사무소 및 동주민센터에 신청할 수 있으며 장애인 문화체육관광 지원으로 장애인들의 문화예술 및 체육 · 관광활동 지원 등을 통해 누구나 참여할 수 있는 전 생애적 문화 향유 환경을 구축하고자 하는 제도가 실시되고 있는데 이는 찾아가는 장애인생활체육서비스를 통해서 실시되고 있다. 신청처는 한국문화예술위원회, 장애인체육회나 문화체육관광부의 한국관광공사이다.

복지전달체계 개편으로는 다문화가족 정착 및 자녀양육 지원 서비스로 다문화가족의 안정적인 정착과 가족생활을 지원하기 위해 가족통합교육 · 상담, 자녀양육 지원, 통번역, 자조모임 운영 등 종합적인 서비스를 제공하는 다문화가족지원센터(전국 217개소)를 운영하는데 다문화가족지원센터나 다누리콜센터에서 이를 담당한다. 기타 다문화 예비학교에서는 중도입국, 외국인 학생 등에게 한국어와 한국문화 교육을 집중적으로 제공하여 다문화학생의 공교육 진입 및 조기적응을 지원하는데 이는 시 · 도 교육청 또는 중앙다문화교육센터에서 실시하며 교육부에서는 한부모 가정 자녀양육비 이행지원으로는 1회 신청으로 자녀가 성인이 될 때까지 상담, 소송, 추심 지원 등 한부모 가정의 양육비 이행확보를 위한 단계별 원스톱 종합서비스를 제공하는데, 이는 양육비이행관리원에서 가능하다.

출처: 보건복지부(2016).

그 밖에도 문화누리 카드 지급을 통하여 저소득층에게 문화예술 · 국내여행 · 프로스포츠 관람 지원, 개인별 5만 원 범위에서 문화누리카드를 발급하도록 하고 있는데 그 담당은 문화누리콜센터에서 가능하며 주민센터 또는 문화누리 홈페이지에서 가능하다. 한편 문화체육관광부에서는 스포츠 강좌 이용권 카드를 발급하여 저소득층 유 · 청소년에게 매월 7만 원(1강좌) 범위 내 스포츠강좌 수강료를 지원하고 있다, 신청은 스포츠강좌 이용권 홈페이지에서 가능하다. 그 밖에도 문화체육관광부에서는 문화가 있는 날을 선정하여 우리나라 국민이 일상에서 보다 쉽게 문화생활을 향유할 수 있도록 매달 마지막 수요일에 공연 · 전시회 등의 무료 또는 할인혜택을 제공하는 사업을 실시하고 있다.

또한 긴급복지 확대서비스로는 갑작스런 위기상황으로 생계유지조차 힘든 저소득 위기가구에 생계비, 의료비, 주거비, 시설비, 교육비, 전기료, 해산 · 장제비, 연료비 등을 신속히 제공할 수 있도록 하고 있는데, 신청은 보건복지콜센터 129에서 가능하며 신청처는 읍 · 면 사무소 및 동 주민센터이다.

한편 '찾아가는 서비스'를 위한 복지공무원 확충을 위하여 '14~'17년간 단계적으로 복지공무원 6천 명을 확대 배치해 취약계층에 대해 찾아가는 서비스를 활성화하고 위기가구에 대한 맞춤형 복지서비스를 강화하고자 하고 있으며 정보연계를 통한 복지 사각지대를 선제적으로 발굴하고자 하고 있다. 이는 주민 협력을 통한 복지 사각지대 발굴망 구축을 통하여 마을의 통(리)장, 부녀회장 등 지역주민으로 구성된 읍 · 면 · 동 지역사회보장협의체를 통해 취약가구 등을 발굴하고, 민간에 있는 자원을 확보하여 필요한 사람에게 연계하는 제도이다. 이는 읍 · 면 · 동 허브를 통한 사례관리에 적용된다.

기타 복지전달체계 개편의 주요 골자는 보건복지부에 의하여 주요 국정과제 이행계획에 따라, 국민 모두가 개인의 상황에 '꼭 맞는 복지서비스를 원스톱으로 간편하게' 제공받을 수 있는 '맞춤형 복지전달체계 구축' 방안을 마련하고 있는데, 복지전달체계 개편의 가장 큰 특징 중 하나는 도시와 농촌의 지역 상황을 고려하여 설계되었다는 것으로 주민센터 이용이 용이한 도시에서는 센터의 복지행정 기능을 강화하는 한편, 농촌에서는 희망복지지원단 등을 통해 서비스 접근성을 높이는 데 중점을 두었다. 아울러 복지인프라를 강화하고, 맞춤형 서비스를 확대하기 위한 계획도 함께 마련되었다. 이러한 계획은 2014년 주민센터 기능 개편을 시작으로 다양한 시범사업을 거쳐 단계적으로 확대될 예정이다. 복지전달체계 개편은 17개 부처 170개 복지사업의 핵심적 복지전달체계의 역할을 담당하고 있는 지자체의 복지깔때기 문제를 해소하고 복지 관련 서비스들의 분절적 운영체계 개선을 통한 국민 불편을 최소화하며 농촌특성(넓은 면적, 적은 인구, 자원부족, 보건서비스에 대한 높은 수요 등)을 고려한 농촌형 복지전달체계 구축을 위해 실시되었다.

그 특징으로는 도시와 농촌의 특성을 고려해 TWO-TRACK 추진하게 되는데 도시형으로는 접근성 · 편의성이 높은 동 주민센터의 복지행정 기능을 강화하여 맞춤형 복지허브 기관으로 개편하며 농촌형으로는 희망복지지원단의 강화를 통해 접근성 및 서비스 제공 기능을 향상하고 보건소, 학교, 농협, 우체국 등 기관 간 연계 · 협력을 강화하게 된다. 희망복지지원단이란 군청 내 다양한 문제를 가진 지역주민에게 통합서비스를 제공하는 조직으로 복지전달체계 개편이 되면 상담 · 신청의 내실화 및 종합적 서비스 안내를 통한 원스톱(One-Stop) 통합서비스가 구현되어 이동의 제약이 있는 계층의 방문상담 · 신청 체계화 및 방문형 서비스 연계협력 강화를 통한 찾아가는 서비스가 활성화된다.

또한 저소득 가구에 대한 보건 · 복지 · 고용 · 교육 · 주거 등 맞춤 서비스 제공 및 희망복지지원단의 맞춤형 사례관리가 활성화되며 지역의 인적 · 물적 자원 동원 등 민관연계협력 활성화를 통한 주민 주도의 지역 내 문제가 해결되어 맞춤형 복지전달체계 구축을 통한 체감도 높은 복지가 구현되는데, 그에 따른 복지전달체계 개편[18] 일정은 다음과 같다.

표-8 복지전달체계 개편 일정

'14. 6월까지	'14. 4월~	'14. 4~12월	'15년~
기능보강형 개편	시범사업(통합형, 거점형, 부분거점형) 개시	시범사업 모니터링 및 결과분석	원스톱서비스 단계적 확대

출처: 보건복지부(2020).

18) 기능보강형으로는 현 주민센터에 복지인력을 추가 배치하여 복지기능 강화를 위하여 실시된다. 통합형은 동 주민센터 2~3개소를 통합하고 복지인력을 추가 배치하게 된다. 거점형은 동주민센터 2~3개소의 복지업무를 별도기관에서 운영하고 복지 인력을 추가 배치하게 된다. 부분거점형은 시 · 구에 4개 내외의 권역센터를 설치하여 통합사례관리와 지역복지지원 업무를 전담하게 된다.

2 건강가정지원센터의 구축[19)]

주요 사업 및 중점사업의 추진사항에 따른 전달체계는 다음과 같이 구축되어 있다.

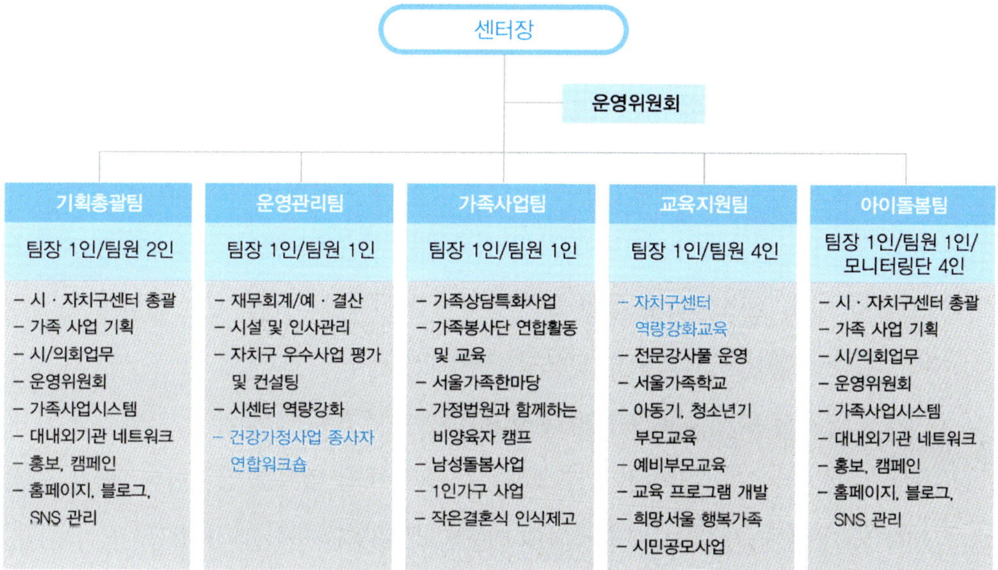

출처: 건강가정지원센터(2020).

[그림-5] 건강가정지원센터의 전달체계

건강가정지원센터의 전략과제별 주요 사업은 다음과 같다.

① 자치구 특성화 사업: 가족지원나눔으로 행복가족 프로젝트와 가족상담특화사업이 실시되고 있다. 행복가족 프로젝트를 통해서는 한부모가족지원사업으로 가족관계 향상을 위한 맞춤형 관계 증진 프로그램과 역량강화 교육 등을 지원하며 한부모 가

19) 서울시 건강가정지원센터(2016) 기준임.

족의 심리적 · 정서적 지지체계 구축을 위한 한부모 자조모임(리더 및 실무자 간담회)을 운영하고 있다. 한편 가족상담 특화사업은 현대사회 가족갈등이 심화되어 가족과 부부갈등의 해결을 위한 가족상담에 대한 필요성이 증가됨에 따라 가족의 건강성 향상을 위한 지속적인 가족상담 실시로 가족문제를 사전에 예방하고 가족갈등을 감소시키고자 건강가정지원센터의 가족상담의 전문성 향상을 위한 가족상담사업의 특성을 보다 체계화한 가족상담 시스템 구축을 지향하고 있다.

② 가족역량강화사업: 가족역량강화사업으로 가족동작놀이 지도사 양성과정을 실시하고 있는데, 가족동작놀이 지도자 양성과정은 가족동작놀이를 통하여 부모와 자녀 간 스킨십, 신체적 교감 등을 통해서 자녀를 이해하고 가족 간의 친밀감 증진 및 가정생활 건강성을 도모할 수 있도록 효율적인 가족프로그램을 실시한다. 그 밖에 가족봉사단 한마당(가정의 달, 연합활동)을 통하여 매년 5월, 가정의 달 기념행사 및 유공자 포상 등 시민이 참여하고 함께하는 가족 한마당 행사를 진행한다. 또한, 서울시내 25개 자치구센터에서 활동하고 있는 가족봉사단 연합 봉사 활동(전체 가족봉사단 참여 캠페인)과 가족봉사단 실무자 간담회 및 교육, 리더 교육 및 네트워크 활동을 지원하고 있다.

그 밖에도 이혼가정의 비양육자 부모-자녀 관계 개선을 위한 숙박형 캠프를 제공하여 이혼으로 인한 생활의 변화에 대한 자녀의 이해를 돕고 부모와 자녀의 관계에 긍정적인 변화를 주어 관계가 유지되고 강화될 수 있도록 지원하고 있는데, 비양육자 캠프는 비양육자 부모-자녀 친밀감 형성을 위한 신체 및 가족활동, 가족관계 이해를 위한 부모 및 자녀 집단활동, 자치구센터 연계 사후상담 관리체계 구축으로 구성되어 있다.

한편 예비부부교실에서는 미혼남녀를 대상으로 결혼준비 교육을 통해 진정한 결혼의 의미를 일깨우고 건강하고 행복한 결혼생활을 돕도록 성격유형검사(DISC)를 이용한 기질 이해, 의사소통 및 대화법, 결혼의 의미, 결혼을 위한 재무계획과 결혼 체크리스트를 가지고 『서울시 예비부부교실 "우리, 결혼할까요?"』의 교육을 제공하고 있다.

③ 자치구센터 전문성 향상을 위해서는, 건강가정지원센터 종사자 교육을 위하여 건강가정지원센터에 대한 관심과 수요가 증가하면서 서비스에 대한 요구도가 다양화됨에 따라 건강가정지원센터에서 자치구 건강가정지원센터 종사자들을 대상으로 사업을 보다 효과적으로 수행할 수 있도록 차별적인 프로그램을 개발하고 새로운 지식과 기술 등을 습득할 수 있는 기회를 제공하며 종사자 개인과 센터의 조화 및 균형을 이룰 수 있도록 체계적인 교육을 실시하도록 힘쓰고 있다. 자치구센터 우수사업 평가로 자치구센터 사업의 효율성과 효과성을 점검하고 지원하는 사업은 사치구센터에서 시행하고 있는 시지원사업에 대한 분석과 평가를 통해 센터의 전문성을 강화하고 활성화 방안을 모색한다. 이를 위하여 평가단 구성, 평가기준 및 지표마련, 사업수행 지원, 사업평가, 평가우수사업시상 등을 진행하며 자치구 센터 가족사업 서비스의 질적 향상을 위한 평가인증 개발도 진행 중에 있다.

④ 광역센터 역량강화사업으로는 요구도 조사[20]를 진행하여, 서울시 각 지역의 가족실태 및 시민과 건강가정지원센터 종사자들의 욕구 파악 및 향후 가족정책 사업의 연계와 기초자료로 활용하고 건강가정사업 홍보를 위하여 자치구센터의 다양한 사업을 소

20) 가족지원통합시스템 운영을 통하여 자치구센터의 사업영역 및 이용자 실적 등을 효과적으로 관리한다. 또한 월 · 분기 · 반기 · 연간별 데이터 자료를 효율적으로 수집하여 자치구 특성과 현황을 분석 및 파악하고 향후 서울시 가족정책사업의 객관적 지표 및 근거에 활용하고 있다.

개하는 E-뉴스레터를 제작 · 배포하고 있으며, 홈페이지 및 블로그, SNS 등 온라인 공간 운영과 기관방문의 날, 캠페인 진행 등 다양한 홍보방법을 통해 시민과 소통하고 있다. 또한 협의체계 구축 및 네트워크를 통하여 건강한 가정 구현에 기여하기 위해 지역사회 자원 개발 활용(「건강가정기본법」 제10조)에 근거하여 건강가정사업의 관계자원 연계 및 진흥원, 자치구센터와 협력 사업을 수행하고, 인적 · 물적 자원의 인프라를 구축하고 협력방안을 조성하며, 정보 및 의견 교환을 위한 정기적 소통의 장을 마련하고 있다. 그 밖에 건강가정세미나를 통하여 건강가정지원센터의 기능 및 역량을 강화하며 신혼기부부 교육 프로그램 개발 등의 활동을 실시하고 있다.

⑤ 수탁사업으로는 서울시의 경우 찾아가는 아버지교실을 실시하여 기업 · 공공기관 등 직장으로 찾아가 기관의 구성원 특성과 인원수에 따라 맞춤형 아버지교육을 실시하고 있다. 이를 통하여 야근, 승진, 인간관계 등 직장에서 받은 스트레스 때문에 자칫 소홀해질 수 있는 가족의 행복을 유지하고 향상시켜 균형 있는 일과 가족생활을 실현하고 가족 친화적 직장문화를 조성하고자 하였다. 그리고 아이돌봄 서비스가 원활하게 제공될 수 있도록 지역 관할 내 아이돌봄 서비스 수요를 파악하고 돌보미 활동 상황을 분석 · 조정하여 아이돌보미 양성 및 보수교육을 진행하고 있다. 또한 서비스 이용자 전화모니터링 및 아이돌보미 활동현장 모니터링, 서비스 제공기관 운영현황 파악을 통해 아이돌봄 서비스를 사후관리하고 있다.

⑥ 가족학교의 운영으로는 가족 Talk Talk 학교를 운영하여 가족생애주기별 · 유형별 교육 프로그램으로 예비부부교실과 신혼부부교실, 베이비부머(중 · 노년기)세대 가족교실, 찾아가는 아버지교실 등을 운영한다. 서울시의 기준으로 올해(2015년)부터 자치구 10개소를 시작으로 2018년에는 25개 모든 자치구에서 사업을 진행할 예정이다. 그 밖

에도 부모자녀 하나되기 '패밀리 셰프'를 통하여 부모와 자녀가 함께 요리하고 식사하는 시간을 통해 부모-자녀 간 소통을 증진하고 성장기 자녀의 인성을 함양하기 위한 프로그램이며 기존 "밥상머리교육"의 강의위주 교육을 보완하여 강의 · 실습 · 가정에서 실천방법까지 지도하는 찾아가는 코칭 프로그램을 마련하여 제공하고 있다.

그리고 부모교육 프로그램 개발을 통하여 임신기 부부를 대상으로 부모됨의 소중함을 일깨우고 올바른 양육지식과 태도형성을 위한 교육 및 아동청소년기 자녀를 둔 부모를 대상으로 부모-자녀 관계를 향상하고 공감과 이해를 돕는 프로그램을 개발하여 2016년부터 실시하고 있다. 한편 한부모 이해교육으로 한부모가족이 경험할 수 있는 다양한 분야의 심리적 문제를 부모-자녀 관계증진 프로그램 및 부모역할훈련 등을 통해 스스로 한부모가족이 강점과 자원을 관리할 수 있는 문제해결능력 향상을 키울 수 있도록 지원하고 있다. 그 밖에도 건강한 가족생활 영위를 위해 필요한 종합 정보를 제공하는 가족보고서를 발간하고 있다.

출처: 건강가정지원센터(2020).

[그림-6] 자치구 특성화 사업

3 한국여성정책연구원(Korean Women's Development Institute)

여성단체에 대한 여성문제 전담 기구 설립의 요구와 유엔(UN)의 권고에 의하여, 우리나라는 1963년 이후 여성을 대상으로 직업기술 훈련을 담당한 국립부녀직업보도소와 1961년 설립된 이래 여성 교양강좌와 기술교육 및 조사연구 등을 실시하며 여성단체와 여성 활동의 장으로 운영되었던 국립여성복지원을 통합하여 전문적 · 종합적 여성기구의 설립을 추진하였다. 1982년 여성 국회의원의 주도로 「한국여성개발원법」이 제정되어, 1983년 보건사회부 산하 '국립 부녀직업보도소'와 '국립여성복지원'의 후속으로 한국여성개발원이 설립되었다. 설립 당시는 조사연구실 · 교육 연수실 · 자원개발실 · 정보자료실 · 사무국으로 조직되었으며, 21세기 정보화 · 세계화 시대에 대비하는 여성 관련 지도 인력 양성 및 각급 사회교육기관의 여성교육의 효율적이고 종합적인 지원을 위해 기존의 사업본부 기능을 확대해 나가고 있다. 2007년 5월 한국여성정책연구원으로 명칭이 변경되었다.

■ 참고문헌

강민주, 전경숙(1995). 아동의 사회적 지지와 자기능력 지각에 관한 연구. **아동학회지**, 16(1), 197-210.

강영배(2009). 사회적 배제의 관점에서 본 청소년문제 및 정책에 관한 고찰. **청소년복지연구**, 11(4), 101-127.

강진상, 김중원(1991). **가족치료**. 경기: 하나출판.

강진호, 유형근, 손현동(2009). 마음챙김 명상을 활용한 고등학생의 심리적 안녕감 증진 프로그램 개발. **중등교육연구**, 57(1), 213-243.

강해자, 이길자(2001). 청소년이 지각한 부모와의 의사소통과 가족기능, 정신건강과의 관계.**스트레스연구**, 9(2), 60-61.

강혜정, 임은미(2012). 대학생용 다문화태도 척도의 한국판 타당화 연구. **아시아교육연구**, 13(4), 35-57.

고경은(2001). 빈곤아동이 지각한 가족기능과 학교 적응과의 관계. 가톨릭대학교 석사학위논문.

고재홍, 조기영(2003). 청소년의 긍정적 착각과 심리적 안녕감 간의 관계. **청소년상담연구**, 11(1), 166-181.

곽윤영, 정문자(2010). 부모의 양육태도 및 대학생의 경제적 자립도가 대학생의 심리적 안녕감 및 자기효능감에 미치는 영향. **한국청소년연구**, 21(3), 121-141.

곽한영(2006). 법교육이 청소년의 법의식에 미치는 영향에 관한 연구: 여자비행청소년을 중심으로. 서울대학교 박사학위논문.

구인회, 박현선, 정익중, 김광혁(2009). 빈곤과 아동발달의 관계에 대한 종단 분석. **한국사회복지학**, 61(1), 57-79.

권순용(2006). 청소년의 학교적응 관련변인의 인과적 구조분석. **중등교육연구**, 54(3), 329-349

김경순(2006). 내학생의 심리적 안녕감 증진을 위한 프로그램 개발과 적용. 경성대학교 대학원 박사학위논문.

김경아(2002). 청소년의 예절수행 세대전이 및 가정생활 건강성. 숙명여자대학교 대학원 박사학위논문.

김기형(2006). 고등학생과 대학생의 가족관계, 교우관계, 학교적응도와 심리적 안녕감과의 관계. 부산대학교 교육대학원 석사학위논문.

김명소, 김혜원, 차경호(2001). 심리적 안녕감의 구성개념분석: 한국 성인 남녀 대상으로. 한국심리학회지, **여성**, 15(2), 19-39.

김명희(2009). Bennett의 다문화 교육과정 모형에 근거한 다문화 교육 프로그램이 다문화인식과 자아존중감에 미치는 영향. 경인교육대학교 석사학위논문.

김선미(2000). 다문화 교육의 개념과 사회과 적용에 따른 문제. 사회과교육, 4, 63-81.

김순규(2006). 빈곤청소년의 학교적응유연성 발달경로 보호요인의 부가, 매개, 조절효과 모형을 중심으로. 전북대학교 박사학위논문.

김승권 외(2000). 한국가족의 변화와 대응방안. 서울: 한국보건사회연구원.

김영모(2001). 현대사회학. 서울: 고헌출판부.

김영화, 이진숙, 이옥희(2002). 성인지적 가족복지론. 서울: 양서원.

김영훈(2008). 청소년의 여가활동참여가 학교생활만족에 미치는 영향연구. 안양대학교 대학원 박사학위논문.

김유숙(2002). 가족치료 이론과 실제. 서울: 학지사.

김준호, 노성호, 이성식, 곽대경, 박정선, 이동원, 박철현 (2009). 청소년 비행론. 서울: 청목출판사.

김준호, 안호용, 김선애, 김선업(2002). 가족구조, 기능과 청소년 비행. 한국청소년연구, 13, 225-267.

김진철, 장봉석(2010). 초등 예비 교사의 다문화 태도와 다문화 효능감에 대한 연구. 시민교육연구제, 42(3), 39-60.

김현미, 방희정, 소유경, 옥 정, 김은경(2006). 한국남녀 대학생 집단에서 자아해석이 심리적 안녕감에 미치는 영향. 한국심리학회지, 11(4), 437-458.

김현숙, 최송식, 김희재(2011). 국민정체성과 다문화태도의 관계 한, 중, 일 대학생을 중심으로. 국제지역연구, 15(2), 141-168.

김현주(2010). 부모 자녀 의사소통 및 기본 심리적 욕구 척도개발을 통한 청소년 심리적 안녕감 설명변인연구. 충남대학교 박사학위논문.

김혜원, 김명소(2000). 우리나라 기혼여성들의 심리적 안녕감의 구조분석 및 주관적 안녕감과의 관계분석. 한국심리학회지, 5(1), 27-41.

김혜원, 임동훈(2004). 남녀 고등학생들의 하위유형별 비행발생의 관련성 파악: 폭력비행과의 관계를 중심으로. 한국청소년연구, 39, 40, 167-189.

김혜원, 홍미애(2007). 우리나라 청소년들의 삶의 질 정도와 설명요인 분석. 청소년학연구, 14(2), 269-297.

김희재, 김현숙(2012). 한국과 일본 대학생의 국민정체성과 다문화태도. 동북아 문화연구, 33, 83-104.

남희경(2002). 가족관계, 자아강도 및 대인관계의 부정적 정서간의 관계, 가톨릭대학교 석사학위논문.

류정희, 이명자(2007). 청소년의 심리적, 사회적 안녕감: 그 구조 및 주관적 안녕감과의 관계. 한국심리학회지, 4(1), 55-77.

모경환, 황혜원(2007). 사회과 교사의 다문화교육에 대한 인식과 교사교육의 과제. 한국교원교육연구, 24(2), 199-219.

민경미, 송현종(2004). 고등학생의 지각된 사회적 지지와 정서 표현성이 심리적 안녕감에 미치는 영향. 인문사회과학연구, 1, 35-51.

박선미, 성민선(2011). 교사의 다문화교육 경험이 다문화적 인식에 미친 영향: 인천시 다문화교육 지정학교 교사를 대상으로. 한국사회과 교육연구학회, 50(3), 1-15.

박승희(2005). 한국사회복지정책론. 서울: 성균관대학교출판부.

박태영(2001). 가족치료 이론의 적용과 실천. 서울: 학지사.

박현선, 이상균(2008). 청소년기 비행친구의 영향에 대한 보호요인의 조절효과. 사회복지연구, 37, 399-427.

서현아, 천희영, 위수정(2011). 한국과 미국 예비 유아교사의 다문화 관련 경험에 따른 다문화 이해 및 다문화교육 관련 특성에 대한 연구. 한국보육지원학회지, 7(4), 69-94.

석말숙(1989). 문제행동청소년 가족과 일반가족간의 가족 역동 비교 연구. 이화여자대학교 석사학위논문.

선곡유화, 박순덕, 이영선(2013). 한국 대학생의 다문화 인식 및 태도에 관한 연구 동향. 다문화와 평화, 7(2), 173-203.

송성자(1996). 청소년의 심리 · 정서적 욕구와 단기가족치료의 접근. 연세사회복지연구, 3, 77-102.

송진영(2009). 중년 취업남성의 다중역할 몰입과 심리적 안녕감 간의 관계. 한국사회복지조사연구, 22, 59-81.

신경숙(2009). 예비유아교사의 학과적응, 진로결정도 및 종교활동과 심리적 안녕감과의 관계. 교사교육연구, 48(2), 78-98.

신정인, 강영걸, 김영호(2010). 대학생의 대상관계가 분리개별화, 자기효능감, 심리적 안녕감에 미치는 영향. 청소년학연구, 17(10), 189-212.

신주연, 이윤아, 이기학(2005). 삶의 의미와 정서조절 양식이 청소년의 심리적 안녕에 미치는 영향. 한국심리학회지, 17(4), 1035-1057.

신현정, 박진성(2010). 유아교사의 심리적 안녕감에 영향을 주는 관련변인 탐색연구. 유아교육학논집, 14(2), 147-170.

안윤일(2000). 아동이 지각한 가족관계, 대인관계 해결력과 사회적 선호도와의 관계, 가톨릭대학교 석사학위논문.

알코올백과(2002). 한국음주문화연구센터.

양계민, 정현희(1999). 학교폭력이 청소년의 심리적 적응에 미치는 영향: 가해자, 피해자, 일반학생의 비교를 중심으로. 한국심리학회지: 사회문제, 5(2), 91-104.

양정남, 최은정, 문란영, 박건영, 박순희(2011). 자기효능감, 사회복지 옹호태도가 사회복지전공대학생의 다문화수용성에 미치는 영향. 한국사회복지교육, 16, 24-47.

오무근(2009). 알코올 중독자 가족의 스트레스와 대처방식이 가족부담감에 미치는 영향에 관한 연구. 한남

대학교 행정복지대학원 석사학위논문.

우채영, 박아청, 정현희(2010). 성별 및 학교 급별에 따른 청소년의 인간관계, 스트레스, 우울과 자살생각 간의 구조적 관계. **한국교육심리학회**, 24(1), 19-38.

유영주, 김순옥, 김경신(2000). **가족관계학**. 서울: 교문사.

유주연, 박경(2010). 자기애와 심리적 안녕감 간의 관계에서 감사성향의 매개효과. **청소년학연구**, 17(4), 1-23.

윤계순(2000). 해결중심 단기모델을 적용한 학교부적응 청소년 집단 프로그램 연구, 가톨릭대학교 석사학위 논문.

이광규(1997). **한국의 가족과 종족**. 서울: 민음사.

이길자(2007). 청소년들의 가족개념에 대한 질적 연구 중학생을 중심으로. 중앙대학교 대학원 석사학위논문.

이명자, 신현숙, 염시창(2009). 대학생의 자원과 심리적 안녕감과의 관계. **청소년학연구**, 16(9), 53-79.

이문국 외(2001). **사회복지 대백과사전**. 서울: 나눔의 집.

이미화, 조증열(2003). 청소년의 인기도와 심리적 안녕감에 관련된 행동특성. **경남대학교인문과학연구소**, 17, 25-38.

이민아(2010). 이민 전후의 연결망이 결혼이민자여성의 심리적 안녕감에 미치는 영향. **보건사회과학**, 27, 31-61.

이유리(2009). 청소년의 부모 자녀 의사소통, 정서지능, 부모화 경험이 심리적 안녕감에 미치는 영향. 명지대학교 대학원 석사학위논문.

이은우(2005). 대학생의 정서지능, 자기효능감, 심리적 안녕감이 대학생활 적응에 미치는 영향. 계명대학교 대학원 석사학위논문.

이정민, 이유리(2010). 청소년의 부모 자녀의사소통, 정서지능 및 부모화경험이 심리적 안녕감에 미치는 영향. **한국가정간리학회지**, 28(3), 13-26.

이종신, 문혁준(2010). 장애아 어머니의 역할행동 연구. **유아교육연구**, 30(3), 5-24.

이진희, 김욱(2008). 노인교육 참여가 노인의 심리적 안녕감에 미치는 영향. **한국노년학**, 28(4), 887-905.

이채호, 고태순(2008). 보육교사의 직무만족도와 심리적 안녕감과의 관계. **아동교육**, 17(3), 173 185.

이현주, 이미나, 최인수(2008). 한국 청소년 안녕감 척도(K-WBSA)의 타당화 및 삶의 질 분석. **교육심리연구**, 22(1), 301-315.

이혜진(2009). 초등학생의 다문화 인식에 영향을 미치는 변인 연구. 경인교육대학교 석사학위논문.

장은선, 김광웅, 조유진(2007). 청소년의 스트레스와 비합리적 신념 및 자살생각의 관계. **청소 년학연구**, 14(5), 27-47.

장임숙, 이원일(2012). 대학생의 다문화인식과 이주인권 정책에 대한 태도. 지방정부연구, 15(4), 177-199.

전해숙(2010). 초고령 노인의 스트레스와 대처방안이 심리적 안녕감에 미치는 영향. 노인복지연구, 51-69.

정민, 노안영(2008). 대학생의 외향성 및 신경증적 경향성과 심리적 안녕감 간의 관계. 한국심리학회지, 27(2), 373-387.

정경옥(2010). 청소년의 학교관련 문제행동과 부모의 경험에 대한 질적 연구. 명지대학교 석사학위논문.

정대영, 최정아(2010). 장애아동 부모와 일반아동 부모의 심리적 안녕감 비교. 한국정서 · 행동장애연구, 26(3), 319-343.

정원식, 박성수, 김창대(2002). 카운슬링의 원리. 경기: 교육과학사.

정은희(2002). 현실요법 집단상담이 빈곤 청소년의 학교 적응 유연성에 미치는 영향. 대구대학교 석사학위논문.

정주향(1993). 경계선성격 비행청소년에 대한 가족치료 사례 연구: 대상관계이론을 중심으로. 대구대학교 석사학위논문.

정혜정(2000). 청소년비행 예방 대책에 관한 연구. 경희대학교 석사학위논문.

조명한, 차경호(1998). 삶의 질에 대한 국가 간 비교. 서울: 집문당.

조윤정, 김경신(2000). 남자청소년의 문제행동과 개인 및 가족관련 변인. 한국가족관계학회지, 5(1), 45-65.

조정문, 장상희(2001). 가족사회학. 서울: 아카넷.

조흥식 외(2001). 가족복지학. 서울: 학지사.

주현숙, 방희정(2006). 청소년의 관계적 상호의존적 자아해석과 대인관계 스트레스, 스트레스대처 방식이 심리적 안녕감에 미치는 영향. 한국심리학회 논문집, 284-285.

진옥화(2005). 알코올 중독 치료에 관한 연구 가족의 관점 중심으로. 상명대학교 정치경영대학원.

최경일(2009). 학교사회복지사와 교사의 협력에 영향을 미치는 요인에 관한 현상학적 연구. 청소년복지연구, 11(2), 103-126.

최선경(2001).소년소녀가장세대 청소년의 사회적 지지와 일상적 스트레스에 관한 연구. 서울여자대학교 대학원 석사학위청구논문.

최선화 외(1999). 사회문제와 사회복지. 경기: 양서원.

최성학(2012). 일반청소년과 비행청소년이 지각한 가족의 의사소통비교연구, 백석대학교 상담대학원 석사학위논문.

최연실(2003). 가족학이론: 관점과 쟁점. 서울: 하우출판사.

최일섭, 최성재(2000). 사회문제와 사회복지. 경기: 나남.

최현정, 우민정(2012). 예비유아교사의 다문화 태도 및 다문화 효능감에 관한 연구. 유아교육학논집, 16(5),

315-338.

한국청소년상담원(2000). 청소년문제 유형분류체계 개발연구 VII.

한국청소년연구원(1992). 청소년 심리학.

허승연(2009). 청소년의 행복에 영향을 미치는 생태체계 변인, 숙명여자대학교 대학원 박사학위논문.

홍봉선, 남미애(2010). **청소년복지론**. 경기: 공동체.

Adams, D. M, Overholster J. C., & Spirito, A. (1994). Stressful life events associated with adolescent suicide attempts. *Canadian Journal of Psychology, 39*, 43-48.

Adelmann, P. K. (1994). Multiple Role and Psychological Well being in a National Sample of Older Adults. *Journal of Gerontology: Social Sciences, 49*(6), 227-285.

Ahrens, C. J., & Ryff, C. D. (2006). Multiple roles and well-being: Sociodemographic and psychological Moderators. Spring Science Media. Inc.

Bandura, A. (1977). Self efficacy: Toward a Unifying Theory of Behavioral Change. *Psychological Review, 84*, 191-215.

Bourm, R. (2000). Assessing Violence Risk among Youth. *Journal of Clinical Psychology, 56*(10), 1268-1288.

Butcher, D. A. (2000). The relationship among engagement in youth development programs, risk and protective factors, and problem behaviors: An exploratory study. Unpublished doctoral dissertation, Utah university.

Caplan, G. (1974). *Support Systems and Community Mental Health: Lectures on Concept Development.* New York: Behavioral Publications.

Chung, I. J. (2004). A conceptual framework for understanding the relationship between poverty and antisocial behavior: Focusing on psycho social mediating mechanisms. *Journal of Primary Prevention, 24*, 355-380.

Creswell, J.W. (2007). *Qualitative inquiry and research design: Choosing among five approaches* (2nd ed.). Thousand Oaks. CA: Sage.

Diener, E., Suh, E. M., Smith, H., & Shao, L. (1995). National differences in subjective well being: Why do the occur? *Social Indicators Research, 34*, 7-32.

Elliot, F. R. (1995). **가족사회학**. [The Family] (안병철, 서동철 역). 서울: 을유문화사(원저출판: 1986).

Farrington, D. P. (2003). Developmental and Life course Criminology Key Theoretical and Empirical

Issues. *The 2002 Sutherland Award Address, Criminology, 41*(2), 221-255.

Galvin, K. M., & Brommel, B. J. (1995). **가족관계와 의사소통.** [Family communication](노영주, 서동인, 원효종 역). 서울: 하우출판사(원저출판: 1982).

Giddens, A. (1992). **현대사회학.** [Sociology] (김미숙 외 역). 서울: 을유문화사(원저출판: 1986).

Gottfredson, M. R., & Hirschi, T. (1990). *A general theory of crime.* Stanford, CA: Stanford University Press.

Hirschi, T. (1969). *Causes of delinquency.* Berkeley, CA: University of California Press.

Hoghughi, M. (1992). *Assessing Child and Adolescent Disorders, A Practice Manual.* London: Sage Publications.

Jahoda, M. (1959). *Current concepts of positive mental health.* New York: Basic Books.

Kazdin, A. E. (1987). Parent management training evidence, outcomes and issues. *Journal of American Academy of Child and Adolescent Psychiatry, 36,* 1349-1356.

Kleiman, J. (1981). Optimal and normal family functioning. *The American Journal of Family Therapy, 19*, 37-44.

Klein, K., Forehand, R., Armastead, L., & Long, P. (1997). Delinquency during the transition to early adulthood: Family and parenting predictors from early adolescence. *Adolescence, 32*(125), 61-80.

Korea Youth Counselling & welfare Institute (2000). Youth Problem Type Divided System Development Studies VII. Korea Youth Counselling Institute.

Levin, I. , & Trost, J. (1992). Understanding the concept of family. *Family Relations, 41*, 348-351.

Matsueda, R. L. (1992). Reflected appraisals, parental labeling, and delinquency: specifying a symbolic interaction theory. *American Journal of Sociology, 97,* 1577-1611

McDowell, I., & Newell, C. (1990) *Measuring Health. A Guide to Rating Scales and Questionnaires.* New Yotk: Oxford.

Mistry of Health & Welfare (2010). Ministry of Health and Welfare Year Book.

Munroe, A. & Perarson, C. (2005). The multicultural attitude scale questionnaire: A new instrument for multicultural studies. *Education and Psychological Measurement. 66*(5), 819-834.

Nestmann and Hurrelmann (1994). Child and Adolescent Research as a Challenge and Opportunity for Social Support Theory, Measurement, and Intervention: And Vice Versa. In Nestmann & Hurrelmann (eds.), *Social Networks and Social Support in Childhood and Adolescent.* New York: de Gruyter.

Nolten, P. W. (1994). Conceptualization and Measurement of Social Support: The Development of the Student Social Support Scale. Doctoral Dissertation, University of Wisconsin Madison.

Norton, D. (1978). *The Dual Perspective.* N. Y.: CSWE.

Park, N. (2004). The Role of Subjective Well being in Positive Youth Development. *The Annals of the American Academy of Political and Social Science, 591*, 25-39.

Ponterotto, J. G., Baluch, S., Greig, T., & Rivera, L. (1998). Development and initial schore validation of the teacher multicultural attitude survey. *Educational and Psychological Measurement, 58*(6), 1002-1016.

Randall T. D. (1995). *Assessing family strengths using the Family Profile: A study to validate and evaluate constructs across four models of family functioning.* Unpublished master's thesis, Utah State Univer., Logan. Utah State University.

Ryff, C. D. (1989). Happiness is everything, or is it? Explanations on the meaning of psychological well being. *Journal of Personality and Social Psychology, 57*(6), 1069-1081.

Ryff, C. D., & Keyes, C. L. M. (1995). The Structure of Psychological Well-Being Revisited. *Journal of Personality & Social Psychology, 69*, 719-727.

Ryff, C. D. & Singer, B. (1998). The contours of positive human health. *Psychological Inquiry, 9*(1), 1-28.

Smith, S. R., Hammon, R. R., Ingoldsby, B. B., & Miller, J. E. (2009). *Exploring family theories* (2nd ed.). New York: Oxford University Press. Author Note.

Sokol Katz, J., Dunham, R., & Zimmerman, R. (1997). Family structure versus parental attachment in controlling adolescent deviant behavior: A social control model. *Adolescence, 32*(125), 199-215.

Wenar, C. (1998). **발달정신병리학: 영아기부터 청소년기까지.** [Developmental Psychopathology: from infancy through adolescence] (이춘재, 성현란, 송길연, 윤혜경, 김혜리, 박혜원, 곽금주, 장유경, 박선미, 황상민, 이은희, 이도헌, 조정호, 김선아 역) 서울: 중앙적성출판사(원저출판: 1982).

한국보건사회연구원(http://www.kihasa.re.kr).

한국음주문화연구센터(http://www.karf.or.kr).

■ 찾아보기

[인명]

[내용]

ㄱ

ㅍ

ㅎ

저/자/소/개

■ 곽미정

곽미정은 2013년 상명대학교에서 〈수도권 법인 및 개인 장기요양시설 요양보호사의 직무만족 및 서비스 질 영향요인연구〉로 행정학 박사학위(2013)를 취득하고, 현재 김포대학교 사회복지과 교수로 재직 중이다. 주요 관심 분야는 사회복지실천, 행정 및 정책 분야이며, 주요 논문으로는 청소년 임파워먼트 프로그램의 효과성분석(2014) 등 다수가 있으며 저서로는 사회복지행정론, 노인복지론 등이 있다.

■ 박선태

박선태는 위덕대학교에서 석사학위를 받고 대구가톨릭대학교에서 사회복지학박사 학위를 취득하였다. 현재 수성대학교에서 보건복지경영과 교수로 재직 중이며, 주요 관심 분야는 사회복지행정, 윤리, 실천 분야이다. 저서로는 사회복지실천기술론, 사회복지 윤리와 철학, 사회복지 법제와 실천, 사회복지 행정론 등이 있다. 그 밖에 지역사회보장협의체 대표위원, 의료급여심의위원회 위원으로 활동하고 있다.

■ 소재진

소재진은 2000년 경희대학교에서 〈환경정책 결정과정에서 NGO참여에 관한 실증적 연구〉로 행정학 박사학위(2000)를 취득하고, 현재 두원공과대학교 보건복지행정과 교수로 재직 중이다. 주요 관심 분야로는 보건복지정책과 사회보장 분야이며, 주요 논문으로는 우리나라 지역보건의료 복지정책의 활성화 방안(2014), 식품의약품안전처 조직 개편에 관한 연구(2022) 등 다수가 있으며 저서로는 사회복지 조사방법론, 보건행정론, 지역사회복지론 등이 있다. 그 밖에 한국지방행정학회 학술정보위원장으로 있다.

■ 오현숙

오현숙은 대구대학교에서 철학박사(사회복지학을 전공)를 취득하고 현재 호산대학교에서 휴먼복지학부장으로 재직 중이다. 주요 관심 분야는 노인복지, 평생교육복지, 청소년상담복지이며, 저서로는 사회복지학개론, 사회복지법제와 실천, 사회복지정책론, 정신건강론 외 다수의 논문과 저서가 있다.

■ 이시진

이시진은 1996년 영남대학교에서 경북방언의 음운론적 연구로 문학박사 학위(1996)를 취득하고, 대구대학교 사회복시과 대학원에서 석사과정을 수료하였으며, 현재 대구보건대학교 사회복지과 교수로 재직 중이다. 주요 관심 분야는 가족복지, 아동복지, 인간행동과 사회환경 분야이며 주요 저서로는 아동권리와 복지, 영유아발달, 인간행동과 사회환경 등이 있다. 그 밖에 해인 사회복지법인, 나래영재 사회복지법인 등의 이사로 있다.

■ 이영희

1990년 충남대학교에서 "노령층 농촌부녀자 생활실태와 복지방안에 관한 조사연구"로 경제학 석사, 경제학박사(2000), 청주대학교에서 "사회복지기관장의 서번트리더십이 사회복지사의 직무만족 및 조직몰입에 미치는 영향"으로 사회복지학박사(2007)를 취득하였으며 2000년부터 대전과학기술대학교 보건복지상담과 교수로 재직 중이다. (사)한국자원봉사인재개발원 이사장, 한국자원봉사실천학회 회장, 등급판정위원회 위원장, 장애인수급심의위원회 위원장 등을 역임하였으며, 저서로는 사회복지개론, 노인요양기초 및 실습, 사회복지조사론, 사회복지법제론, 사회복지정책론, 사회복지행정론 등이 있다.

■ 전대성

전대성은 서울대학교 대학원 도시 및 지역계획 석사, 명지대학교에서 사회복지학석사를 취득하고 단국대학교에서 행정학박사를 취득하였다. 현재 경북전문대학교 사회복지학과장으로 재직 중이며, 관심분야로는 정신건강, 사회복지실천, 인간행동과 사회환경, 노인복지 분야이며, 주요 저서로는 사회복지개론, 사회복지법제와 실천, 정신건강론, 아동생활지도 등 다수의 저서가 있다.

■ 정명희

정명희는 평택대학교에서 사회복지학박사를 취득하고, 현재 중원대학교 사회복지학과 교수로 재직 중이다. 주요 관심 분야는 다문화사회복지 및 사회복지실천의 사례관리 등이며 주요 활동으로는 안양시비산종합사회복지관장, 한국다문화총연합회(KMC)사무총장, 한국사회공헌학회장, 한국가족복지학회 이시, 한국케어매니져먼트학회 이사를 역임하였고, 저서로는 다문화사회의 이해와 복지, 지역사회복지론, 정신건강론 등 다수가 있다.

■ 정형민

정형민은 대구대학교 사회복지 대학원에서 석사학위를 취득하였으며, 영남대학교에서 지역 및 복지행정학과를 수료하고, 현재 영남외국어대학교 사회복지과 교수로 재지 중이다, 주요 관심분야는 사회복지실천, 노인복지, 지역사회복지 분야이다. 주요 저서로는 사회복지실천기술론, 장애인복지론, 사회복지현장실습의 이해 등이 있다. 그 밖에 경북사회복지사협회 대의원 등으로 있다.

가족상담 및 가족치료

1판 1쇄 발행 — 2023년 2월 10일
1판 2쇄 발행 — 2025년 3월 10일

저　자 – 곽미정 박선태 소재진 오현숙 이시진
이영희 전대성 정명희 정형민

발 행 인 – 강철원
발 행 처 – 양성원
주　소 – 경기도 파주시 검산로 173번길 29-12
전　화 – 031-946-3861(代)
팩　스 – 031-946-3864
이 메 일 – tnwpub@naver.com
홈페이지 – tnwpub.co.kr
출판등록 – 2015년 8월 31일 제2015-000211호

ISBN 979-11-6126-504-9

정가 22,000원